Detlef Kappert

Kleines Handbuch für den Unterricht in Tanztheater, Tanzimprovisation und Körpersymbolik

Der **Autor Dr. D. Kappert** ist niedergelassener Psychotherapeut mit eigener Praxis in Essen. Er studierte Psychologie und Tanz in Bochum, Essen, Berlin, New York und Haiti, promovierte über die Verbindung von Tanztraining, künstlerischem Ausdruck und persönlicher Entwicklung, leitet das Institut für Tanz- und Bewegungsdynamik und veröffentlichte untengenannte Bücher und CDs. Er unterrichtete seinen Ansatz als Dozent am Sportinstitut und dem Institut für Freizeit- und Familienpädagogik der Universität Göttingen, in einem zertifizierten Studiengang auf nationaler Ebene für Physiotherapeuten, Psychologen und Psychiater der Union Francaise pour le Sport Adapté, als Gastprofessor der Universitas Sportiva Guyaquil (Ecuador), als Gastprofessor der Universitas de Las Palmas Gran Canaria, als bundeszentrale Weiterbildung des deutschen paritätischen Wohlfahrtsverbandes in Frankfurt, als Dozentenweiterbildung der Krankengymnastikschule der Universität Göttingen und für viele andere Gruppen. 1999 leitete er als Koordinator für Wissenschaft und Verantwortlicher für den Tanzbereich das MUS-E (Multikulturelles und soziales Schulprojekt für Europa) der Yehudi Menuhin Stiftung.
Dieser Ansatz wurde in Ländern wie Ecuador, Frankreich und Deutschland für sehr unterschiedliche Zielgruppen wie z.B. studentische Seminare, Strafgefangene, professionelle Tänzer, Senioren auf Kreuzfahrtschiffen angeboten und ist sowohl praktisch erfolgreich, als auch wissenschaftlich fundiert (Promotion) und anerkannt (Kongresse) und ausführlich in der Literatur dokumentiert und kommentiert.
Seit 1991 leitet er das Institut für Tanz und Bewegungsdynamik, das mehr als 25 1-2-jährige berufsbegleitende Ausbildungen in Polen (Warschau/Posen), Österreich (Wien), der Schweiz (Zürich) und Deutschland (Göttingen/Essen) durchgeführt hat.
Aktuelle Berufliche Entwicklung:
– Zentraler Vortrag, Unterrichtsdemonstration und Workshops auf dem Tanztheaterfestival in Poznan
– Vortrag auf dem Europa Kongreß in Montecattini Terme über das ETNA (Education to Tolerance through a non verbal approach; weltweites Forschungprojekt über die Möglichkeiten von Tanz, kreative Entwicklungen und die Arbeit mit universellen Bewegungsarchetypen für Toleranz und Kooperation zu nutzen)
– Zentraler Vortrag und Unterrichtsdemonstration auf der ACODDEN (A Classroom of Different Didactics) Konferenz in Brüssel über die zentrale Rolle, die Tanz für die Persönlichkeitsentwicklung in Schulen haben könnte.

Bücher:
Tanztraining, Empfindungsschulung und persönliche Entwicklung; Tanz mit Kindern; Selbstcoaching; Tanz zwischen Kunst und Therapie;
Kleines Handbuch für den Unterricht in Tanztheater, Tanzimprovisation und Körpersymbolik; Archetypen, Innere Bilder und Körpersymbolik
Lehrvideos:
Tanzimprovisation als Alltagskunst (TIA); Experimentelles Tanztheater (EXTATHE); Körpersymbolik, innere Bilder und Bewußtheit (KÖSYBE)
Homepages:
www.tanzimprovisation.de; www.culturedance.org; www.kreativepotentiale.de

Detlef Kappert

Kleines Handbuch für den Unterricht in Tanztheater, Tanzimprovisation und Körpersymbolik

Mit einem Beitrag
von
Marlene Felten

Verlag für Ästhetische Bildung

3. Auflage 2013

Schönleinstraße 39 · D-45131 Essen

Hauptlektorat: Hannelore Stadermann
Umschlaggestaltung: Achim Grohs/Detlef Kappert
unter Verwendung der Logos des Instituts für Tanz und Bewegungsdynamik
Satz: Achim Grohs, Landolfhausen
Re-Digitalisierung: Rainer Recke/fotografik, Göttingen
Druck: AktivDruck, Göttingen

ISBN 3-98025090-1-3
ISBN 13/EAN 978-3-9802590-1-9

Gliederung

1 Einleitung 7

2 Unterrichtsphilosophie Tanzimprovisation 13

3 Curriculum Tanzimprovisation 29

4 Unterrichtsphilosophie Körpersymbolik 99

5 Unterrichtsphilosophie Tanztheater 115

6 Curriculum Tanztheater 133

7 Unterrichtsphilosophie der Gastdozenten 165

8 Unterrichtsphilosophie Anna Borredà
Körper- und Bewegungstheater 167

9 Unterrichtsphilosophie Christine Brunel
Tanztechnik und Gestaltung 175

10 Unterrichtsphilosophie Sayonara Pereira / Simonne Rorato
Tanztechnik und Gestaltung 183

11 Unterrichtsphilosophie Howard Sonenklar,
Kontaktimprovisation 191

12 Unterrichtsphilosophie Patricia Bardi
Vocal Dance 197

13 Marlene Felten: Tanzimproviation, Körpersymbolik und
Tanztheater mit verhaltensauffälligen und verwahrlosten
Kindern und Jugendlichen in der Heimarbeit 203

14 Schlußbetrachtung 211

15 Praktische Hinweise 213

16 Anhang: Internationales Tanzforschungsprojekt 217

Über dieses Buch:

Die Menschen erobern sich den Tanz zurück. Sie experimentieren mit Energie, Rhythmus, Verrücktheit, Schönheit, Erotik, Meisterschaft und Unvollkommenheit des ältesten künstlerischen Mediums, des eigenen Körpers und seiner Ausdrucksfähigkeit.

Es gibt eine Art sanfte Revolution, in der unzählige einzelne nicht nur selbst im kleinen oder großen Maßstab tanzen, sondern Tanz auch in ihre Berufsfelder einbauen. Das ist aufregend.
Denn dafür brauchen sie in dieser eher körper-, lust- und sinnfeindlichen Welt zwar noch immer Mut, ihnen eröffnen sich aber auch große Chancen.

Dabei werden neue Tanzstile wie Contact und New Dance genauso verwandt wie ethnische Tänze, therapeutische Ansätze, oder moderne und klassische Techniken.

Dieses Handbuch kann alle, die eigene Ideen zu Tanz entwickeln, praktisch begleiten, ihre Möglichkeiten erweitern und Vorstellungen klären. Eingeführt werden die Dimensionen einer Improvisationstanztechnik, die Technik und freie Gestaltung verbindet und Ansätze eines experimentellen Tanztheaters, das Wege öffnet, den eigenen Ausdruck und das eigene Thema zu finden.

Anna Borredà (Körpertheater), Christine Brunel, Sayonara Pereira, Simonne Rorato (Tanztechnik und Gestaltung), Howard Sonenklar (Contact) und Patricia Bardi (Vocal Dance) erklären dann in einem höchst informativen Teil ihr Thema und ihre Art, es zu unterrichten.

Im letzten Teil werden zwei Anwendungsmöglichkeiten vorgestellt. Marlene Felten beschreibt ihre Erfahrung, mit unangepaßten und agressiven Kindern und Jugendlichen in Heimen zu tanzen.
So wie Tanztechniken, Musiken und Stile aus verschiedenen Kulturkreisen im neuen Tanz verstanden, geschätzt und integriert werden, müßte es möglich sein, Tanz gezielter als Mittel für Integration und Toleranz zu nutzen. Darüber geht der letzte Beitrag.

Der Autor:

Detlef Kappert hat in den Mittelpunkt seiner Arbeit immer die Verbindung von professionellen Ausbildungsmethoden und der Alltagserfahrung gestellt. Nach Psychologie- und Tanzstudien in Deutschland, den USA und Haiti unterrichtet er an Universitäten, für freie Träger im In- und Ausland, leitet ein Weiterbildungsinstitut und schreibt über Themen wie „Tanztraining, Empfindungsschulung und persönliche Entwicklung“ 1990 und „Tanz zwischen Kunst und Therapie“ 1993.

1 Einleitung

Wie der Titel schon sagt ist dieses Buch ausgesprochen praktisch konzipiert. Es richtet sich:

an alle, die sich in der freien Tanzszene mit Training und Gestaltung befassen, an alle, die Tanz in irgendeiner Form in ihrem Berufsfeld einsetzen, aber auch an professionelle TänzerInnen, die neue Wege für den Unterricht und die künstlerische Arbeit suchen.

Inhalte sind

A das WIE, die Art und Weise des Unterrichtens, die **Unterrichtsphilosophie** und

B das WAS, die Inhalte des Unterrichtes in Form zweier **Curricula**

Bei der **Unterrichtsphilosophie** geht es um die Bereiche:
Möglichkeiten des Unterrichtens in

- Technik und Improvisation,
- Empfindungsschulung und Körpersymbolik,
- Tanztheater und Gestaltung.

Das WIE des Unterrichtens ist natürlich sehr von der Person des/r LehrerIn abhängig. Vieles ist intuitiv und einfach persönliche Eigenart. Das Geheimnis eines spannenden effektiven und guten Unterrichtes ist aber nicht nur in der Persönlichkeit der Lehrenden begründet.

Im Gegenteil ist viel zu wenig konkret darüber geschrieben worden, wie ein Unterricht aufgebaut werden könnte, der erfahrungs- und erlebnisorientiert ist und die Aspekte körperliches Training/Technik, Lösung/Entspannung/Sensibilisierung, Gestaltung/Kreativität und die individuelle Entwicklung der TänzerInnen verbindet.

Die hier vorgestellte Unterrichtsphilosophie zeigt möglichst praktisch, wie physisches Lernen, persönliche Verarbeitung und die Entfaltung der Kreativität kombiniert und in die Konzeption eines guten, effektiven Unterrichtes mit abwechslungsreichen, bunten Stunden, die Spaß machen, integriert werden können.

Einen wichtigen Aspekt stellt der Teil: Unterrichtphilosophie der Gastdozenten dar: Darin stellen TänzerInnen, die als **KünstlerInnen und als LehrerInnen** bekannt sind, ihre Art zu unterrichten vor. Dabei werden die Bereiche Contact (Howard Sonenklar), Vocal Dance (Patricia Bardi), Tanztechnik und Choreographie (Sayonara Pereira und Simonne Rorato), Tanztechnik und Gestaltung (Christine Brunel) und Körpertheater (Anna Borredà) so vorgestellt, daß das Typische des jeweiligen Unterrichtes sowie Unterschiede und Gemeinsamkeiten in der Gewichtung von Inhalten und Stilen deutlich werden. Unterrichtsphilosophie, Methoden und Inhalte auch von LehrerInnen, die für viele Menschen große Bedeutung haben und für einen ganzen Ansatz stehen, wurde bisher kaum dokumentiert. Dadurch bekommt dieser Part eine ganz besondere Bedeutung.

Die **Curricula** schließlich sind zugleich in ihrer Übungsbeschreibung detailliert und im Aufbau konkret, konzeptionell aber offen. Sie sollen nicht festlegen, sondern Anregungen geben, eigene Konzepte zu verbessern und klarer auszuarbeiten, Übungen anders zu verstehen und eine Fülle von Ideen für einen guten und kreativen Unterricht zu entwickeln.

Die praktischen Fragen, die bei einem Unterricht entstehen, der Kunst, Körper und Psyche verbindet, werde ich anhand von drei exemplarischen Unterrichtsfächern entwickeln:

„Tanzimprovisation als Alltagskunst (TIA)"
als Beispiel für einen Unterricht, der Technik mit freier Improvisation verbindet und von Bewegungsthemen ausgeht,

„Körpersymbolik, innere Bilder und Bewußtsein (KÖSYBE)" als Beispiel für einen Unterricht, der Empfindungsschulung, Sensibilisierung und Körperarbeit integriert und von inneren Themen ausgeht und

„Experimentelles Tanztheater (EXTATHE)"
als Beispiel für einen Unterricht, der Gestaltung, Kreativität und Performance in den Mittelpunkt stellt und die Verbindung von inneren Motiven, äußeren Kompositionskriterien und Gestaltung unter künstlerischen Gesichtspunkten als Themen hat.

Diese drei Fächer sind die tragenden Teile eines Unterrichtssystems, daß speziell auf die Anwendung in unterschiedlichen Berufsfeldern entwickelt wurde. Das System verbindet eine enorm reichhaltige Anregung und starke Strukturen mit Offenheit und der Möglichkeit, eigene Schwerpunkte zu setzen gemäß dem persönlichen und beruflichen Hintergrund.

Ich werde dieses Konzept zuerst kurz erklären, bevor ich auf die Fragen des praktischen Unterrichtes eingehe. Dabei ist es mir wichtig, darauf hinzuweisen, daß die praktischen Fragen sich zwar direkt auf die Arbeit mit diesem System beziehen.

Sie haben aber exemplarische Bedeutung für eine Vielzahl moderner und traditioneller Ansätze, die körperliches Training, künstlerische Gestaltung, Empfindungsschulung und persönliche Authentizität als Grundlage ihrer Arbeit nehmen.

Um zu wissen, von welchem praktischen Beispiel wir bei der Diskussion der Fragen ausgehen, ist es wichtig, Rahmen und Geschichte des vorliegenden Konzeptes kurz vorzustellen.

Die Weiterbildung „LehrerIn für Tanztheater, Improvisation und Körpersymbolik“ umfaßt 169 Unterrichtseinheiten à zwei Zeitstunden. Jeweils ca. 25 Unterrichtseinheiten werden die oben erwähnten Fächer:

- „Tanzimprovisation als Alltagskunst“, im folgenden TIA,
- „Körpersymbolik, Innere Bilder und Bewußtsein“, im folgenden KÖSYBE und
- „Experimentelles Tanztheater“, im folgenden Extathe genannt, unterrichtet, die anderen Unterrichtseinheiten bestreiten die hier erwähnten und andere Gastdozenten.

Konzept und Praxis wurden in der Zeit von 1976 bis 1984 in der Arbeit mit freien Gruppen, in Volkshochschulen und Seminaren zu speziellen Themen entwickelt und seitdem in dieser Form und vielen Variationen an Universitäten, Volkshochschulen und freien Gruppen unterrichtet und in einer Vielzahl unterschiedlichster Berufsfelder angewandt. Das Spektrum der beruflichen Anwendungen umfaßt unterschiedliche Arten von Tanzunterricht, Sportunterricht und AGs in Schulen, Resozialisierung-im-Strafvollzug, Weiterbildungen, die sich an Therapeuten und helfende Berufe richten, Training professioneller Tänzer, Kurse für Eltern und Kinder, Körperfahrung für alte Menschen, Seminare für SportstudentInnen in so verschiedenen Ländern wie Ekuador und Frankreich und anderes mehr.

Seit 1991 werden zweijährige berufsbegleitende Weiterbildungen in Göttingen, seit 1993 auch in Wien in diesem System angeboten.

Tanztheater, Improvisation und Körpersymbolik ist das erste Konzept ganzheitlicher Bildung, das nicht für die Bühne oder als Therapieansatz entwickelt wurde, sondern Methoden aus professionellem Tanz und Körperarbeit gezielt für die Weiterbildung von Laien (ernsthafte aber nicht professionell ausgebildete TänzerInnen) nutzbar macht.

Günstig für die Weiterbildung solcher ernsthafter aber nicht-professioneller TänzerInnen ist, daß

A – * Tanztechnik/Improvisation,
* Körperarbeit/Empfindungsschulung und
* Gestaltung/Ausdruck
in **einem** Ansatz verbunden werden:

1	Tanztraining	Leistungsfähigkeit,
2	Empfindungsschulung	Entspannung/Wahrnehmungsfähikeit
3	Körper/Seele/Verbindung	Selbsterfahrung

4 Ausdrucksschulung — Selbstsicherheit/Spontaneität
5 Gestaltung — Kreativität

werden in themenzentrierten Einheiten durch Übungen aus

1 Modern, Klassik, New Dance, Jazz, Ethnic Dance,
2 Atem, Eutonie, Yoga, Autogenem Training, Meditation
3 Verfahren der humanistischen Psychologie, Katathymem Bilderleben, Tanztherapie
4 Pantomime, Körpertheater, Stimme und Bewegung, Ausdruckstanz, Tanztheatertraining
5 Improvisation, Performancetraining, ad-hoc-Stücke, Komposition

auf organische Art in ein ganzheitliches Konzept integriert.

B – die Ernsthaftigkeit professioneller Techniken speziell und systematisch auf die Arbeit mit Laien übertragen und in ein sozialintegratives Konzept humanistischer Psychologie integriert,

– dabei aber nicht therapeutisch oder pädagogisch, sondern
  * sinnlich mitreißend und
  * ästhetisch äußerst vielseitig und stimmig ist,

– von den TeilnehmerInnen der Weiterbildungen auf unterschiedliche Zielgruppen übertragbar und

– als Weiterbildungscurriculum
  * pädagogisch vielseitig erprobt und
  * wissenschaftlich abgesichert ist.

METHODEN:

1. TIA ist die erste ernsthafte Tanztechnik für Laien.

Sie orientiert sich nicht am Lernen einer exakten Bewegungssprache mit einer harten Technik. TIA benutzt sinnlich anregende und komplexe Bewegungsmuster aus allen Stilrichtungen, die in eine Improvisation münden.

Sie ist auf ein Training der grundlegenden Bewegungsdimensionen Raum, Form, Zeit, Dynamik, Fluß, Impuls, Rhythmik, Gewicht und Kontakt angelegt.

Die TeilnehmerInnen bekommen reichhaltige neue Ausdrucksmöglichkeiten und körperliche Fähigkeiten, ohne daß allen ein einheitlicher Stil aufgezwungen würde. Sie verbessern ihre Technik und entwickeln einen eigenen Stil.

Dadurch ist das Lernen frei. Es wird keine Hierarchie mit einem „Besser-Schlechter-Sein" aufgebaut, sondern es entsteht ein individueller Stil und eine wertfreie Wahrnehmung der persönlichen Unterschiede.

2. KÖSYBE integriert die oft etwas abgehobene und als langweiliges Insider-Angebot eingeschätzte körperliche Empfindungsschulung in erlebnisintensive Erfahrungseinheiten.

Die Stunden sind so aufgebaut, daß ein archetypisches (weil immer im Leben für alle Menschen präsentes) Thema wie

Geben-Nehmen, Vereinigung-Trennung, Führen-Geführt Werden, Verantwortlichkeit-Unabhängigkeit, Ich-Gruppe, Oben-Unten und andere mehr durch tiefgehende und eindrucksvolle Sinneserfahrungen körperlich angeregt werden. Diese Anregung geschieht durch Übungen auf verschiedenen Ebenen und mündet in einem inneren Bild oder einer Gestaltung, so daß eine selbstverständliche, kreative und persönlich integrative Verarbeitungsmöglichkeit geboten wird.

Ergebnis ist eine Aufmerksamkeit und persönliche Bewußtheit seiner selbst und anderer ohne Psychologisierung.

3. EXTATHE benutzt die Improvisationstechniken aus TIA und die Körpersymbolik von KÖSYBE und verbindet sie mit Performancetraining, kreativen Konzepten und Choreographieübungen zu Gestaltungen. Die TeilnehmerInnen lernen, allein, als Paar oder Gruppe ihre eigenen Themen zu finden, sie zu entwickeln und darzustellen. Die Schwerpunkte liegen auf Authentizität, dem richtigen Verhältnis von Inhalt und Stilmittel, und darin, ein bestimmtes Niveau von Ausdruck und tänzerischen Fähigkeiten mit Witz, Poesie, Spontaneität zu verbinden.

Ziel ist nicht so sehr die Entwicklung fertiger Stücke, sondern die Fähigkeit zu Performance, die Integration von Darstellungsmut und -Know-How für den Alltag.

4. ÄSTHETISCHE BILDUNG DURCH DEN KÖRPER ALS ERFAHRUNG DER NATUR IM MENSCHEN

Es werden eine Vielzahl von körperlichen Verfahren, Stilen und Techniken benutzt, die die wichtigen traditionellen Grundlagen und zeitgenössischen Entwicklungen umfassen.

Es werden ethnische, klassische, moderne, Avangarde- und Popmusiken benutzt, wodurch auch der geschmackliche Horizont der Tanz-Musik-Verbindungen erweitert wird.

Es wird schnell eine Selbstverständlichkeit

- des persönlichen Ausdrucks,
- eines experimentellen Verhaltens,
- des freien und friedlichen Kontaktes mit anderen
- und von Körperlichkeit erreicht.

Ich werde in diesem Buch nacheinander die Unterrichtsphilosophien von TIA, KÖSYBE und EXTATHE vorstellen. Der Darstellung der Unterrichtsphilosophie folgt jeweils das Curriculum. Einzige Ausnahme stellt KÖSYBE dar, dessen Curriculum schon in „Tanz zwischen Kunst und Therapie", Brandes und Apsel 1993 veröffentlicht wurde.

Die Darstellung der Unterrichtsphilosophie ist in Frage- und Antwortform gehalten. Ich halte eine Dialektik von Aussage, Frage, Antwort, Einwand, näherer Erläuterung, neuer Frage usw. für eine der Grundformen überhaupt, sich mit einem Thema näher zu beschäftigen. Deshalb habe ich diese Form nicht nur für die Interwiews mit den Gastdozenten, sondern auch für die Darstellung meines eigenen Ansatzes benutzt. Das war einfacher, als vielleicht mancher denken wird. Zum einen habe ich genug Abstand zu meiner Arbeit, um Besonderheiten, Widersprüchlichkeiten, etc. zu sehen, zum anderen sind mir aus unzähligen Gesprächen Fragen, Einwände und Eigenarten sehr „im Ohr". Ich habe also einfach immer das, was bei der vorgestellten Art zu unterrichten eigentümlich ist, als Frage gestellt.

Ähnlich bin ich auch mit den Gastdozenten verfahren, deren Unterrichtsphilosophie nach dem EXTATHE-Curriculum dargestellt wird.

Für die LeserInnen ist es besonders informativ und interessant, daß relevante Themen des Unterrichtens nicht nur für die oben angesprochenen Fächer TIA, KÖSYBE und EXTATHE, sondern auch für die Gastdozenten mit den Fächern: Contact, Vocal Dance, Technik, Gestaltung und Körpertheater gleich oder ähnlich gestellt wurden.

Ich hoffe, daß das Buch auf diese Weise einfach und lebendig, praktisch und leicht lesbar ist.

Den Schluß bildet ein Teil, der hier leider nur kurz kommt und in einem nächsten Buch den Hauptteil darstellen wird: die Anwendung!

Was hier an Tanzkonzepten beschrieben wird, ist variabel, ein Gerüst, angelegt für die Benutzung, die Abwandlung, die Anpassung an unterschiedliche Bereiche. An dieser Stelle kann leider nur eine Möglichkeit einer solchen Anpassung vorgestellt werden: Arbeit mit Tanz mit Heiminsassen.

Mit den Möglichkeiten einer allgemeinen Erforschung schließt das Buch. Es ist ja nicht nur für TänzerInnen interessant, mit Laien zu arbeiten, bzw. für soziale, psychologische und pädagogische Berufsfelder fruchtbar, Tanz einzubeziehen: Es ist vielmehr für alle Gesellschaftssyteme auf der ganzen Erde von fundamentaler Bedeutung, jenseits des emotionalen Reflexes der Tradition oder des aufklärerischen Ansatzes der Ratio neue Wege zu gehen und Körper und Kunst eine zentrale Bedeutung für die Gesellschaft im Wandel zu geben. Deshalb endet dieses Buch mit der Vorstellung eines Forschungsansatzes über die Möglichkeiten von Tanz als nonverbalem transkulturellem Medium.

2 Unterrichtsphilosophie TIA

Was ist das Konzept von Tanzimprovisation als Alltagskunst (TIA)

Die folgenden Überlegungen über den Unterricht in Tanzimprovisation beziehen sich auf alle Ansätze, die Techniken und Improvisation auf irgendeine Art und Weise miteinander verbinden. Den konkreten Anlaß dieser Überlegungen bildet das „TIA"-Konzept, Tanztrainings mit Improvisationstechniken zu Themen zusammenzustellen, die ein Schema der Grunddimensionen des Tanzes darstellen.

Die Besonderheit von TIA:

- Tanztechniken haben eine große Bedeutung, stehen aber nicht im Mittelpunkt. Sie werden nicht bis zur Perfektion geübt, sondern sie sind immer Ausgangspunkt einer Improvisationstechnik und Gestaltung.
- Das Ziel ist Improvisation. Die ist aber nicht frei, sondern bleibt in bestimmte Themen der Improvisationstechnik eingebunden.
- Es gibt also immer eine Kombination von Struktur und Freiheit.
- Die Stunden sind so konzipiert, daß neben dem Üben immer der Erlebnisbereich im Vordergrund steht.
- Die Techniken schließlich stammen aus ganz verschiedenen Tanzstilen und bilden eine ästhetische Einheit mit speziell dafür ausgesuchten ausgeprägt unterschiedlichen Musiken.

Die Stunden haben meist folgendes Schema:

- Warm up (Tanz und/oder Massage)
- (Improvisations)technik
- Improvisationschoreographie/Gestaltung

Dieses Schema bezieht sich anfangs auf die Bewegungsarchetypen Bewegungsansatz, Fluß, Impuls, Polyrhythmik, Raum, Form, Zeit, Dynamik, Gewicht. Später ist es möglich Themen auf ganz unterschiedliche Art und Weise zu entwickeln.

Für jedes dieser Themen gibt es ein jeweils unterschiedliches Warm up, das Körper und Psyche auf Eigenart, Schwingung und Anforderung der Stunde vorbereitet. Dem folgen die Bewegungstechniken, die für das Thema charakteristisch sind. Anders ausgedrückt kann man die entsprechende Tanztechnik nicht machen, wenn man nicht im Fluß ist, oder Impulse setzt, Spannung in verschiedenen Dynamiken aufbaut, wirklich langsam oder schnell ist, usw.. In der nächsten Phase wird dann innerhalb dieser Bewegungsebenen frei improvisiert. Im folgenden will ich die Themen und ihre Eigenart kurz umreißen:

Die Techniken zu **Bewegungsansatz** bereiten die Beweglichkeit vor, die nötig ist, in exzentrischen Bewegungsansätzen periphere Körperteile die Führung übernehmen zu lassen. Unterthemen sind zentrale vs.[1] periphere Bewegungsinitiation.

Die Techniken zu **Fluß** bereiten auf kontinuierlich fließende Bewegungen vor.
Dafür muß eine Grundfähigkeit zu Artikulation und Wandernlassen des Bewegungsansatzes vorhanden sein. Themen sind fließende Bewegungen im Rumpf, in der Peripherie (Armen, Kopf und Beinen), spiralige Flußbewegungen, Fluß im Raum und mit Drehungen, sowie zum und vom Boden.

Die Techniken für **Impuls** bereiten auf plötzliche Änderungen der Bewegungsrichtung vor und benötigen, wie bei Fluß, Wissen über den Bewegungsansatz und die Fähigkeit, wie im Fluß Bewegungen organisch mit einer bestimmten Konsequenz hintereinander zu bringen. Dazu kommt eine bestimmte Gelöstheit, die Plötzlichkeit ermöglicht. Themen sind gebundene und ungebundene Impulse, Stakkato vs Legato, eigene vs. fremde Impulse (Contact), sowie die Entwicklung von Phrasierung durch Innehalten im Bewegungsfluß, Initiation einer neuen Bewegungssequenz durch Impuls, Weiterführen mit Fluß, Innehalten…

Die Techniken zu **Polyrhythmik** bereiten darauf vor, Bewegungen in unterschiedlichen Rhythmen unabhängig voneinander in verschiedenen Körperteilen zu tanzen. Dafür sind eine gewisse Isolation, eine Gleichzeitigkeit von Wollen und Zulassen sowie eine komplexe Form der Bewegungskontrolle nötig. Themen sind ethnisch/traditionelle vs. modern/ethnic Polyrhythmik und die Integration komplexer Rhythmen in den eigenen Improvisationsstil.

Die Techniken für **Raum** stellen die Beziehung des Körpers zu Raumrichtungen her. Themen sind Klarheit und Raumkontrolle vs. dynamische Veränderung und Überraschung, sowie die Realisierung vorgegebener raumzeitlicher Gliederungen vs. spontan/intuitive Anpassungen in Gruppenimprovisationen.

Die Techniken für **Form** bringen den Körper in klare Formen. Themen sind konkretere gestische Formen vs. abstraktere Ganzkörperformen, ethnische Formensprachen, Raum-Form Beziehungen, Form als Element in Phrasierungen, direkte und indirekte Interaktion in Zweier- und Dreierimprovisationen.

Die Techniken zu **Zeit** lassen verschiedene Bewegungstempi erlebbar werden. Themen sind die Eigenarten langsamer vs. schneller Bewegungen und die Gestaltungsmöglichkeiten des eigenen Bewegungstempos in einem Stück bei gleichbleibender Musik.

---

[1] Ich benutze die Abkürzung vs. „versus" im Sinne von „gegenüber"

Die Techniken für **Dynamik** bewirken Zentrierung und Spannungsaufbau. Themen sind die dynamischen Qualitäten als Verbindung von schnell und langsam mit schwer und leicht im Tanz, ihre Beziehung zu allmählich-plötzlich und direkt-spiralig, sowie die Beziehung zu emotionaler Tönung in bestimmten Tanzimprovisationsbildern.

Die Techniken zu **Gewicht** haben mit Bodenkontakt, Lösung des Rückens und des Nackens zu tun. Zentral ist aber das Auffangen des eigenen Gewichtes im kontrollierten Fallen. Geübt wird sowohl, mit Impuls wieder hochzukommen als auch das allmähliche Umlenken des Fallens im Fluß und die Lehnung an andere TänzerInnen. Themen sind Umgang mit Gewicht allein und in Kontakt, freier Tanz mit Anlehnung an andere TänzerInnen, Integration in die anderen Themen.

Die Isolation dieser Aspekte des Tanzes aus dem Bewegungsganzen ist natürlich künstlich. Im Tanz kommen alle Dimensionen vor. Für die Vielfältigkeit, Reichhaltigkeit und Originalität von Improvisationen ist es aber nötig, jede Ebene isoliert für sich zu üben. Nur in dieser künstlichen Beschränkung sind die Tänzer gezwungen, die ganze Palette der Möglichkeiten zu entwickeln und auszuschöpfen und so ihr persönliches Klischee zu überwinden.
Später ist es möglich und wünschenswert, Improvisationsthemen aus einer Kombination der Ebenen zu entwickeln.
Alle diese Techniken und Themen sind dann beliebig kombinierbar.

Was ist die Besonderheit dieser Kombination von Technik (Struktur) und Improvisation (Freiheit)?

Warum ist eigentlich Technik so wichtig für Improvisationstanz?

Natürlich gibt es auch Ansätze, die nur oder ganz überwiegend mit freier Improvisation arbeiten. Das Problem ist dann aber, das Bewegungsklischee der TänzerInnen zu durchbrechen. Menschen haben ein mehr oder weniger eng begrenztes Repertoire an Bewegungen und bestimmte Muster, diese zu kombinieren. Die scheinbar so große Freiheit der Improvisation ist dadurch real eingeschränkt.

Die Techniken erweitern den Bewegungshorizont des Körpers und eröffnen der Phantasie neue Möglichkeiten. Die Einschränkung auf ein Improvisationsthema zwingt dazu, eingefahrene Muster zu verlassen. Ergebnis ist ein anderes Verstehen der Dimensionen von Tanz und ein verbessertes Bewegungsgefühl.

Die freie Improvisation gewinnt dabei ungemein. Da die Techniken nicht isoliert geübt werden, sondern eine direkte Umsetzung in freie Bewegung innerhalb des Themas erfolgt, wird immer ein ganzes Feld von Bewegungsmöglichkeiten angeeignet.

In der freien Improvisation überraschen diese Inspirationen zu neuen Lösungen die Tänzer selbst, es gibt immer wieder Aha-Erlebnisse.

Ist es nicht sinnvoller, eine Technik wie zum Beispiel „Graham" richtig zu lernen?

Normale Tanztechniken, seien sie klassisch oder modern orientiert, sind eigentlich für die Bühne konzipiert. Richtig gekonnt werden sie normalerweise nach drei oder vier Jahren Vollzeitausbildungen, und man müßte sehr jung anfangen. Ziel ist auch nicht die Improvisation, sondern formbares Material der Choreographie zu sein. Dabei sind die technischen Anforderungen so hoch und die Formensprache so stark, daß auch viele professionelle TänzerInnen nicht improvisieren können oder wollen.

Laien, auch wenn sie relativ geübt sind, haben damit ein ganz anderes Problem:
Sie verlieren als erstes durch eine (im Gegensatz zu den „weichen" Improvisationstechniken) „harte" Technik meist den inneren Bezug zu ihrer Bewegung. Komplexität, Prägnanz, Kraft, Koordination, Spannung und Athletik sind ein paar Nummern zu hoch. Die Menschen haben in der Nachahmung einen sehr starken Ausdruck kennengelernt, der nicht ihr eigener ist. Sie versuchen dann ständig, ihn als Bewegungsklischee zu wiederholen, weil diese geborgte Form prägnanter ist, als das, was sie selbst ausdrücken könnten. Die Technik kann dann wie eine Droge wirken, die für die begrenzte Dauer einer „Combination" dem Individuum eine fremde, ungleich leuchtendere, artikuliertere und phantasievollere Formensprache als die eigene gibt.

Das kann Spaß machen, zumal man langsam Fortschritte macht und die Technik immer weiter geübt werden muß. Es kommt zu kleinen Fortschritten und oft zu einer bestimmten Allüre gegenüber weniger Geübten.

Die Improvisationsfähigkeit nimmt dabei jedoch oft ab. Einmal, weil die Eigenkontrolle mittels Bewegungssinn durch Fremdkontrolle wie Spiegel und Korrektur ersetzt wird, ohne daß eine genügend lange Ausbildung diese äußere Kontrolle zu verinnerlichen gestatten würde. Da die gelernten Bewegungen außerdem so viel stärker sind, als die eigenen, werden sie meist in Improvisationen relativ ratlos und beziehungslos zitiert. Sie haben keine Verbindung zum Rest der Bewegung, da sie nicht beherrscht und verinnerlicht sind. Ihre isolierte, äußerliche Perfektion läßt das Eigene fad und provinziell erscheinen. Ergebnis ist eine Improvisation aus Versatzstücken, die mit der eigenen Bewegung nichts zu tun haben, beziehungslos nebeneinander stehen und oft eine Atmosphäre peinlicher Entfremdung vermitteln.

Das soll nicht heißen, daß reguläre Tanztechnik schlecht ist. Es ist nur ungünstig, mit Technik zu beginnen, wenn das Ziel Improvisation ist. Tanztechniken haben einen beträchtlichen Wert und werden auch normalerweise von den Studenten verlangt, wenn eine bestimmte Improvisationsfähigkeit da ist und die TänzerInnen ihren eigenen Zugang zu Bewegung gefunden haben.

Was ist, abschließend, das Ziel von Improvisationstechnik?

Die Improvisationstechnik soll den Spielraum der TänzerInnen erweitern, ohne ihnen Bewegungsmuster überzustülpen. Der individuelle Bewegungsstil soll erhalten, ja sogar verstärkt werden. Der Tanzstil soll nur variabler, anpassungsfähiger an die Musik, die Situation mit anderen TänzerInnen, die eigenen Gefühle und ähnliches werden.

„Tanzimprovisation als Alltagskunst" soll auch die Eigenarten von Bewegungsdimensionen wie Raum, Dynamik, Form, Fluß, Rhythmus erlebbar machen. Dadurch entsteht, quasi en passant, ein enormer Übungseffekt, der den eigenen Bewegungsstil erweitert und im Idealfall eine authentische Improvisation mit Witz, Erotik, Spontaneität und Poesie erlaubt, ohne daß das Spielerische einer freien Bewegung verloren ginge und ständiger bedeutungsschwangerer Ernst vorherrschen müßte.

Was macht die Eigenart von Tanzimprovisation in der Unterrichtspraxis aus?

Der Unterrichtsstil ist durch einen Angebotscharakter geprägt und betont individuelles Lernen. Das heißt nicht, daß alle etwas verschiedenes machen oder keine Konzentration nötig wäre. Im Gegenteil ist die Arbeit meist sehr konzentriert und alle sind mit der gleichen Übung beschäftigt. Bloß können die jeweiligen Elemente in einer Übung, die für einzelne TeilnehmerInnen im Vordergrund stehen, sehr unterschiedlich sein. Während zum Beispiel jemand versucht, den Grundbewegungsansatz zu verstehen, versuchen andere zur gleichen Zeit, die Bewegung ziemlich perfekt zu kopieren. Wieder andere konzentrieren sich vielleicht mehr auf den „Flow" und machen immer die ganze Bewegung, aber nicht im Detail korrekt, sondern nur ungefähr.

Es geht ja nicht in erster Linie um technisches Üben und konkrete Verbesserung. Hier findet ein komplexes Lernen auf verschiedenen Ebenen statt:

Die Stunden sind immer bunt, sinnlich reichhaltig und erlebnisorientiert, so daß ein ganzes motorisches, emotionales, kognititives und ästhetisches Feld aufgenommen wird. Es ist eine Illusion, zu glauben, daß sich das völlig in Lernschritte und eine Unterrichtseinheit operationalisieren ließe. Prozesse werden im Körper und im intellektuellen und emotionalen Verstehen angeregt, die oft erst einmal scheinbar abtauchen und dann unverhofft an späterer Stelle wieder zum Vorschein kommen. Das wird dann verständlich, wenn man sich klarmacht, daß in allen Unterrichtseinheiten aller Themen relativ komplexe Bewegungen unterschiedlicher Stilrichtungen mit ungewöhnlichen Musiken verwandt werden. Das bedeutet eine Konfrontation mit Technik, die einen massiven Versuch, ein starkes Bemühen auslöst, es richtig zu machen.

Wo liegt genau der Unterschied zu „normalem“ Technikunterricht?

Normaler Technikunterricht geht in mehr oder weniger kleinen Schritten vor, und die Bewegungen sollen so lange geübt werden, bis sie gekonnt werden. In TIA dagegen dienen sie nur als Anregung. Dabei gibt es grundlegende Dinge, die auch entsprechend geübt werden. Ansonsten werden die Studenten sehr gefordert, zu so etwas wie selbstständigem, selbstverantwortlichen Lernen zu kommen. Da es nicht um die ***konkrete*** Bewegung, sondern um Bewegungs**möglichkeiten** geht und nach der Herausforderung durch eine geschlossene Form eine entsprechende Improvisationsmöglichkeit kommt, löst sich die Spannung einer solchen kalkulierten Überforderung und führt zu einer beschleunigten Aneignung.

Kann die Konfrontation von Studenten unterschiedlicher Levels mit komplexen, anspruchsvollen Formen nicht auch in das Gegenteil, Frustration oder Festhalten führen?

Das hängt sehr von einer sorgsam abgestimmten Stundenkomposition aber besonders auch vom Lehrerverhalten ab. Es ist wichtig, immer wieder zu betonen, daß es nicht auf die Technik an sich ankommt, sondern darauf, daß der/die Einzelne die persönlich optimale Anregung für sich selbst findet.

Ist für individuelles, selbstverantwortliches Lernen in der Tanzimprovisation nicht genaue Korrektur nötig?

Ja und nein. Generell wird am Anfang wenig individuelle Korrektur beim technischen Üben stattfinden. Hier würde ich

- immer dann eingreifen, wenn **Bewegungen mißverstanden** werden. Es ist wichtig, daß alle genau verstehen, worum es in einer Übung geht, sich dann aber individuell entscheiden, wie sie damit umgehen, was sie aus einer Übung machen. Feed Back ist
- auch angesagt, wenn Leute mit diesem **selbstverantwortlichen Lernen** Probleme haben.

Konfrontation mit Technik ist eine wichtige Herausforderung. Ich halte es für wichtig, daß nicht alles immer häppchenweise mit garantiertem Lernerfolg verabreicht wird.

Ich orientiere mich da mehr an Lernen von Kindern. Die sind immer mit einer enormen komplexen Welt konfrontiert und wählen sich inuitiv und spontan das aus, was ihnen Spaß macht, für sie eine gute Herausforderung darstellt und sie optimal weiterbringt. Anerkannterweise lernen Kinder ja viel und schnell.

Genauso geht es idealerweise in TIA-Stunden. In dem reichhaltigen Angebot finden die Teilnehmer das Level an Konfrontation, das ihnen Spaß macht und für sie die optimale Herausforderung darstellt.

Sind die Teilnehmer da nicht in ihrer Selbständigkeit überfordert, wenn sie sich das Ausmaß an Herausforderung selbstverantwortlich aussuchen sollen?

Genau hier ist das Feed Back entscheidend.

Es gibt zwei Hauptfehler, die diese eigentlich jedem Menschen eigene, intuitive Selbstregulation verhindern können:

1 Die Gier, etwas haben zu wollen und der Wunsch nach Kontrolle. Zuviel Ehrgeiz, eine Bewegung, die man toll findet, richtig machen und beherrschen zu wollen, führt zu Überforderung und Verkrampfung. Es ist wichtig, immer wieder darauf hinzuweisen, daß die TänzerInnen loslassen können müssen, eine Bewegung an einem Punkt stehen lassen und damit frei improvisieren, sie nur als Anregung begreifen sollen.

2 Mißerfolgsmotivation... Psychologischen Leistungsmotivationtheorien zufolge (Atkinson, Heckhausen) suchen sich Menschen mit einem Grundlebensgefühl, zu versagen, Situationen aus, die entweder zu leicht oder zu schwer für sie sind. Sie können dann das Gelingen oder Mißlingen ihrer Bemühungen der zu leichten oder zu großen Schwierigkeit in die Schuhe schieben, müssen den Erfolg ihrer Bemühungen also nicht auf sich selbst beziehen. Diese Furcht vor Mißerfolg und der zugrundeliegende Wunsch, der Situation und nicht sich selbst alles zuschreiben (externale Kausalattribuierung) behindern natürlich die Fähigkeit, das für sich mit echter Anstrengung gerade noch Machbare auszusuchen.

Was meiner Erfahrung nach hilft, sind persönliches Interesse an dem individuellen Stand jedes/r Einzelnen, ehrliche Rückmeldung und wirkliche Akzeptanz.

Da Üben und Improvisieren enormen Spaß machen, ich-nah sind und alles in einer Atmosphäre von Nicht-Bewertung oder z. T. individueller Rückmeldung stattfindet, gibt es eine gute Chance für eine Umorientierung zu mehr Selbstverantwortlichkeit auch bei den TänzerInnen, die damit Probleme haben.

Zusammenfassung:
Angebotsorientierter selbstverantwortlicher Unterricht und Feed Back

Lernen wird als komplexer Vorgang, der auf mehreren Ebenen in kurzen und langen Zyklen abläuft, angesehen.

Die TeilnehmerInnen werden in jeder Stunde mit einer komplexen, sinnlich reichhaltigen Botschaft konfrontiert.

Darin orientieren sie sich intuitiv. Der gesamte Lernvorgang ist intuitiv. LehrerInnen müssen an drei Punkten eingreifen, wenn dieser Rahmen durchbrochen wird:

1 Jemand versteht ein Thema falsch, übt die Bewegung technisch grob unkorrekt oder ist in der Improvisation desorientiert.
2 Jemand strengt sich offensichtlich so sehr an, daß er/sie sich in die Übung verbeißt und die Balance zwischen dem aktiven Wollen und dem Geschehenlassen verliert.
3 Jemand hat auffällige Probleme, den richtigen Maßstab für sich zu finden und fühlt sich zum Beispiel bei Polyrhythmik überfordert, weil er/sie sich nicht auf die Beine beschränken kann und sich stattdessen mit der gleichzeitigen Bewegung von Armen, Rumpf und Beinen in verschiedenen Rhythmen verrückt macht.

Was ist die persönliche und soziale Bedeutung dieses Ansatzes?

Tanz scheint, wie andere Künste auch, den Zeitgeist nicht unbedingt zu spiegeln, aber in einer engen inhaltlichen und stilistischen Beziehung zu dem, was allgemein in einer Gesellschaft geschieht und die Menschen bewegt, zu stehen.

Das Konzept eines selbstverantwortlichen Lernens ist nur in einer demokratischen und individualistischen Gesellschaft denkbar. Dieses Konzept ist auf den Alltag ziemlich direkt übertragbar. Bevor ich darauf eingehe, möchte ich erst noch einige Worte zu TIA sagen:
Natürlich ist es, völlig unabhängig von den sonstigen sozialen Lerneffekten, an sich wichtig zu tanzen. Alle Dimensionen, über die hier gesprochen wurde, stellen wesentliche Ebenen des Verhaltens und Erlebens dar. Sie machen tierisch Spaß, schärfen die Aufmerksamkeit, geben Energie und stellen ein Element von Freude und Witz dar. Tanz in dieser Kombination von physischer Herausforderung und Gestaltung befreit den Körper, nährt die sinnliche Intelligenz und befriedigt das Schönheitsbedürfnis.

Allein das sind Gründe zu tanzen.

Heute wird aber auch der Aspekt eines persönlichen und sozialen Lernens immer wichtiger, und dafür bildet die Beschäftigung mit der eigenen Power, mit Schönheit und Sinnlichkeit, einen großartigen Hintergrund.

Welche Prinzipien, die im Unterricht geübt werden, können sich direkt im Alltag auswirken ?

1 Selbstverantwortung und Selbstregulation

Die Menschen wollen herausfinden, was für sie persönlich gut ist, was ihr Weg sein könnte. Dabei sind sie mit einem ungeheuren Angebot konfrontiert. Für die meisten von uns ist das durchaus zwiespältig: Einerseits ist es phantastisch, alle diese Möglichkeiten zu haben. Andererseits verleitet das zum Konsumieren, dazu, sich nur immer abzulenken oder von oberflächlichen Impulsen bei der Auswahl und Entscheidung leiten zu lassen.
Deshalb halte ich allgemein ein Lernen für wichtig, bei dem ständig die Intuition dafür gefordert wird, wie weit man selbst gehen will.

2 Geschmackliche Bildung

Das gilt auch für den Aspekt der „Ästhetischen Bildung durch den Körper", den TIA darstellt. Um in einer Welt des ständigen, gleichzeitigen Überangebots an Eindrücken und Wahlmöglichkeiten das „Richtige" aussuchen zu können, ist eine geschmackliche Bildung wichtig, die gegen eine chaotische, diffus verunsichernde Überflutung schützt.

3 Integration von körperlichem Training, persönlichem Erleben und künstlerischem Ausdruck

Das gleiche gilt für die Verbindung der persönlichen Bedeutung des Tanzes mit künstlerischen und Trainingsaspekten.
Postmoderne Gesellschaften erzeugen eine ziemliche Desintegration.

– Einmal werden immer mehr **abstrakte Leistungen** gefordert, bei denen alles Persönliche nur noch als Störgröße auftritt.
Dementsprechend gibt es ein Überbetonen der Hochleistung in allen Lebensbereichen.

– Davon abgespalten werden **persönliche Erfüllung**, emotionale Intensität und das Bedürfnis, verstanden zu werden, in ganz anderen Lebenssegmenten gesucht.
Persönliche Beziehungen werden überfrachtet und in vielen Psychotherapien wird weniger eigentliches persönliches Leid behandelt, als daß ein persönliches Gespräch gesucht würde, das in einer weniger isolierten Gesellschaft auch unter Freunden möglich wäre.

– Schließlich sind die meisten Menschen auch in einem bisher ungeahntem Ausmaß **Entfremdung** ausgesetzt. Sie sind umgeben von einer vollständig durchgeplanten, bis ins Detail fertigen Welt und hochprofessioneller käuflicher Kunst, die sie zu reinen Konsumenten macht. Das selbstverständliche Formen von etwas Eigenem ist in einer übervölkerten vorgefertigten, extrem arbeitsteiligen Welt schwierig geworden.

Deshalb ist es ein nicht zu überschätzender **persönlich integrierender Effekt,** wenn das Befürfnis **sich anzustrengen, etwas gut zu machen (Training)** das Bedürfnis, etwas **sinnlich und emotional zu erleben (Musik, gestaltete Bewegung)** und das Bedürfnis nach **eigener Gestaltung (Improvisation)** IN EINER EINHEIT ZUSAMMENKOMMEN.

Wie wichtig ist das Lernen in der Gruppe?

Die Gruppe tritt nicht in Form von Gruppendynamik in den Vordergrund, sondern ist natürlicher Bestandteil des Lernens und ständiger Hintergrund der persönlichen Entfaltung. Es ist nicht Ziel des Kurses, die persönlichen Beziehungen zu thematisieren. Durch die Arbeit an einem gemeinsamen Thema entsteht eine nicht-bemühte Gemeinsamkeit. Sehr wichtig für eine Gruppe ist das individualisierte Lernen, die Selbstregulation der Einzelnen, die nur möglich ist durch Selbstverantwortung und gegenseitige Akzeptanz. Dadurch entsteht eine Wahrnehmung für die Eigenarten und Unterschiedlichkeiten, die nicht-bewertend ist. Die unterschiedlichen Anforderungen verschiedenartiger Tanzstile und Aufgaben wie Technik, Improvisation und Gestaltung zeigen auch, daß niemand perfekt ist.

TeilnehmerInnen, die wenig Erfahrung mit Technik haben, staunen vielleicht über die Schnelligkeit, mit der geübtere TänzerInnen vorgegebene Bewegungsfolgen aufnehmen.

Da aber die Technik nicht im Mittelpunkt steht, sondern nur als Anregung dient und immer betont wird, jede(r) solle für sich persönlich das angemessene Niveau mittlerer Schwierigkeit beim Üben wählen, entsteht nie die Hierarchie und Konkurrenz, die oft die soziale Grundlage reiner Technikklassen bildet.

Die TeilnehmerInnen sollen sich ja im Gegenteil gegenseitig helfen, wenn es darum geht, bestimmte technische Elemente zu lernen.

Vor allem zeigt sich schnell, daß tanztechnisch Vorgebildete mit bestimmten ethnischen Techniken, z.B. Polyrhythmik, spezielle Probleme haben können und zum Teil durch ihre Vorbildung in anderen Bereichen wie freier Improvisation im Gegenteil sogar behindert sind.

Meist entsteht eine ziemlich unverkrampfte Gruppenstruktur, in der sich die persönlichen Vorlieben und Abneigungen unabhängig von technischen oder Ausdrucksleistungen auf der Grundlage einer weitgehenden gegenseitigen Akzeptanz bilden.

Was passiert bei Konflikten in der Gruppe?

Konflikte treten real selten auf. Durch das selbstverantwortliche Üben kommt jede(r) wenig in Versuchung, auf andere zu projizieren, und der nicht-bewertende Stil führt zu Toleranz und Akzeptanz von Unterschiedlichkeit. Aber wie überall gibt es natürlich Konflikte. Die Tendenz ist nicht, wie es in psychologisch orientierten Gruppen sinnvoll ist, Empfindlichkeiten zu ermutigen und potentielle Konflikte ans Licht zu bringen. Die Gruppe hat ein Thema, das für jede(n) Einzelne(n) persönlich wichtig ist, und dadurch gibt es eine gesunde Schwelle, bis zu der kleine Reibungen und Differenzen hingenommen werden. Sie gehören zum Leben und wir alle können damit umgehen ohne andere abzulehnen.

Wirkliche Probleme müssen aber thematisiert werden. Es ist nicht wie in den meisten Tanz-Companien, daß sich das Persönliche einem äußeren Ziel bedingungslos unterordnen müßte und alle Gruppenkonflikte durch eine strenge Leitung unterdrückt würden.

Im Gegenteil ist in der Arbeit mit Tanzimprovisation der Weg so wichtig wie das Ziel, und ohne Harmonie und Gelöstheit ist dieser Ansatz nicht möglich. Deshalb haben echte Störungen, die dazu führen, daß jemand sich nicht auf sich selbst und das Thema konzentrieren kann, immer Vorrang.

Wie variabel ist dieses Unterrichtskonzept?

1 Techniken

Man kann je nach dem fachlichen Hintergrund der LehrerInnen die unterschiedlichsten Techniken als Ausgangspunkt für die Improvisation wählen. Das hier vorgestellte Schema mit Fluß, Impuls usw. stellt ein systematisches Training in Tanzimprovisationstechnik dar.

Es ist sicher sehr gut als Aus- und Weiterbildung für das Verstehen von Dimensionen des Tanzes, für die Bewegungsbeobachtung und die Verständigung darüber, und natürlich stellt es eine enorme Verbesserung der Stimmigkeit und Vielfalt innerhalb des persönlichen Stiles dar.

Wenn jemand aber „normalen" Unterricht machen will, wäre es übertrieben und auch eine zu starke Festlegung in der Planung, innerhalb dieses inhaltlichen Schemas zu bleiben. Hier ist es viel besser, der eigenen Phantasie zu folgen und eine Stunde mit den festen technischen Elementen, den freien Teilen und der Musik, die man will, so zu gestalten, wie es die eigene Intuition will und wie es praktikabel erscheint.

Ich halte es allerdings trotzdem für wichtig, neben dem Unterrichtsstil auch den Grundaufbau zu beachten:

- Das Warm up sollte auf einer anderen Ebene mit dem Thema der Stunde zu tun haben.
- Es ist gut, technische Teile aus irgendeinem Bereich, zu dem der/die LehrerIn eine Beziehung hat, ernsthaft zu üben.
- Die Würze der Stunde ist eine originelle und stimmige Improvisationsmöglichkeit, die sich aus dem technischen Teil ergibt.

- Natürlich ist es auch toll, unterschiedliche Teile jeweils mit Technik und Improvisation hintereinander zu bringen.
- Es sollte sowohl eine bestimmte Klarheit des Aufbaus und der Botschaft geben als auch ein Grundgefühl, eine sinnliche Erfahrungsebene.
- LehrerInnen müssen selbst Spaß an ihren Stunden haben, die Musik mögen und ein Interesse daran haben und gespannt darauf sein, wie die Gruppe mit der Stunde umgeht.
- LehrerInnen sollten eine gewisse Souveränität im Umgang mit den technischen Mitteln ihrer Stunden haben. Dazu gehört eine Selbstverständlichkeit im Umgang mit den verwendeten Medien, vor allem aber Sicherheit in den technischen Übungen und deren Erklärung.
- Schließlich ist es nicht gut, unbedingt am Stundenaufbau festzuhalten. Dieser sollte so in Fleisch und Blut übergegangen sein, daß das Bewußtsein frei bleibt, den tatsächlichen Übungsprozeß der Gruppe wahrzunehmen und den Aufbau zu variieren.
- Das alles braucht einfach etwas Zeit und Übung. Man sollte sich durch diese Anforderungen an einen idealen Unterricht nicht in zu großen Streß versetzen lassen; das Wichtigste ist die eigene Begeisterung und eine gute Vorbereitung, der Rest kommt mit der Zeit.

2 Zielgruppe

Es ist in diesem Konzept möglich, TänzerInnen mit unterschiedlicher Vorerfahrung, Ausrichtung und technischem Standard in einer Gruppe gut zusammenarbeiten zu lassen.

Das liegt hauptsächlich daran, daß das Ziel nicht die gemeinsame festgelegte Bewegung in einer Choreographie ist, sondern die individuelle Improvisation. Dabei kann sich die Gestaltung auf einem sehr unterschiedlichen technischen Niveau bewegen, ohne daß deshalb die Gruppe gesprengt würde. Wichtig ist eher Awareness, eine Aufmerksamkeit und ein Respekt aller für alle.

Bei den technischen Übungen ist das schon ausführlich beschriebene individualisierte Lernen die Grundlage, unterschiedlichen technischen Niveaus gerecht zu werden.

Es ist aber auch ungemein interessant, das Konzept an die Möglichkeiten unterschiedlicher Gruppen zu adaptieren.

Es gibt positive Erfahrungen mit Kindergartenkindern, Eltern und Kindern, Schulkindern, Alten, unterschiedlichen ethnischen Gruppen, Delinquent(inne)n, VHS, professionellen Tänzer(inne)n, in der Weiterbildung (Krankengymnastik, Psychiatrie, Theater), Ausbildung und der Universität. Dabei müssen die Schwerpunkte verändert werden.

Es ist nicht möglich, allgemeine Gesichtspunkte für die Anpassung dieses Konzeptes an unterschiedliche Gruppen zu erstellen, da es unendlich viele Ideen gibt, inhaltliche Schwerpunkte anders zu setzen, sich an speziellen Gegebenheiten von Gruppen zu orientieren und ähnliches mehr, so daß immer die persönliche Erfahrung der LehrerInnen die beste Grundlage für die entsprechenden Umformungen auf der Grundlage des hier Vorgestellten sind.

Es sei aber auf den Anhang verwiesen, wo Marlene Felten, Absolventin der ersten Ausbildungsgruppe ihre Anpassung des Konzeptes für die Arbeit mit „verhaltensauffälligen und verwahrlosten Kindern und Jugendlichen in der Heimarbeit“ sowie Erfahrungen damit vorstellt.

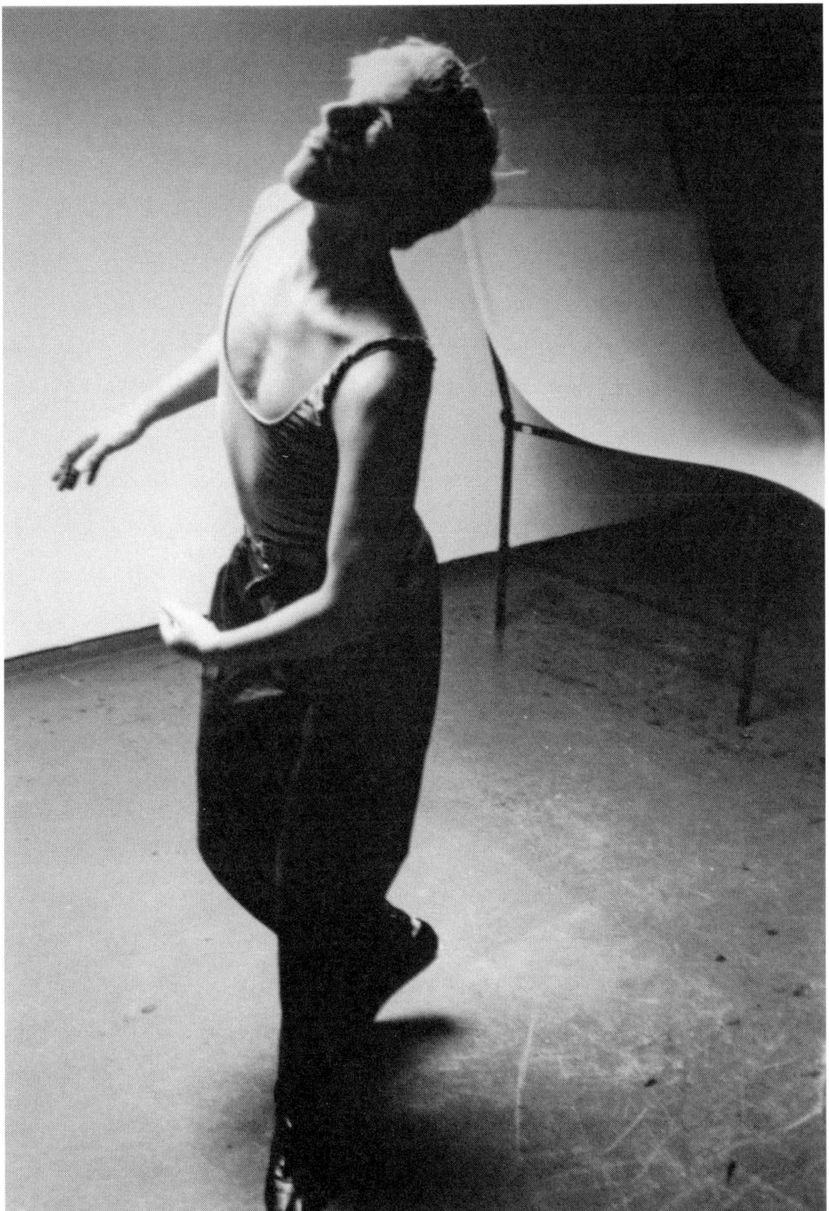

3 Curriculum „Tanzimprovisation als Alltagskunst“ (TIA)

Dieses Curriculum einer beruflichen Weiterbildung in Tanzimprovisation umfaßt 23Unterrichtseinheiten zu zwei Zeitstunden.

Die Voraussetzung dafür, Techniken und Konzept in einem solchen Kompaktkurs ohne „Üben außerhalb der Kurses“ zu lernen und zu behalten, ist eine Ausbildung wie Rhythmik, Bühnentanz oder viel Vorerfahrung mit ähnlichen Techniken. Dann besteht eine Vertrautheit mit dem Thema, die Konzepte werden schnell begriffen, und die Techniken können in der Zeit sowohl erlernt als auch behalten werden.

Steht keine derartige Ausbildung im Hintergrund, müssen zwischen den Stunden die Techniken (Fertigkeiten) geübt werden: Weiterhin ist es wichtig, mit einem/r PartnerIn aus der Weiterbildungsgruppe zusammen eine Laiengruppe zu betreuen, in der die Konzepte ausprobiert werden können.

Will man dieses Curriculum als Grundlage eines Konzeptes für Laienkurse in Tanzimprovisation nehmen, sollte man zwei bis vier Mal soviel Zeit einkalkulieren. Alle Techniken müßten länger geübt werden. Außerdem sollte mehr Zeit für Improvisation, Rückmeldung, kleinere Gestaltungen, Zwischenübungen aber auch Massagen und Empfindungsschulung zur Verfügung stehen.

KONZEPT:

BEWEGUNGSANSATZ

Ziel dieser Unterrichtseinheit ist die Entwicklung eines Bewußtseins über die Möglichkeiten unterschiedlicher Ansätze für Bewegung im Körper sowie die Fähigkeit, mit einem permanenten Wechsel des Bewegungsansatzes zu tanzen.

Die Fähigkeit, den Bewegungsansatz möglichst artikuliert durch verschiedene Körperteile und Gelenke sowie im Rumpf wandern zu lassen, bildet die Grundlage für fließende und impulshafte Bewegungen.

Tanz bewegt ja sowohl den Körper im Raum und durch den Raum als auch ständig Gliedmaßen oder Bewegungszentren des Rumpfes in bezug auf einen imaginären Körperraum, dessen Mittelpunkt der jeweilige Bewegungsschwerpunkt ist. Es gibt also zum einen die echte Binnenbewegung vom Rumpf her und im Leib selbst als auch die Bewegung der Gliedmaßen im Körperraum, der, ohne sich vom Platz wegzubewegen, durch die Länge der Arme und Beine bestimmt ist.

Es gibt Stile, bei denen die TänzerInnen ohne Wechsel des Bewegungsansatzes durch den Raum tanzen (z.B. Klassik), Stile, bei denen die TänzerInnen mit wechselnden Ansätzen am Platz tanzen (z.B. auf Partys oder in Discos) oder Stile, bei denen die TänzerInnen mit wechselnden Schwerpunkten durch den Raum tanzen (z.B. moderne und postmoderne Stile).

Bei einigen Tanzformen kann man den Aspekt Bewegungsansatz getrost vergessen. Die traditionellen europäischen Tanzformen stellen das Verhältnis Tänzer/Raum/Raumrichtungen/Bewegung-im-Raum/Stellung-zu-den-anderen-TänzerInnen ins Zentrum. Der Bewegungsansatz ist dabei immer zentral, es gibt keinen nennenswerten Wechsel der Bewegungsschwerpunkte. Die Klassik ist durch Formen und Sprünge sowie Bewegungen durch den Raum charakterisiert, bei denen eine stärkere Binnenbewegung die für extremere Formen, Sprünge und andere kraftvolle Raumbewegungen nötige Stabilität und Zentrierung aufweichen würde. Die Streckung der Gliedmaßen bzw. deren Einbeziehung in Ganzkörperformen dominiert gegenüber einer eigenständigen Artikulation der einzelnen Gelenke. Wechsel des Ansatzes der Bewegung sowie die notwendigerweise resultierenden asymmetrischen Formen und Wechsel zwischen zentralem und peripherem Ansatz sind unüblich. Im nord- und mitteleuropäischen Volkstanz stehen Schrittkombinationen bei relativ starrem Rumpf im Dienst einer sozialen Raum-PartnerIn-Orientierung.

Anders ist es in orientalischen oder afrikanischen Tänzen: Raumorientierungen und Raumbewegungen treten hinter Binnenbewegungen des Rumpfes, Rhythmik, bzw. sehr spezielle Artikulationen der Gliedmaßen im Verhältnis zum Rumpf zurück.

Postmoderne und New-Dance Techniken überwinden traditionelle ethnische Orientierungen und arbeiten genauso mit Raumorientierungen wie mit Artikulation und Bewegungsansatzwechsel.

Das in diesem Buch beschriebene Allgemeine Tanzimprovisationskonzept arbeitet analog zu den zeitgenössischen Tanztechniken mit allem Material, das die Physik und die in sie eingebettete menschliche Physis bietet.

Dabei ist eine der wichtigsten Grundlagen sowohl für fließende als auch für impulsive Bewegungen die Fähigkeit, den Bewegungsansatz differenziert wechseln zu können, die Gliedmaßen artikuliert zu bewegen in dem Sinne, Bewegungen von allen Gelenken und um alle Gelenke herum ausgehen zu lassen und das alles verschieden zu kombinieren. Der Wechsel zwischen ein- und ausgedreht, zentralem und peripherem Ansatz, Binnen- versus in den

Raum gehende Bewegungen und ähnliches kann entweder plötzlich/impulsiv oder allmählich/fließend sein.

Die Grundlage dafür ist die Fähigkeit zur Artikulation. Da das Thema Ansatz in den neun Einheiten zu Fluß und Impuls immer wieder vorkommt, genügt die folgende eine Unterrichtseinheit als allgemeine Vorbereitung:

1. Frottieren, Beklopfen, sich Drehen und Ausstreichen zu dritt, wobei immer zwei TänzerInnen die dritte, die in der Mitte steht, massieren. (Reggae)

ad 1 Der Körper soll erwärmt, durchlässig und „in Kontakt“ sein. Sonst fehlt die Gelöstheit, sich auf ungewöhnliche Punkte im Körper zu konzentrieren und die eigene Bewegungsorganisation so umzustellen, daß man ihnen folgen kann.

2. Mit geschlossenen Augen rückwärts gehen; dabei paßt einE TänzerIn auf den/die andereN auf. (Diva)

ad 2 Das Rückwärtsgehen verändert die normalerweise direkte Raumorientierung zugunsten einer diffuseren, in ihrem Focus und ihrem Ausgangspunkt variableren Form, da die Aufmerksamkeit bei geschlossenen Augen hinten sein muß. Diese Fähigkeit zur Focusveränderung ist wichtig bei Wechseln des Bewegungsansatzes.

3. A Den Händen der/s PartnerIn nachgeben,
B Die Hände auf den Ansatzpunkt der Bewegung legen (Traffic)

ad 3 A Indem den Händen nachgegeben werden muß, werden die Zentrierungspunkte des Körpers ständig verändert, was auf den Wechsel des Ansatzes weiter vorbereitet.

B Umgekehrt wird der Bewegungsansatz dadurch bewußt, daß eine Hand auf den Punkt gelegt wird, von dem aus gerade eine Bewegung ausgeht. Auch bei dem/r TänzerIn, der/die die Hand auflegt, wird das Bewußtsein für den Bewegungsansatz gestärkt.

4. Gelenkekreisen (D. Decker)

ad 4 Dabei geht man alle Gelenke von unten nach oben durch, was die Aufmerksamkeit auf die Vielzahl von Möglichkeiten für den eigenen Bewegungsansatz lenkt, und durch die Musik und das langsame Kreisen wird die zentrale Kontrolle in der wie hypnotischen Kreiselbewegung zugunsten einer Emanzipation der Peripherie verändert.

5. Von verschiedenen Ansatzpunkten des Körpers aus führen die PartnerInnen die TänzerInnen erst am Platz und dann im Raum. (bras. Chansons)

ad 5 Dies ist die zentrale Übung der Stunde: Der/Die PartnerIn führt immer eine Zeit lang von einem bestimmten Körperteil aus (Schulter, Knie, Hüfte, Ellenbogen, Kopf, Hand, etc.), so daß der/die TänzerIn, wenn er/sie nicht ziemlich unglücklich herumgezerrt werden will, bewußt und aktiv den jeweiligen Körperteil in den Mittelpunkt stellen muß. Diese – zugegebenermaßen anstrengende – Übung schärft die Aufmerksamkeit für unterschiedliche Bewegungsansätze und ihre Folgen ungemein und bereitet damit spätere differenzierte Aktionen vor.

6. Improvisation: allein verschiedenen Ansatzpunkten für die Bewegung folgen (Sakamoto: Beauty)

ad 6 Hier zeigt sich, ob die vorige Übung erfolgreich war. Nur wenn der/die TänzerIn auch peripheren (Ellenbogen) oder ungewöhnlichen weil sonst tragenden Teilen (Knie) wirklich folgen, sie in den Mittelpunkt der Aktion stellen kann und wenn dem wirklich der ganze Körper folgen kann, kann diese Übungsfolge als gelungen bezeichnet werden.

7. Zentraler Ansatz „Lampe“ (Laurie Anderson: Science)

ad 7 Die TeilnehmerInnen stellen sich vor, sie seien in einem dunklen Raum und könnten nur im Schein einer Lampe, die auf ihrer Brust, dem Bauch oder sonstwie zentral befestigt ist, sehen. Sie müssen sich jetzt so bewegen, daß ihre Bewegung automatisch zentral gesteuert ist.

8. Improvisation: wechselnder Bewegungsansatz zentral/peripher (S. Wonder)

ad 8 In dieser technischen Schlußimprovisation ist es möglich, die Führung der Bewegung zwischen zentralem und peripherem Bewegungsansatz sowie verschiedenen peripheren Teilen (wie z.B. Ellenbogen, Knie, Kopf) wechseln zu lassen.

FLUSS / IMPULS

Ziel dieser Unterrichtseinheiten ist es, die Fähigkeiten für fließende und impulshafte Bewegungen zu trainieren, dadurch die Möglichkeiten des eigenen Tanzstiles zu erweitern und zu einer individuellen Handschrift in der Kombination von Fluß und Impuls, einer persönlichen Art der Phrasierung von Bewegungen zu kommen.

Fluß und Impuls wechseln sich normalerweise ab. Sie sind kombiniert zu bestimmten Arten von Phrasierung, die unter anderem den Bewegungsstil charakterisieren.

Wenn man Menschen, die einfach „nur so“ gerne tanzen, beobachtet, kann man starke Unterschiede in der Gewichtung der Anteile fließender Bewegungen und dem Setzen von Impulsen sehen. Wahrscheinlich gibt es eine Parallelle zum Temperament, zur eher impulsiv-wechselhaften oder elegisch-getragenen Art.

Will man den persönlichen Tanzstil erweitern, ist es wichtig, Fluß und Impuls getrennt zu trainieren.

Eine solche künstliche Beschränkung zwingt dazu, die Möglichkeiten jeder Bewegungsqualität auszuschöpfen und sich mit den Problemen und Hemmnissen einer Ebene zu konfrontieren, statt sie durch den Wechsel in eine andere Bewegungsqualität zu umgehen. Das Ergebnis ist eine enorme stilistisch/technische Verbesserung, die eineN TänzerIn über die Begrenzung des persönlichen Bewegungsrepertoires hinausführt.

Für die TänzerInnen entstehen dadurch viele und neue Wahlmöglichkeiten, variabler auf Situationen und Musiken reagieren und eigene Ideen besser umsetzen zu können. Dabei wird er/sie nicht die eigene Wurzel und seinen/ihren persönlichen Stil verlieren. Der/Die TänzerIn ist aber jetzt in der Lage, im Tanz die eigene Art frei gestaltend zur Grundlage nehmen, statt ihr mangels Wahlmöglichkeiten ausgeliefert zu sein.

Fluß und Impuls sind nicht unabhängig von den anderen Bewegungsqualitäten, sondern vielfältig im Verhältnis der Ausprägung der anderen Ebenen in ihnen charakterisierbar.

Fluß ist von seinen dynamischen Qualitäten her in bezug auf

- Zeit: Das Tempo fließender Bewegungen ist im allgemeinen mittelmäßig schnell, obwohl Beschleunigungen und Verlangsamungen leicht möglich sind.
- Energie: Fließende Bewegungen geschehen meistens mit eher leichter Energie.
- Raumrichtung: Die Richtung des Bewegungsflusses ist für gewöhnlich indirekt, oft durch Kurven, Kreise und vor allem Spiralen charakterisierbar.–
- zeitliche Veränderungsrichtung: Fluß ist eindeutig durch seine Allmählichkeit charakterisierbar.

Hier liegt der Hauptunterschied zu **Impuls**:

- zeitliche Veränderungsrichtung: Das Hauptmerkmal von Impuls ist die Plötzlichkeit.
- Zeit: Das Tempo impulsiver Bewegungen ist schnell.
- Energie: Die Energie bei impulsgesteuerten Bewegungen ist in dem Augenblick, wo ein Impuls gesetzt wird, heftig.
- Raumrichtung: Der Impuls ist „straight", seine Richtung führt aber über die unmittelbare Direktheit hinaus nicht geradlinig in den Raum, sondern führt auf dieser größeren Richtungsebene zu plötzlichen Umorientierungen oder gar einer Auflösung der Orientierung.

Im Gegensatz zu Fluß mit seiner Kontinuität und seinen allmählichen Veränderungen, die oft eher vorhersehbar sind und einer stilisierteren Bewegungslogik folgen, gibt es bei Impuls natürlich zwei Phasen:

Den Augenblick des Impulses und das, was danach kommt. Bei kunstvollen Tanzstilen werden die impulshaften, plötzlichen und oft überraschend/unvorhersehbaren Änderungen der Bewegungsrichtung und des Ansatzes mit Fluß weitergeführt, der Impuls wird also gebunden weiterentwickelt. Es kommt dann zu einer Art Innehalten, worauf die nächste Bewegungssequenz durch einen neuen Impuls initiiert wird.

Eine solche Folge von Impuls-Fluß-Innehalten zeichnet sich meist durch eine gewisse Prägnanz aus und bildet eine Bewegungsgestalt.

Diese Kombination von Fluß und Impuls nenne ich analog zur Musik „Phrasierung". Natürlich ist es auch möglich, Impulse so schnell aufeinander folgen zu lassen, daß das Fließende mehr oder weniger verschwindet oder die Impulse ungebunden, also z.B. schlackernd weitergehen.

Vom **Empfinden** her hat **Fluß** etwas HARMONISIEREND/INTAKTES. Funktionierende Flußtechnik arbeitet immer mit „Support", der Unterstützung vom Boden her. Der Wechsel des Bewegungsansatzes bedeutet in jedem Fall auch einen Wechsel der Lastlinien im Körper. Das gilt für fließende Ansatzwechsel im Stehen und natürlich besonders bei Drehungen, Spiralen, Bewegungen durch den Raum oder – wohl am stärksten – am Boden und beim Wechsel zwischen Boden und Stand (Siehe auch „Fluß 2").

Dabei gibt es immer einen Punkt, um den herum gedreht wird, und einen Ansatz, der führt. Gelungen fließende Bewegungen haben eine klare Linienführung, operieren mit gelösten Drehungen um die entsprechenden Achsen, und diese Achsen werden vom Aufbau her gelöst und sicher getragen, ...unterstützt.

Es gibt, wenn man diesen persönlichen Effekt der Lösung und des ständigen Wechsels zwischen Getragensein und Linienzeichnen weiterführt, so etwas wie eine leichte Trance. Sie hat mit dieser permanenten wellenförmigen Veränderung zwischen Last/Unterstützung und Freiheit/Aktion/Getragensein zu tun und mit dem ständigen Wechsel der Perspektive, dem sich ständig ändernden Focus, der manche TänzerInnen auch schwindelig macht.

IMPULS dagegen kann etwas sowohl AGGRESSIVES als auch EKSTATISCHES haben. Wenn einE TänzerIn die körperlichen Impulse wirklich explosiv nach außen bringt und die Bewegungsansätze relativ schnell wechselt, sind die Bewegungsschwerpunkte, eben diese Lastlinien, nicht mehr klar feststellbar. Es kann eine Art „Swing“ zwischen den Balancen geben; die Bewegungen sind eher verrückt als harmonisch.

Es ist möglich, wenn man nicht die Verbindung mit Fluß zu Phrasierungen suchen will, die Impulse zu rhythmisieren, was sehr schöne Bewegungsmuster ergibt, die eine magische Mixtur von Asymmetrisch/Überraschendem und Harmonie-durch-den-inneren-Puls darstellen.

CURRICULUM FLUSS

FLUSS 1

Ziel dieser Stunde ist es, das Warm up zu üben und eine Improvisationstechnik fließender Bewegungen aus dem Rumpf heraus zu lernen, um diesen „Binnenfluß“ dann in die Gliedmaßen und den Raum zu entwickeln und damit den Bezug zu anderen TänzerInnen herzustellen.

Dabei wird zuerst ein Warm up entwickelt, das das Bewegungsansatztraining aufgreift und es in eine fließende, spiralige Form bringt. Hauptübungsteil ist eine Improvisationstechnik, die alleine und mit Hilfe eines Balles und des/r PartnerIn kleine fließende Bewegungen im Leib trainiert. Diese werden in die Gliedmaßen fortgeführt, was eine wichtige „Fluß“-Technik darstellt. Am Ende wird das „Exercise Form und Fluß“ eingeführt, welches mit seiner Betonung der großen Form einen Gegensatz zu der „Binnenfluß“-Technik darstellt. Form, Fluß, Raum und der Bezug auf andere TänzerInnen werden in einer Schlußimprovisation verbunden.

Warm up:

1.	Warm up: Gelenkekreisen	(D. Decker, Israelites)
2.	Technik: Üben einer langen spiralförmigen Bewegung	(Zulu Choräle 30er-60er)

3. Studie: kurze Spirale als technische Improvisation (Stevie Wonder)

ad 1,2,3 Der Begriff „Warm up“ bezieht sich nicht, wie sonst bei Tanz, auf die allgemeine Erwärmung.
Die sollte zu einem gewissen Maß schon geschehen sein. Hier ist eine allgemeine psychophysische Einstellung auf das Thema gemeint.

In diesem Falle wird das Bewegungsansatztraining weiter verfolgt. Für „Fluß“ wird es in kontinuierlich/kreisförmige, den Ansatz systematisch verändernde Bewegungen gebracht. Das ergibt vielfach spiralige Bewegungen. Spiralen stellen nicht nur eine der Urfomen von Bewegung überhaupt dar. Sie sind auch eine wunderbare Bewegungsorganisation für den stetig fließenden, dabei seine Raumorientierung verändernden, sowohl in sich und im Körperraum kreisenden als auch damit im und durch den Raum fließenden Tanz:

Das langsame Gelenkekreisen (1) ist bei „Bewegungsansatz“ schon beschrieben worden. Diese Bewegung wird bei „2“ in eine Form gebracht, bei der die Kreise langsam in einem bestimmten Rhythmus im Körper von unten nach oben steigen, um endlich über zwei gegeneinander versetzte und ineinander verwobene Spiralen der Arme mit einem Ellenbogenkreisen zu enden. In „3“ wird diese Flußbewegung Thema einer Improvisation, bei der Teile der Bewegung beschleunigt und phrasiert werden können. Nach einem Drittel der Zeit sollen die TänzerInnen mit ihrer Spiralenbewegung in den Raum gehen und mit diesem Thema frei improvisieren.

Bei den ersten beiden Übungen wird dem Thema entsprechend sehr fließende Reggae- und Zulu-Musik benutzt. Für „3“ wurde dann eine Musik von S. Wonder mit kräftigen Impulsen ausgewählt.

4. Improvisation: den Fluß von innen/Rumpf nach außen bringen (Paare).
(Span.Maurisch)

ad 4 Der Aspekt Kreis/Spirale wird später in der zweiten und dritten Einheit wieder aufgegriffen.
Übung 4 greift den anderen Aspekt des Warm ups heraus, nämlich kleine fließende Bewegungen des Rumpfes. Das ist ein weiteres wesentliches Element von Fluß: In Bewegungen, die einen Ursprung im Leib haben und sich aus einer Binnenflußbewegung nach außen in die Peripherie entwickeln, um von dem nächsten Binnenflußansatz abgelöst zu werden, finden wir den Ursprung des Wortes „EMOTION“. Dafür ist die Paarform mit einem Wechselspiel zwischen zwei PartnerInnen als Szenario passend. Diese Übung wird durch den orientalischen Charakter der Musik unter-

stützt und stellt, wenn es gut klappt, mehr eine Improvisation als eine Übung dar.

5. Massage: Gymnastikball-Rücken; damit in Bewegungsfluß kommen (Gismonti/Vasconcelos)

ad 5 Es ist sehr wichtig, an dieser Stelle der Stunde nach den harten (1, 2, 3) und weichen (4) Techniken eine sinnliche Bewegungskontrolle des Bewegungsflusses zu wählen. Die Improvisation am Ende des Warm ups mit dem Spirale/Kreis/Tanz (3) läßt bei der überwiegenden Mehrzahl ein Gefühl von:

„Das ist schwierig, den Sprung von der vorgegebenen Bewegung zu einem freien Tanz mit diesem Material schaffe ich nicht, ich kann das nicht benutzen, meine eigene und die gelernte Bewegung stehen nebeneinander..." zurück. Das Improvisieren mit aus dem Rumpf heraus entstehenden Bewegungen (4) ist zwar frei, jedoch von der Vorgabe her ziemlich eng und außerdem tierisch anstrengend.

Der Ball dagegen führt, wenn er zu dieser perlenden Musik über den Körper gerollt wird, direkt in eine natürliche Rollbewegung. Er legt den TänzerInnen außerdem nahe, allmählich fließende Bewegungen zu machen. Sonst fällt der Ball hin. Es ist interessant, später im Verlauf der Übung anzuregen, daß auch größere Formen etc. gewagt werden.

6. Exercise: Form/Fluß (Gismonti/Vasconcelos)
Nachdem die Verbindung von Fluß und Form schon im letzten Teil der Übung 5 angeregt wurde, bringt dieses Exercise nun ganz betont den Formaspekt in das Thema Fluß ein. Es ist durch allmähliche Übergänge zwischen starken Formen gekennzeichnet, die den TänzerInnen ein Gefühl körperlicher Logik im Bewegungsfluß geben.

7. Freie Improvisation: Form/Fluß (Gismonti/Vasconcelos)

ad 7 Alle Einflüsse dieser Stunde zusammengenommen können zu einer gelungenen Improvisation führen, in der der Fluß von Form zu Form durch den Raum führt und Schwer- und Ansatzpunkt der Bewegung ständig wechseln.

8. Improvisation: in einer klaren Form wie eine Statue stehen oder zwischen den Statuen mit Fluß tanzen (Shankar/Gabarek)

ad 8 Ich finde es schön, den Tanz im Fluß, der etwas sehr selbstbezogen Selbstverliebtes hat, am Ende als Gruppenimprovisation auf andere zu beziehen. In dieser Phase der Stunde besteht auch schon eine gewisse Vertrautheit mit dem Thema, die den Wechsel Fluß/Form und den Bezug zu den anderen TänzerInnen ermöglicht.

FLUSS 2

Ziel dieser Stunde ist es, das Wissen um „Fluß als ständigem Wechsel zwischen «Drehpunkt» und «Ansatz» einer Bewegung“ durch „Fluß am Boden“ zu trainieren.

Dabei bezeichne ich mit „Drehpunkt“ das Gelenk, um das herum eine Bewegung stattfindet. „Ansatz“ ist dagegen der Körperteil, der die Bewegung führt und die Bewegungslinie in den Raum zeichnet.

Als zweite Einheit finde ich Fluß am Boden sehr gut, weil die Wechsel von Sich-Tragen-Lassen (Drehpunkt der Bewegung) zu Führung (Ansatz der Bewegung) deutlicher wird. Es gibt keine Lastlinie durch den Körper, sondern direkten Bodenkontakt mit den Händen, dem Becken, den Knien... Außerdem sind die Bewegungsmöglichkeiten eingeschränkter als im Stehen, so daß das intuitive Wissen um die Biomechanik des Wechsels von Bewegungsansätzen sehr geübt wird.

1. Arme schwingen, Beine schwingen, vom Boden tragen lassen, beides zugleich, Beinseitschwung

ad 1 Das eigentliche Warm up kommt hier erst als zweiter Stundenteil, da das Bodentraining zugleich eine körperliche Aufwärmung, als auch die beste Vorbereitung für die Technik „Fluß am Boden“ darstellt.
Der erste Teil übt vor allem das Loslassen in der Bewegung. Am Boden sind fließende Bewegungen möglich, in denen die Gliedmaßen vom Boden getragen werden. Dadurch entsteht zugleich ein Gefühl für Fluß und für Support (Unterstützung vom Boden). Außerdem lösen sich die Gelenke.

2. Zusammenziehen von der Seite, drehen und Fluß (Pinguin Orchstra)

ad 2 Nachdem die ersten Übungen in Rücken- oder Seitlage stattgefunden hatten, also zweidimensional, kommt nun der Augenblick, wo der Schwung in die dritte Dimension, also vom Boden weg, führt.

3. Bewegungsfolgen: Boden und Querverwindung üben, Korrektur zu dritt (Pinguin Orchstra)

ad 3 Hier handelt es sich um zwei kleine Kombinationen, die aus der Rückenlage in den Kniestand, den Vierfüßler, das Sitzen usw. führen. Dabei wird sehr deutlich, welcher Teil gerade trägt, welcher bewegt, um danach meist selbst zu tragen, während ein anderer Körperteil weiterbewegt wird. Diese Bewegungen haben wiederum mit Kreisen, Ausdrehen und Spiralen zu tun.

4. Improvisation: Boden (Caetano Veloso)

Diese Improvisation klappt anfangs meist nicht so gut, da das technische Material noch nicht so selbstverständlich beherrscht wird. Es ist daher günstig, nach einiger Zeit, in der es mehr wie ein Üben ist, anzusagen, daß die TänzerInnen jetzt alles Geübte vergessen und sich nur noch frei am Boden bewegen sollen. Es zeigt sich dann, daß das Üben die unwillkürlichen Bewegungsvorgaben beeinflußt hat. Auch wenn die Originalkombinationen nicht beherrscht werden, entstehen in der Improvisation neue Bewegungsideeen und Muster.

5. Warm up: Gelenkekreisen (D. Decker, Israelites)

6. Technik: Üben einer langen spiralförmigen Bewegung (Zulu Choräle 30er-60er)

7. Studie: kurze Spirale als technische Improvisation (Stevie Wonder)

ad 5,6,7 Das Warm up entspricht dem von „Fluß 1“ und hat schon einen Wiedererkennenswert.

8. Spiralenförmige Bewegung vom Stehen zum Boden und vom Boden zum Stand; es bietet sich hier an, als Bindeglied zwischen den Boden- und Standbewegungen eine solche Bewegung zu üben. Sie ist für das vollständige Improvisationsmaterial Boden-Stand-Boden notwendig.

8. Improvisation: Boden und Fluß (Caetano Veloso)

ad 8 Auch diese Improvisation hat mehr von einem Ausprobieren als von einem Gestalten. Den TänzerInnen ist klar, daß die Bodenbewegungen viel mit den Standbewegungen zu tun haben, und sie haben ja auch schon mit einer Möglichkeit des Überganges gearbeitet. Trotzdem ist alles zu neu, als daß die Tanztechnik Gerüst einer persönlichen Gestaltung sein könnte.

FLUSS 3

Ziel dieser Stunde ist die Kombination von kreis- und spiralförmigen Bewegungen vom Körperraum in den Außenraum, durch den Raum und zurück als Verbindung von „Fluß um den Körpermittelpunkt“ und „Fluß durch den Raum“.

In dieser Stunde wird eine neue Form eingeführt, die den Übergang von „Kreis/Spirale im Stehen“ zu einer „Kreis/Spiralbewegung durch den Raum“ darstellt. Die alten Techniken sollen dazugenommen und etwas mehr konsolidiert werden. Dann aber wird eine „weiche“ Improvisationstechnik (Übungen 8 und 9) eingeführt, mit Hilfe derer die TänzerInnen sich das (durch die vorgegebenen Bewegungen der Übungen 1–7) Angeregte aus Fluß wieder mehr zu eigen machen können.

1. Paare: Rückenstrecker rubbeln, den Oberkörper vom Kopf her sinken lassen, sich über den/die PartnerIn legen, deren/dessen Kopf dippen, einzeln wieder hochkommen, massieren (Zulu Monotones)

ad 1 Diese Übung löst Verspannungen in der Rückenmuskulatur. Das Hängen über dem seinerseits hängenden Rücken des/r PartnerIn gibt Wärme, Gewicht und Dehnung.

2. Warm up: Gelenkekreisen (D. Decker, Israelites)

3. Technik: Üben einer langen spiralförmigen Bewegung (Zulu Choräle 30er-60er)

4. Studie: kurze Spirale als technische Improvisation (Stevie Wonder)

ad 2,3,4 Wie oben beschrieben, bereiten diese Übungen auf den Fluß vor

5. Meditation: Atem und Fluß (Musik der frühen Spielleute)

ad 5 Nachdem in den vorigen Stunden viele Techniken geübt wurden, ist vor der neuen Technik dieser Unterrichtseinheit eine Übung günstig, die nach dem Warm up die Besinnung und Ruhe bringt, die nötig ist, um das Neue optimal aufzunehmen.

6. Bewegungsfolge: Fluß und Ausdrehen (Sakamoto Wasser)

ad 6 Diese kleine Bewegungsfolge wechselt zwischen Bein-, Becken- und Armkreisen, die spiralig verbunden werden, um eine imaginäre senkrechte Linie. Besonders interessant ist der Wechsel zwischen Arm-/Oberkörperkreisen im Stand und einer Bewegung, in der über ein Ausdrehen des Beins und Führung des Fußes über hinten/außen gedreht wird, während das Armkreisen auf der Horizontalebene im Körperraum beibehalten wird. Es ist damit möglich, zusammen mit den in den vorigen Stunden gelernten Techniken durch Zusammenfügen und Variieren endlose Verbindungen immer neuer Art in Fluß zu schaffen.

7. Improvisation mit dem neu Gelernten und den alten Elementen

ad 7 Das Alte ist schon etwas gesetzt, und körperliche Aha-Erlebnisse einer spontanen Verbindung aller Teile und immer neuer Übergänge sind möglich.

8. EinE PartnerIn malt Linien auf den Körper der/s anderen, (alles folgende mit Gismonti/Vasconcelos), dieseR kommt dabei in Bewe-

gung; er/sie öffnet die Augen und bewegt sich im Raum, macht auch Drehungen; jetzt nur noch Handkontakt...; es ist nicht mehr nötig, Linien zu zeichnen, vielmehr soll mit der Hand der zentrale Bewegungsansatz gefunden werden; auf diese Weise auch Boden-Stand-Kombinationen etc. versuchen

ad 8 Diese Übung ist der zentrale Teil der Stunde. Wie beim Ballrollen in der ersten Fluß-Stunde ist das Zeichnen der Linien auf dem Körper eine sinnliche Anregung, die automatisch zu fließenden Bewegungen animiert und so die Konzentration und äußere Kontrolle durch die vielen technischen Übungen balancieren kann. Es ist wichtig, die ersten Phasen ausführlich zu gestalten, so daß eine sinnliche Anregung durch den/die PartnerIn spürbar ist, bevor die eigene Bewegung entsteht. Diese wird nur allmählich größer und gestalteter. Der/Die Partnerin geht erst dann mit geöffneten Augen in den Raum, wenn eine sichere sinnliche Anbindung der Bewegung besteht, und kommt so zu einem von innen regulierten Fluß, in den das technische Material spielerisch integriert wird.

9. Der/Die PartnerIn führt mit der Hand,
*klarere Formen, **Drehungen, ***Boden/Stand/Kombinationen

ad 9 Durch die Umkehr der Führung von der Bewegung des/r TänzerIn zur Hand des/r BegleiterIn werden die Bewegungsentwicklungen „Fluß im Körperraum“-“Fluß durch den Raum“ und auch „Form-Fluß“ bewußter.

10. Freie Kontaktimprovisation im Fluß. Dabei tanzen die PartnerInnen sowohl frei mit Phasen auseinander als auch in direktem Kontakt miteinander.

ad 10 Am Schluß gibt es genügend intuitives Wissen über die Möglichkeiten der eigenen Bewegungsentwicklung im Fluß, so daß eine Kontaktimprovisation möglich ist und Spaß macht. Es ist wichtig, darauf hinzuweisen, daß in dieser Improvisationstechnik „Kontakt und Fluß“ das Gewichtabgeben und -nehmen nur am Rande von Bedeutung sind. Hingegen entsteht durch das Zusammen- und Auseinandertanzen im Fluß ein besonderes, delikates und erfreuliches Spannungsmoment.

FLUSS 4

Ziel dieser Stunde ist es, mit fließenden Bewegungen durch den Raum tanzen zu können.

Diese Stunde stellt „Drehung" und „Fluß im Raum" in den Mittelpunkt. Nachdem es bisher um

- Kreis/Spirale im Körperraum im Stand (Fluß 1),
- Fluß am Boden und die Übergänge Boden-Stand (Fluß 2) sowie das
- Ineinandergreifen von Kreis/Spiralbewegungen im Körperraum und durch den Raum (Fluß 3) ging, tellen die Techniken dieser Stunde das fließende Zeichnen von Linien im Raum und durch den Raum in den Mittelpunkt. Damit tritt das erste Mal bei diesem Fluß-Training die Artikulation, der Wechsel von Bewegungsansätzen mit wechselnden Schwerpunkten und Lastlinien im Körper zurück gegenüber der Bewegung des gesamten Körpers in Linien, Kreisen und Spiralen durch den Außenraum. Dabei wechselt der Bewegungsansatz kaum, und Drehpunkte, Schwerpunkte und Lastlinien des Körpers sind und bleiben zentral. Danach wird natürlich diese neue Technik eines zentralen Ansatzes in Verbindung mit den anderen eher „peripherie"orientierten Techniken gebracht.

1.	Warm up: Gelenkekreisen	(D. Decker, Israelites)
2.	Technik: Üben einer langen spiralförmigen Bewegung	(Zulu Choräle 30er-60er)
3.	Studie: kurze Spirale als technische Improvisation	(Stevie Wonder)
4.	Freie Improvisation: Fluß	(John Lurie)

ad 1,2,3,4 wie oben

5.	1. Schritt: Drehung und Raum	(D.Brandt: Afr. Market Place)
6.	2. Schritt: Drehung und Raum	(D.Brandt: Afr. Market Place)

ad 5,6 TänzerInnen drehen oft schnell und vom übrigen Bewegungsfluß isoliert. Dabei halten sie vor und nach der Drehung mit starrem Blick eine bestimmte Raumrichtung, die sie nur kurz durch die schnelle Drehung, die als Irritation begriffen wird, unterbrechen. Hier sollen die Drehungen aber langsam und kontrolliert im Fluß durchgeführt werden. Dabei ist die Drehung Teil einer ganzheitlich fließenden Bewegung, die mit wechselndem Focus durch den Raum führt, wobei die Drehung um die eigene Achse nur eine besondere Note des Bewegungsflusses durch den Raum darstellt.

7. Improvisation: Fluß und Raum auf der Diagonalen, dann mit Boden, mit Phrasierung, ganz frei (D.Brandt: Afr. Market Place)

ad 7 Wie oben angekündigt, wird jetzt diese neue Form von „Fluß durch den Raum“ in die vorherigen Techiken integriert. Dabei ist es wichtig zu betonen, daß die TänzerInnen sehr bewußt auf den Wechsel von Bewegungsansätzen, Drehpunkten, Focus, Lastlinien und Schwerpunkten im Körper achten sollen. Die fließende Bewegung auf diesem Niveau ist nur möglich, wenn klar ist, welcher Körperteil führt, worum sich gedreht wird, von wo Ruhe und Support kommen etc.

8. 15 Minuten Improvisation: Die Hälfte nimmt eine Form im Raum ein, die andere Hälfte tanzt fließend im Raum und um die Figuren herum; anfangs Rollenwechsel durch konkretes Ablösen, dann freier Wechsel zwischen Pose und Fluß

(Magma u. andere franz. Gruppen)

ad 8 Es ist wichtig, Zeit zu haben für das freie Spiel mit dem Geübten und das Fließenlassen. Jetzt ist soviel Wissen und Vorerfahrung da, daß immer etwas Neues entsteht.

FLUSS 5

Ziel dieser Stunde ist es, sich alle Techniken zu Bewegungsfluß zu eigen zu machen, sie in den eigenen Tanzstil zu integrieren und diesen dadurch zu erweitern.

In dieser Stunde werden Techniken der Stunden 1-4 wiederholt. Es soll Gelegenheit bestehen, Fragen zu technischen Problemen zu stellen, bevor das Thema Fluß verlassen wird. Dann ist Zeit für eine lange Improvisation, in der es mehr um das Bewegungsgefühl geht, das mit Fluß einhergeht.

Wiederholung:

1.	Warm up: Gelenkekreisen	(D. Decker, Israelites)
2.	Technik: Üben einer langen spiralförmigen Bewegung	(Zulu Choräle 30er-60er)
3.	Studie: kurze Spirale als technische Improvisation	(Stevie Wonder)
4.	Freie Improvisation: Fluß	(Magma)
5.	Meditation: Atem und Fluß	(Musik der frühen Spielleute)
6.	1. Schritt: Drehung und Raum	(D.Brandt: Afr. Market Place)
7.	2. Schritt: Drehung und Raum	(D.Brandt: Afr. Market Place)

8. Improvisation: Raum und Fluß (D.Brandt: Afr. Market Place)

9. Bewegungsfolge: Fluß und Ausdrehen (Sakamoto Wasser)

10. Improvisation: Eine Hälfte steht in Formen, die andere fließt um sie herum und durch den Raum mit Drehungen auf allen Raumebenen bei individuellem Rollenwechsel (Sakamoto Beauty)

ad 1–10 Die Techniken sind alle bekannt. Es geht hier darum, herauszufinden, ob Dinge unklar geblieben sind, um sich eventuell korrigieren zu lassen.

11. Fremdentspannung zum Thema Fluß; dann Improvisation: Fluß; Gefühl von Fließen; was bedeutet das; ist das mein Thema; wo sind Schwierigkeiten und Blockaden; in welche Richtung entwickelt sich meine Improvisationsfähigkeit durch die Technik „Fluß"; welche Möglichkeiten, mit anderen zu tanzen, eröffnet mir diese Technik; welche Aspekte fügt sie meinem Körpergefühl hinzu; gibt es Übertragungen in meinen Alltag? (Sakamoto Wasser)

CURRICULUM: IMPULS

IMPULS 1

Ziel dieser Unterrichtseimheit ist es, von jedem Bewegungsansatz aus mit einem Impuls reagieren und eine Kontaktimprovisation mit Impulsen tanzen zu können.

Diese Stunde schließt sich ziemlich eng an die zu Bewegungsansatz an. Die Grundlage des Trainings stellt ein Wahrnehmungstraining dar, bei dem genau an der Stelle, an der eine Berührung erfolgt, eine Reaktion kommen soll. Das Thema der Stunde ist Impuls, und so soll diese Reaktion plötzlich und mehr oder weniger schnell und heftig, eben impulsiv, erfolgen. Dabei ist es als Körpertraining faszinierend zu üben, mal „weg von" und mal „gegen" die Berührung des/r PartnerIn zu reagieren. Auf der Grundlage dieses Trainings können diese nun sehr differenzierten Möglichkeiten für Impuls aus dem Leibbereich heraus oder von den Gliedmaßen ausgehend als gebundene Bewegung, also mehr oder weniger fließend, fortgeführt werden, wodurch eine Bewegung im Raum entsteht.

1. Massage: „Einseifen", „Rubbeln", Beklopfen (Pink Floyd, Zulu)

ad 1 Mit sich steigernder Heftigkeit wird so die gesamte Körperhülle aktiviert und auf die Anforderung der detaillierten Reaktionen vorbereitet.

2. An der Stelle des Handauflegens nachgeben mit Variation von Zeit und Dynamik (Piazzola)

ad 2 Für dieses Training muß der/die TänzerIn leer im Sinne einer Meditation sein. Er/Sie soll genau an der Stelle der Berührung spontan und ohne zu überlegen nachgeben. Dieses Training ist von fundamentaler Bedeutung für einen Tanzstil, der auf einer spontanen, plötzlichen Richtungsänderung der Bewegung basiert.

Die TänzerInnen sollen zu jeder denkbaren Reaktion in der Lage sein, und im Verlauf der anderen Stunden wird geübt, diesen Impulsen auf unterschiedliche Art (z.B.: gebunden-ungebunden) zu folgen. Es ist wichtig, dem/r ImpulsgeberIn zu sagen, daß seine/ihre Berührung gleichbleibend/neutral sein soll. Erst im zweiten und dritten Teil soll sie zeitlich und in der Stärke der Berührungen variieren, wobei die spontane Reaktibilität des/r TänzerIn noch mehr gefordert wird.

3. An der Stelle des Handauflegens wegdrücken mit Variation von Zeit und Dynamik (Piazzola)

ad 3 Dieser Wechsel ist am Anfang für viele sehr schwer. Die Übung bleibt die gleiche, die Richtung jedoch hat sich geändert, ein wahrhaftiges Präsenz- und Konzentrationstraining. Besonders die Variation in der zeitlichen Gliederung und Dynamik der Impulse stellt extreme Anforderungen an die Awareness der TänzerInnen.

4. Handauflegen/Wegdrücken mit Tönen (Piazzola)

ad 4 Es ist wichtig, die Impulse nicht mit Verspannungen zu verbinden. Das beste Mittel für eine lockere ganzheitliche Bewegung mit Einschluß der psychologischen Dimension, jemanden impulsiv wegzudrücken, ist die Verbindung des Impulses mit einem Ton. TänzerInnen, denen das schwer fällt, können mit nur einem – vielleicht gar immer dem gleichen – Konsonanten üben. Es ist aber besonders lustig, die Stimme ganz frei reagieren zu lassen.

5. Kraftaufbau: Druck- und Zugaufbau als Paarübung an verschiedenen Körperteilen (Compania Ital. del Canto Pop.)

ad 5 Bei Fluß und Spirale werden manche TänzerInnen schwindelig wegen der ständigen Änderung des Schwerpunktes und des Focus und dem permanenten Weiterfließen der Bewegung.

Auch bei Impuls, wenn so forciert wie hier, gibt es typische Probleme: Ständiges plötzliches Reagieren kann zu einem Zusammenbruch der Zentrierung führen. Die Energie wird pausenlos in verschiedene Richtungen herausgegeben, da bisher die Impulse nicht als gebundene Bewegungen weiterliefen.

Das Ziehen und Drücken, das allmählich von unterschiedlichen Ansätzen ausgehend in seiner Intensität gesteigert wird, bevor man die Kraft langsam wieder zurücknimmt, baut automatisch Bodenkontakt, Kraft vom Boden und Zentrierung wieder auf.

6.a) Technik: Berührung/schneller Impuls weg, schnell zurück (EPMD)

ad 6.a) Impuls ist, wie schon beschrieben, im Gegensatz zu Fluß schnell, heftig und plötzlich. Trainiert man aber nur Impuls, kann man die dynamischen Qualitäten der impulsiven Bewegung sehr wohl nochmals unterscheiden. Hier geht es um eine heftige, besonders schnelle Variante, sozusagen um einen impulsiven Impuls: Der/Die eine TänzerIn nähert sich dem/r anderen mit hoher Spannung, bei der die gesamte Körperenergie in einem Finger gebündelt wird. Sobald die Berührung erfolgt, bewegt sich dieseR Tänzerin wie von der Tarantel gestochen von der Berührung weg, nimmt aber auch ganz schnell wieder seine/ihre Ausgangsposition ein usw.

6.b) Kontaktimprovisation mit dynamischen Impulsen im Raum (D. Decker It Mek)

ad 6.b) „6a“ war die Vorübung für die erste „richtige“ Improvisation. Diese sehr heftige Energie ausnutzend, die in der vorigen Übung aufgebaut wurde, soll jetzt die daraus resultierende Bewegungsenergie nicht abgestoppt werden, sondern als gebundener Impuls mit einer mehr oder weniger fließenden Bewegung in den Raum fortgeführt werden. Dabei gibt es natürlich unendlich viele Freiheitsgrade. Die Bewegung kann schnell abgestoppt oder langsam weitergeführt werden, der/die TänzerIn kann ihr verschiedene Raumrichtungen geben oder wieder in die Ausgangsform zurückschwingen usw. Der/Die PartnerIn muß dabei lernen, die Impulse so zu geben, daß die Bewegung überhaupt weitergehen kann, danach „am Ball“ zu bleiben, d.h., die folgende Bewegung des/r TänzerIn so zu begleiten, daß im richtigen Moment der richtige „nächste“ Impuls gegeben werden kann.

Nach einer Anfangsphase, in der beide Teile ihren Part üben müssen, geht dann alles mehr in Richtung gemeinsamer Kontaktimprovisation mit Impulsen, die nicht mehr von einem/r PartnerIn mit der Hand gesetzt werden. DieseR tanzt jetzt auch selbst und gibt die Impulse mit einem Teil seines/ihres Körpers, bewegt sich mit dem/der TänzerIn, der/die seine/ihre Impulse aufgenommen hat, durch den Raum usw.

7.a) Technik: „Wasserpflanze“ (Mittelalterliche Musik der Spielleute)

ad 7.a) Diese Übung stellt die langsamste denkbare Art dar, sich so zu bewegen, daß es Impuls genannt werden kann.
Die Qualität ist eher sanft, allmählich und langsam. Der/Die PartnerIn gibt die Impulse etwa in einer Art, wie man einen Pendel anstoßen würde, und die folgende Bewegung ist wie unter Wasser.

7. b) Kontaktimprovisation mit allmählich/fließenden Impulsen im Raum (Réunion)

ad 7. b Diese Improvisation folgt ähnlichen Gesetzen wie die 7a, bloß ist die gesamte Bewegung viel fließender und die Bewegungsentwicklung für beide Teile vorhersehbarer. Dadurch wird auch die heftige Bewegungsenergie der Stunde gut zurückgeführt, so daß das Ende ruhig ist und sich alle Erfahrungen setzen können.

IMPULS 2

Ziel dieser Unterrichtseinheit ist das Erlernen des Warm up „Impuls" sowie eine Performance, die verschiedene Arten von Impulsen in eine Entwicklung bringt, die aus der Ruhe über die Auflösung der Integrität durch ungebundene, „wilde" Impulse der Körperperipherie zu einer Reintegration durch Impulse von innen her führt.

In dieser Stunde wird das systematische Training, von jedem Punkt des Körpers ausgehend mit Plötzlichkeit agieren zu können, in die Form eines Warm ups gebracht. Neben zwei kurzen aber komplexen impulsgesteuerten Tanzschritten geht es dann vor allem um eine allgemeine Studie impulsiver Bewegung in Form von zwei Performances. Die TänzerInnen lernen, in einer Improvisationschoreographie auszudrücken, wie sich die Heftigkeit von Impulsen steigert, wie sich das Wechselspiel Zentrierung/Impuls verhält, und mit gebundenen gegenüber ungebundenen Impulsen sowie Stakkatobewegungen umzugehen.

Warm up Impuls:

1. PartnerInnen: Empfindungsschulung Impuls

ad 1 Die TänzerInnen wiederholen frei für sich in Kurzform das (grundlegende) Impulstraining der Stunde „Impuls 1".

2. Impuls Rücken an Rücken und Gegenüber (L.A. Brave)

ad 2 Um den Rücken, der für die plötzlichen Änderungen warm, beweglich und durchlässig sein soll, aufzuwärmen, stehen je zwei TänzerInnen Rücken an Rücken und bewegen sich leicht, differenziert und im Rhythmus.

Auf das Schnipsen einer der TänzerInnen drehen sich beide sofort um und beginnen (ohne einen Takt zu verlieren) mit dem Impuls-/Reaktionsteil. Dabei stehen sich beide gegenüber: EineR gibt die Impulse genau im relativ schnellen Takt der Musik, der/die andere gibt genau an der Stelle differenziert nach und kommt sofort danach in die Ausgangsposition zurück, um für den nächsten Impuls bereit zu sein. Auf ein erneutes Schnipsen hin gehen beide wieder in die erste Position, so daß sich der Ablauf mit umgekehrter Rollenverteilung wiederholen kann.

3. Intuition/Ansatz/Impuls-Übung (Zuluchoral)

ad 3 Die Musik hat eine sehr unregelmäßige, für Europäer ungewohnte Phrasierung. Die TänzerInnen sollen ihre Bewegungsimpulse jeweils genau gleichzeitig mit den (impulshaften) Einsätzen von Chor oder Vorsänger setzen. Da sie die Musik nicht kennen, müssen sie rein intuitiv auf ihre Phrasierung reagieren. Dafür ist eine Kombination von Spannung, Aufmerksamkeit und Durchlässigkeit nötig.

4. Asymmetrischer Fall- und mechanischer Beckenimpulsschritt
(Exercise Impuls)
(LA Heartbrake)

ad 4 ...zwei Tanzschritte, die eine ungewöhnliche Kombination von Impuls und Fluß mit einem eigenwilligem Ansatz darstellen und wie ein exemplarisches Lernen der Tanztechnik „Impuls“ funktionieren.

5. Performance „Impuls*“ mit den Phasen: in sich gekehrt sein, gukken, gezogen werden, immer mehr aus der Balance kommen, Auflösung der Balance, sich finden, Doppelimpuls (L.A. Big Science)

ad 5 Diese Performance „Impuls*“ ist die zentrale Übung der Unterrichtseinheit: Der Impuls wird hier nicht gestoppt oder in gebundener Form weitergeführt, sondern zieht den/die TänzerIn in den Raum und gibt dem (die Zentrierung) auflösenden Charakter von „Impuls“ Gestalt. Dabei kommt es zu einer spektakulären Steigerung von dem feinen Unterschied zwischen „In Sich Ruhen“ zu „Die Aufmerksamkeit wird durch äußere Reize angezogen“ über das imaginäre Ziehen an Körperteilen (dem die TänzerInnen real nachgeben) bis zu einer zunehmenden Auflösung mit schließlich wildem Fallen (scheinbar) ohne Balance, bei dem die ZuschauerInnen sich wundern, daß die TänzerInnen nicht zu Boden stürzen. Dann kommt – auf einer anderen Ebene – das In-Sich-Ruhen: Nach der Auflösung ordnen die TänzerInnen sich und ihre Kleider mit ihren persönlichen Alltagsbewegungen, als ob sie allein ohne Publikum wären. Dann setzen sie (in dramatischem Unterschied zu vorher) in perfektem Einklang mit der Musik immer zwei aufeinanderfolgende Impulse, die sich (vom Rumpf ausgehend) in gebundenem Fluß in die Gliedmaßen fortsetzen.

6. Performance „Impuls**“ mit den Phasen: Angstorientierung, Zentrierung, Stakkato, schnelles Stakkato (L.A. US Live)

ad 6 Die Performance „Impuls**“ ist kürzer und hat eher einen Nebenaspekt zum Thema: Der Fluß am Anfang der Performance ist nicht harmonisch und fließend, sondern er hakt an verschiedenen Körperteilen, demonstriert also nicht Harmonie, sondern Verspannung. Das erlösende Signal in der Musik führt entsprechend auch nicht in einen ungebundenen Impuls oder eine Kombination Fluß-Impuls, sondern in viele kleine abgehackte Impulse, eine Stakkato-Bewegung. Auch die Umkehrung dessen, was eigentlich gelernt werden soll, ist nicht nur lustig, eindrucksvoll und als Stilmittel interessant. Die TänzerInnen lernen gerade durch die Umkehrung eine Körperbeherrschung, die sie das für den „normalen“ Fluß/Impuls-Tanzstil Wichtige durch den Kontrast besser verstehen läßt.

IMPULS 3

Ziel dieser Unterrichtseinheit ist es, daß die TänzerInnen, ausgehend von Isolationsübungen, Impulse aus dem Becken- und Brustbereich so zu setzen lernen, daß in Fortsetzung dieser Leibimpulse in den Gliedmaßen vielfältige Kombinationen „wilder“, ungebundener Impulsformen getanzt werden und in eine Improvisationschoreographie zu RAP-Musik gebracht werden können.

Welcher Tanzstil paßt zu „RAP“? Natürlich kennen wir alle Breakdance mit seiner verblüffenden Mischung von exaltiertem Fluß und ungewöhnlich verdrehten Impulsen, seinen artistischen Bodenteilen und seiner oft comichaften Formensprache. Improvisationstechniken sollen ein technisches Element als Grundlage haben, das grundlegend für Tanz ist, aber nicht so kompliziert zu üben wäre, daß die TänzerInnen es sich nicht relativ schnell zu eigen machen könnten. In diesem Sinne ist Breakdance keine Improvisationstechnik, sondern wie Modern, Klassik oder Jazz technisch komplex, auf langes Training und eher Vor- und Nachmachen angelegt.
Man kann aber mit „Impuls“ als Grundlage eine Improvisationstechnik für RAP-Musik konzipieren.

Von dem Charakter der Musik her paßt zu Rapmusik mit ihrer Power, ihren starken, monotonen Grundrhythmen mit der darüberliegenden Rhythmisierung durch den Sprechgesang und ihrer coolen Lockerheit eine Improvisationstechnik, die durch kräftige Impulse (vorwiegend aus dem Leibbereich), hohes Energielevel, schnelles Tempo und eher ungebundene Impulsfortsetzung in die Gliedmaßen hinein charakterisiert ist.

1–3. Warm up Impuls mit den gleichen Übungen wie in Stunde 2.

4. 8,4,2,1* Becken- und Brustisolationsübungen (EPMD)

5. 4*Becken/4*Brust-Schritt (Exercise: Impuls) (LA Heartbrake)

ad 4+5 Voraussetzung für die Impulse aus dem Leibbereich, die als ungebundene Impulse in den Gliedmaßen fortgeführt werden sollen, ist eine ganz spezielle Lockerheit im Becken- und Brustbereich. An Becken und Brust sind die großen Gliedmaßen/Gelenksysteme von Armen und Beinen sowie der Kopf befestigt.
Für einen impulshaft-plötzlichen Stil müssen starke, schnelle Impulse von Becken und Brust ausgehen können. Dafür ist eine Lockerheit nötig, die am besten durch Isolationübungen, wie sie aus „Jazz" bekannt sind, geübt werden kann. In „4" werden Becken und Brust nicht gekippt, sondern relativ parallel eine kleine Distanz nach vorn, hinten und zu den Seiten bewegt. Dadurch entsteht nicht nur ein Gefühl für die isolierte Bewegung, sondern die Muskelgruppen über und unter Becken/Brust lernen außerdem, schnell auf Kommando nachzugeben. Bei „5" ist die Richtung der Impulsbewegung diagonal. Die TänzerInnen gehen mit einem Beckenimpuls nach rechts-vorn, links-hinten, rechts-hinten und links-vorn und tanzen die gleiche Bewegung dann mit Impulsen, die vom Brustbereich ausgehen. Im Unterschied zur Übung 4 ist diese Bewegung nicht so isoliert. Die TänzerInnen kommen vielmehr in einen Swing.

6. Improvisation „Rap": 8-Zeiten Gestikulieren, „8"-Gehen, „8"-Manipulieren, „8"-zurück und Wechsel (White Line)

ad 6 Diese Übung in Paaren, die sich in zwei Reihen mit dem Rücken zur Wand gegenüberstehen, nimmt
Choreographien wie in „Graphiti Wild Style" zum Vorbild, wo es die Gangs nach dem realen Vorbild von „African Bambata" in der South Bronx der späten Siebziger nicht mehr ausschießen, sondern austanzen sollten. Das Gestikulieren ist dabei meist nicht nur ziemlich wüst und expressiv, sondern oft auch aggressiv, manchmal obszön, provokativ, gestisch übertrieben oder lustig. Das Gehen ist cool, das Manipulieren simuliert ursprünglich Kampfhandlungen, kann aber hier und jetzt alles mögliche, was die Phantasie am und

um den Körper des/der TanzpartnerIn zu tun eingibt, machen. Der Rückzug ist völlig frei.

7. „Undercurve" mit Becken und Schulter längs und quer (De la Soul)

ad 7 Becken und Brust werden in schwunghafte, halbkreisförmige Bewegungen nach oben und unten versetzt. Diese Becken/Brust-Bewegungen sind nicht so sehr auf Isolation ausgerichtet wie die Bewegungen der Übung 4, sondern darauf, den Bewegungsradius mit Schwung (also eher im Fluß) zu erweitern. Das erlaubt einen Übergang vom eher Gestischen der Improvisation von Übung 6 zu Drehungen, Ganzkörperformen und Ähnlichem, wie sie zusätzlich zu dem bisher Benutzten in der Schlußimprovisation verwandt werden.

8. Rap Improvisation: FREEZE in zwei Gruppen
(Cid Creole, Grandmaster Flash)

ad 8 Diese Improvisation ist so einfach wie eindrucksvoll. Alle Impulstechniken einschließlich Becken- und Brust-Undercurves werden von der einen Hälfte der Gruppe für 8 Zeiten als freie Impuls-Improvisation getanzt. Für die nächsten 8 Zeiten frieren diese TänzerInnen in der Form ein, in der sie bei „8" gerade waren, während die andere Hälfte den Tanzteil übernimmt. Nach einiger Zeit kann individuell und nach Gefühl gewechselt werden.

IMPULS 4

Ziel: Die TänzerInnen sollen Techniken von „Impuls" erinnern, herausfinden, was für sie wesentlich an Impuls ist, sich die Techniken so zu eigen machen, daß sie in ihren persönlichen Tanzstil eingebaut werden können und diesen dadurch erweitern und verändern. Außerdem sollen Fluß und Impuls so zusammengefügt werden, daß die Möglichkeiten erkennbar werden, in einer solchen Phrasierung eine eigene Bewegungshandschrift zu entwickeln.

1–3. Warm up Impuls mit den gleichen Übungen wie in Stunde 2.

4. Vierfüßler-Ball-Impuls

5. Gucken-Ball-Impuls: zurück oder weg

ad 4,5 Wie bei den Improvisationstechniken zu Fluß hilft das Material (Ball), die Eigenart der Bewegungsqualität zu verdeutlichen. Bei „4" wird der Ball in dem Augenblick fallen gelassen, in dem der/die VierfüßlerIn aus dem Hohlkreuz „impulsiv" einen Buckel macht. Mit etwas Übung kommt beides so zusammen, daß der Ball hochfliegt. Bei „5“ wird die Vierfüßler-Stellung verlassen, um mit der Technik von „4“ dieses explosive Element zu provozieren, welches nötig ist, um (wie bei einem Ballspiel) mit unterschiedlichen Körperteilen den Ball zum/r PartnerIn zurückzubefördern.

6. Improvisationstechnik: „dem Impuls Folgen“ (Leuner Reggae)

7. Improvisationstechnik: „gegen den Impuls Gehen“ (ItMek: D.D.)

ad 6/7 In dieser Kontaktimprovisation wird die Technik aus den Übungen 6b und 7b der Stunde 1 wieder aufgenommen. Diesmal sollen – jetzt im Einklang mit der Musik – kleine Geschichten improvisiert werden, in denen die TänzerInnen den Anregungen der Impulse folgen oder contra geben:
EinE TänzerIn bewegt sich so, daß er/sie dem/r anderen TänzerIn Impulse geben kann, die dieseR wiederum aktiv nutzt, um Bewegungen mit Fluß und Impuls zu gestalten.

8. Asymmetrischer Fall-, mechanischer Beckenimpuls- und 4*Becken/ 4*Brust-Schritt; (Exercise Impuls) (LA: Heartbrake)

9. PartnerInnen: Empfindungsschulung „Impuls“

ad 8,9 Wiederholung und neue Impuls-Schritte, die das Thema noch einmal technisch anregen.

10. Fremdentspannung: Impuls; Improvisation: Das Freche, Überraschende, Agressive, Unvorhersehbare, Witzige („Appacionata“)

ad 10 In der Fremdentspannung zum Thema „Impuls“/“Plötzlichkeit“ werden die TänzerInnen gefragt: „Was bedeutet dieses Thema für Dich; ist das Dein Thema; wo sind Schwierigkeiten und Blockaden; in welche Richtung entwickelt sich Deine Improvisationsfähigkeit durch die Impulstechnik; welche Möglichkeiten, mit anderen zu tanzen, eröffnet Dir diese Technik; welche Aspekte fügt sie Deinem Körpergefühl hinzu; gibt es Übertragungen in Deinen Alltag?“ Die TänzerInnen werden langsam aus der Entspannung herausgeführt. Daraus entwickelt sich eine Improvisation „Impuls“ mit dem Gefühl von Explosivität und Überraschung. (Selektors)

11. Improvisation: „Phrasierung“ als individuelle Kombination von Fluß und Impuls (Mozart: Serenata Notturma)

ad 11 Am Schluß werden Impuls und Fluß zusammengefügt. Die TänzerInnen probieren ihre individuelle Bewegungshandschrift aus, von Impulsen ausgehend mit Fluß die Bewegung zu entwickeln, innezuhalten, einen neuen Impuls zu setzen usw.. Dabei werden sie durch Mozarts Musik sehr gefordert, die ein Feuerwerk von dynamischen Wechseln, Pizzikati, elegischem Fluß, Impulsen usw. bietet und vor Einfällen nur so sprüht.

RAUM/FORM

Ziel der Unterrichtseinheiten zu „Raum/Form" ist es, daß die TänzerInnen ein Gefühl für Form und ihre Bedeutung bekommen, den Raum nutzen und sich klar in ihm verhalten können, eine Intuition für Timing und Energieverteilung entwickeln und mit der Bedeutung von Form und räumlicher Beziehung improvisieren lernen.

„Impuls und Fluß" haben die gleiche Bedeutung für LaientänzerInnen und Profis. „Raum und Form" dagegen haben für Menschen, die in Discos oder auf Partys tanzen, kaum Bedeutung. Es ist eng, man bleibt an seinem Platz, und der Stil ist durch eine bestimmte Rhythmik, in der Impulse gesetzt werden, und mehr oder weniger Fluß bestimmt.

Bei allen professionellen Tanzstilen dagegen wird der Raum sehr stark genutzt, und es gibt eine typische Formensprache.

Auch bei Tanztheater oder Improvisation sind Form und Raum sehr wichtig. Sie drücken entscheidende Elemente der Beziehung der TänzerInnen zueinander aus. Raum hat mit Macht, Entscheidung, der Stellung zueinander, dem Mit- oder Gegeneinander zu tun, Form ist Bedeutung, Ausdruck einer Art, in der Welt zu sein.

TänzerInnen können offene oder geschlossene Formen verwenden, groß oder klein sein, harmonische, exaltierte, aggressive oder verlorene Formen benutzen. Kurz gesagt sind Formensprachen sowohl abstrakt als auch Ausdruck und Träger aller denkbaren Zustands- und Gefühlsbezeichnungen.

TänzerInnen können sich im Raum aufeinander beziehen, sich ignorieren, Abstand halten, Nähe suchen, sich verfolgen, den Raum gemeinsam machen oder teilen, sich auf ihren eigenen Bereich beschränken oder in einem gemeinsamen dynamischen Spannungsfeld agieren.

Dafür ist es wichtig, ein Gefühl für Form und ihre Bedeutung zu üben und das Nutzen des Raumes und das intuitive Erkennen der dynamischen Veränderungen von Gruppen im Raum zu trainieren.

Schließlich steht die Beziehung von Raum und Form im Mittelpunkt der letzten Unterrichtseinheit.

CURRICULUM: RAUM/FORM

RAUM

Ziel: Die TänzerInnen sollen lernen, sich im Raum klar zu verhalten, Entscheidungen über ihren Weg zu treffen und dazu zu stehen, ein Gefühl für die Dynamik zwischen der räumlichen Bewegung ihrer selbst und anderer zu bekommen und mit der Spannung im Raum zu improvisieren.

Der Abstand und die Art des Aufeinanderreagierens im Raum spiegeln die Beziehung der TänzerInnen untereinander wider. Eine Improvisation mit dem Thema Raum ist ein Spiel mit der Spannung. Dafür ist es erst nötig, diese Spannung wahrnehmen und aushalten zu können, anstatt den üblichen Fehler zu begehen, sie entweder nicht zu beachten oder sich vorab so anzupassen, daß keine Spannung mehr sichtbar oder spürbar ist.

Deswegen dient der erste Teil der Stunde neben dem Training, den Raum zu überhaupt zu nutzen, dem Üben von Klarheit im Raum.

Im zweiten Teil der Stunde geht es darum, dieses Gefühl für Klarheit und den eigenen Weg zur Grundlage eines freien Spiels mit der Spannung zwischen Personen im Raum zu nehmen.

KLARHEIT IM RAUM

1. Lockeres Beinschwingen an der Stange (Wim Mertens)

ad 1 ...dient dem Warmmachen der Hüftgelenke

2. Beinheben in 6 Richtungen an der Stange mit einer bestimmten Schrittfolge (Wim Mertens)

ad 2 Neben dem Warmmachen gibt es durch das relativ komplizierte Schema schon ein Training, Raumrichtungen bei der eigenen Bewegung automatisch mitzudenken.

3. Raumrichtungstraining in 2 Reihen gegenüber, bei den mit dem Armen die Raumrichtungen beschrieben und gezeigt werden. (Bach)

ad 3 Hier geht es um die rechtwinklig aufeinanderstehenden Linien von unten nach oben und umgekehrt, von vorne nach hinten und zurück und von links nach rechts und umgekehrt, in deren Schnittpunkt die Körpermitte als Zentrum leuchtender Linien gedacht wird.

4. Auf klaren Linien gehen (Bach)

ad 4 Die meisten Menschen haben Angst vor dem Raum, konkreter, sich Raum zu nehmen und durch eine klare Festlegung des eigenen Raumverhaltens greifbar zu sein. Die Vorstellung der Linien als

Koordinaten der eigenen Raumlinien hilft zusammen mit der Barockmusik, aufrecht und klar zu sein und das Gefühl, damit greifbar zu sein und für etwas zu stehen, nicht nur zu ertragen, sondern zu genießen und auszudrücken.

5. Paartraining „Zentrierung und Klarheit" (Bach)

ad 5 Durch klare Linien ohne das übliche Sich-Schlängeln gibt es Begegnungen und Konfrontationen. Diese technische Übung, bei der PartnerInnen gemeinsam und gleichzeitig Ausfallschritte mit einer Kontrolle der Balance nach vorne, hinten und zu den Seiten machen, ist so sehr „en face", daß ein starkes Gefühl von Klarheit in der Konfrontation entsteht.

6. Klare Linien in 8 Zeiten gehen (Bach)

ad 6 Durch diese raum-zeitliche Festlegung ist vom Schema her ein Maximum an Zwang zur Klarheit durch Einschränkung auf eindeutige Bewegungsmöglichkeiten erreicht.

7. Üben eines Passierschrittes und Improvisation: „Gehen auf geraden Linien in acht Zeiten mit Passierschritt bei Begegnung" (Renaissancemusik)

ad 7 Es wird ein Passierschritt geübt, der dann getanzt werden soll, wenn jemand das Gefühl hat, einem/r TänzerIn zu begegnen. Dieser Passierschritt läßt die TänzerInnen in vier Zeiten eine halbe Drehung zueinander machen. Dabei führen sie gleichzeitig den dem/der anderen TänzerIn zugewandten Arm in einem Bogen über den Kopf von vorne nach hinten. Eine solche Bewegungsmöglichkeit einzuführen, ist interessant, da die TänzerInnen auf ihren geraden Linien erst nach 8 Schritten die Richtung ändern können und so häufig in engen räumlichen Kontakt mit den anderen geraten. Die Einschätzung „Begegnung oder nicht" ist jedoch nicht immer gleich. Spannend sind die Momente, wenn unterschiedliche Sichtweisen zu verschiedenen Reaktionen führen. Die TänzerInen sollen lernen, weiterhin klare Linien zu gehen, dabei die anderen wahrzunehmen, vor allem aber zu ihrer Einschätzung der Begegnungssituation zu stehen und ihre Bewegung mit Würde und Klarheit zu tanzen.

8. Linie/Zeit/Antippen (Israelites)

ad 8 Diese Übung bleibt in dem Grundschema, auf acht Zeiten gerade Linien zu gehen. Allein das schnelle Tempo verändert jedoch den Charakter gegenüber den vorigen Übungen vollständig.
Außerdem sollen sich die Akteure auf „8" antippen. Das lockert nicht nur die strenge Klarheit der vorigen Übungen auf, sondern trainiert die TänzerInnen darin, die eigenen Linien konsequent zu gehen, obwohl sie bei „8" in der Nähe von einem/r anderen sein wollen, um ihn/sie anzutippen.

9. Am Rande gehen (Piazzola)

10. Sich in den Raum wagen (Piazzola)

11. Sich im gefährlichen Raum bewegen (Piazzola)

ad 9, 10, 11 Der Raum ist gefährlich, so daß alle erst am Rand bleiben müssen. Die Aufmerksamkeit wird auf die Spannung im Raum gelenkt. Dann gehen alle sehr vorsichtig im Raum, als ob es dunkel wäre und von den anderen permanent Gefahr ausginge, so daß man auch im Rücken Augen haben muß. Dadurch entsteht eine extreme Aufmerksamkeit für die Bewegungen und Spannungsveränderungen im Raum.

12. Beim Gehen auf Gleichverteilung achten

13. Dabei gleichzeitig losgehen

ad 12/13 Die TänzerInnen gehen im Raum mit dieser starken Aufmerksamkeit. Auf ein Klatschen hin halten alle an und gucken, wie gleichmäßig sie verteilt sind. Um das Gefühl für die Spannung der Gruppe noch weiter zu schärfen, sollen alle zugleich wieder losgehen, ohne daß ein Zeichen gegeben wird.

14. Drei gehen, der Rest steht, plötzlicher Wechsel der Rollen (Selectors)

ad 14 Die jetzt entstandene Aufmerksamkeit für das „Timing" wird in dieser Übung weiterentwickelt. Die Musik ist schnell; die TänzerInnen, die gehen, gehen entsprechend schnell und entschlossen; alle müssen Aufmerksamkeit für alle andern haben, denn sobald eineR der TänzerInnen (plötzlich) stehenbleibt, muß eineR (und nur eineR) der anderen sofort loslaufen, um seine/ihre Rolle zu übernehmen.

15. Freie Improvisation: Raum (in Fünfergruppen)

ad 15 Die Improvisation zu „Raum": Die Gruppen von fünf TänzerInnen richten sich nicht bewußt nacheinander, sondern reagieren intuitiv auf die Energie der andern und gehen, laufen oder stehen so, wie es der Veränderung der Energie und ihrer Spontanreaktion darauf entspricht. Wenn es klappt, sieht alles nach einer Eingewöhnungsphase wie choreographiert aus. Alle agieren, ohne bewußt zu überlegen, wie „von selbst", was bei den BetrachterInnen ein Gefühl von Traum, von Direktheit, von magischer Übereinstimmung erzeugen kann. (unbedingt ohne Musik)

FORM

Ziel dieser Unterrichtseinheit ist es, daß die TänzerInnen sich in verschiedenen Ausdrucksstilen zurechtfinden, ein Gefühl und ein körperliches Wissen für Form bekommen sowie einen persönlichen Bezug, eine innere Verbindung zum Ausdruck und der Bedeutung von Formen entwickeln.

Formen sind zugleich abstrakt und konkret. Konkrete Formen haben oft Gestencharakter. Gesten haben eine konkrete soziale Bedeutung, entspringen einer bestimmten Absicht und haben einen Adressaten. Sie benutzen auch hauptsächlich den Oberkörper.

Formen sind abstrakter. Man kann auch hier über Ausssagen reden. Man kommt dann aber eher zu Überlegungen wie: Was bedeutet diese Form? Sie gehören im Unterschied zur Geste nicht zum Katalog der alltäglichen Körpersprache. Wenn Gesten zum Körpertheater und der Pantomime gehören, sind Formen Tanz. Tanztheater benutzt sicher beides.

In dieser Stunde wird zuerst mit Gesten gearbeitet, weil sie mit der natürlichen Freude am Ausdruck operieren und an der normalen gestisch mimischen Darstellung ansetzen.

Es ist gut, danach die abstrakteren größeren Formen des Tanzes zu benutzen. Das gibt zum einen nach dem Konkreten mehr Freiheit. Vor allem aber werden die abstrakten Formen durch die Anbindung an das Konkrete lebendiger. Meist ist es möglich, den inneren Bezug aus der Geste und die Adressierung in die Tanzform hineinzunehmen, so daß auch das Abstrakte erfüllt und beseelt ist.

1. Abklopfen (Paar) (Branduardi)

ad 1 Aktivierung und Belebung; der ganze Körper wird gespürt, indem erst sanft gerieben, dann kräftiger gerubbelt und schließlich geklopft wird.

2. Frei tanzen und dabei auf „Form" achten (Leo Brower: Percussion today und Magnificant Cathy)

ad 2 Das Thema wird aus dem alltäglicheren Tanzen heraus entwickelt. Zuerst soll nur darauf geachtet werden, ob man gerne Formen verwendet oder nicht und welche Formen zum eigenen Bewegungsrepertoire gehören. Dann sollen bewußt Formen verwandt werden, was auch durch die Entwicklung der Musik nahegelegt wird.

GESTE:

3. Festgelegte Gesten als Paartraining und freie Improvisation (et si tu dois partir)

ad 3 Zuerst werden sechs einfache Gesten geübt, die alle zusammen machen. Damit soll dann erst innerhalb von Paaren, danach aber frei in der ganzen Gruppe improvisiert werden. Die TänzerInnen sollen darauf achten, wie sehr sie die Gesten nur für sich machen oder wie stark sie in soziale Interaktionen gehen, ob sie es leicht schaffen, mit den Gesten andere zu erreichen, und ob ihnen die Festlegung hilft oder sie im Gegenteil behindert.

4. Geste und Stil (Benjamino Gigli, (RAP, Piaf, Guinea)

ad 4 Jetzt geht es um freie Improvisation. Die TänzerInnen sollen darauf achten, was für Gefühle die Musik in ihnen weckt, wie sich das in der Gestik ausdrückt und welcher Art die Interaktion mit den anderen TänzerInnen ist. Es ist auch interessant zu sehen, welche Gefühle oder besser Stile einem schwerer und leichter fallen.

5. Polynesischer Stil als gestische Studie (Auntie Eddie)

ad 5 Hier wird mit einer festgelegten ethnischen Stilrichtung gearbeitet. Während unten ein einfacher Schritt immer wiederholt wird, werden oben weite, offene Bewegungen gemacht. Auch die Musik ist anrührend und öffnend. Die Gruppe ist in zwei Hälften geteilt. Für die meisten ist es nicht leicht, zugleich den Schritt fließend und im Takt gemeinsam mit den anderen zu machen und sich dabei oben frei und unabhängig von den Schritten zu bewegen. Weil die TänzerInnen aber immer mit der Front zum Publikum tanzen, entsteht neben der Beschäftigung mit dem Tanz eine Spannung im Kontakt zum Publikum. Gelingt es, für das Publikum zu tanzen, entsteht ein Gefühl starker Präsenz und Widmung.
Den meisten gelingt es nicht, zugleich im Kontakt zu sein und die Schritte und Gesten gut zu machen, also wirklich in der Bewegung, im Ausdruck und im Kontakt zu sein. Gelingt das aber, ist die Bewegung plötzlich viel beseelter, und es ensteht eine neue Qualität in der Verbindung von Gefühl, Adressierung und Stilmittel.

FORM:

Mit diesem Hintergrund von Kontakt zur Form und zu den anderen TänzerInnen wird jetzt ein Formtraining gemacht. Das ermöglicht, daß auch Improvisationen mit starken, abstrakten Formen innerlich getragen werden können und nicht einzeln und isoliert bleiben, sondern mit den anderen direkt zu tun haben.

6. Exercise: „Form und Fluß" (LA Science)

ad 6 Durch dieses Exercise mit seiner langen Folge klarer und starker, abstrakter Formen in langsamem Tempo wird das Gefühl für Form sehr angeregt.

7. Formentrio (Requiem Mozart)

ad 7 Der Gesangspart von Mozarts Requiem, der hier benutzt wird, erfordert starke Formen, die von den TänzerInnen ausgefüllt werden müssen. Durch die vorigen Übungen sind eine Bereitschaft und ein Gefühl für starke Formen entstanden. Es ist dadurch möglich, eine Verbindung zum Sinn von Formen innerhalb dieser evokativen Musik zu finden und sie auf die MittänzerInnen zu richten. In jedem Trio übernimmt je einE TänzerIn Bass, Bariton oder Alt und drückt die Musik in ihrem Part aus. Die anderen begleiten sie/ihn dann nur und übernehmen den Solopart, wenn „ihr" Part gesungen wird.

8. Paarimprovisation: Form, Fluß und Körperraum (Shankar/Gabarek)

ad 8 Die Stunde wird durch eine relativ technische Übung beendet: Von zwei TänzerInnen, die ganz dicht zusammenstehen, verharrt eineR in seiner/ihrer Form, während der/die andere ganz dicht an dieser Gesamtform entlangfließt und schließlich seiner/ihrerseits nach kurzer Zeit verharrt, worauf der/die andere TänzerIn das Fließen wieder übernimmt. Mit dieser Übung wird im Verharren noch einmal das Formgefühl gestärkt. Durch die Notwendigkeit, ganz dicht an dem/r anderen zu bleiben, werden die TänzerInnen unwillkürlich zu einem anderen Bewegungsfluß animiert. Die Anstrengung und Konzentration am Ende der Unterrichtseinheit bewirken eine einprägsame Erweiterung des Bewegungsvokabulars.

RAUM UND FORM

Ziel dieser Stunde ist es, die Bedeutung und den Ausdruck der Form mit der Bedeutung und der Spannung räumlicher Entfernung und ihrer Veränderung zusammenzubringen, so daß der Tanz das eigene persönliche Sein und die soziale Beziehung zu anderen in eine Spannungssituation bringt.

In dieser Stunde werden die räumliche Beziehung und der Ausdruck durch die Form zusammengebracht. In den letzten beiden Stunden haben die TänzerInnen gelernt, ihren Weg im Raum zu gehen, ohne die anderen zu ignorieren und ohne sich von ihnen abhängig zu machen, also ihren Part im Spiel von Entfernung und Spannung zu spielen. Sie haben außerdem gelernt, Formen einzunehmen und in diesen Formen zu sein, sie zu empfinden und damit in Kontakt zu anderen treten. Jetzt geht es darum, Entfernung, Spannung, Form und Kontakt miteinander zu verbinden.

1. 8 Zeiten gehen, auf „7" und „8" den Schritt zusammenziehen (Tambourin live)

2. 8 Zeiten gehen, mit einem kleinen Sprung auf „7 und" eine Richtung antäuschen, auf „8" dann eine andere Richtung weitergehen (Tambourin live)

3. „8" gehen, sich auf „6" die Hand geben (Israelites)

ad 1,2,3 Die ersten Übungen dienen dazu, den Raum zu nutzen, klare Linien zu wählen und dabei die anderen und die Veränderung der Raumpositionen im Auge und in der Aufmerksamkeit zu halten. Für alle Improvisationen mit Raum ist ein Training der Achtsamkeit für Raum-Zeit-Zusammenhänge von fundamentaler Bedeutung. In Übung 2 wird insbesondere die Fähigkeit trainiert, ein etwas komplexeres Schrittmuster zur plötzlichen Richtungsänderung auszuführen, dabei aber trotzdem die Absichten der anderen, die ja gleichzeitig ihre Richtung verändern, miteinzuschätzen. Bei Übung 3 geht es wieder darum, daß die TänzerInnen, obwohl sie auf „6" jemanden treffen wollen und den Weg auch so wählen müssen, wirklich auf „6" da zu sein, den eigenen Weg weitergehen und über der Beobachtung des Kontaktes nicht den Raum vergessen sollen.

4. 8 Zeiten gehen, auf „3" Drehung, auf „6" Sprung, auf „1" Richtungswechsel (Smokey Joe`s..)

ad 4 Hier wird das Thema der ersten drei Übungen auf die Spitze getrieben, und die TänzerInnen gewöhnen sich daran, Zeit-Raum-Bewegungsfaktoren beiläufig in der Aufmerksamkeit mitlaufen zu lassen, was für eine Improvisation mit Raum und Form sehr wichtig ist.

5. Auf klaren Wegen gehen, dabei immer wieder Formen einnehmen und diese auf jemand anderen beziehen. (Voodoo-Jazz)

ad 5 Die größere Authentizität im Umgang mit Form und die Fähigkeit, unabhängig und aufmerksam im Raum zu agieren, tragen jetzt erste Früchte. Die TänzerInnen sind zu einer Improvisation in der Lage, in der sowohl die Position und Bewegung im Raum bedeutsam als auch die Formen, die sich auf andere TänzerInnen und die Situation beziehen, wichtig sind.

6. Exercise: „Form und Fluß" (Bebob City)

ad 6 Das Exercise Form und Fluß wird hier schneller gemacht als in der Stunde zu Form. Dadurch wird weniger das statische Formelement betont. Die Formen und die fließenden Übergänge zwischen den Formen treten in den Mittelpunkt der Aufmerksamkeit.

7. ... Damit improvisieren (Dollar Brand)

ad 7 Die TänzerInnen konzentrieren sich jetzt wieder ganz auf „Form". In Übung 5 war schon das Element Form in das bisher „raum"-dominierte Training eingeführt worden. Übung 6 ist das „Form"-Training schlechthin.

Die TänzerInnen vergessen vorläufig den Raum und konzentrieren sich ganz darauf, das Gefühl für klare und starke Formen, das in der vorigen Unterrichtseinheit trainiert worden war, wiederzufinden.

8. ... Dabei Macht der Formen über den Raum herausfinden („)

ad 8 Jetzt werden diese starken Formen auf den Raum bezogen. Man kann entweder durch den Raum gehen oder am Platz bleiben. Die TänzerInnen, die an ihrem Platz bleiben, tanzen mit Formen. Sie stellen sich vor, die Form ende nicht mit ihren Gliedmaßen oder allgemein an ihren Körpergrenzen, sondern ginge mit Spannung und Energie weiter in den umgebenden Raum. Die anderen, die gehen, spüren die Wirkung dieses Energiefeldes.

Die TänzerInnen wechseln selbständig zwischen Gehen und Tanzen.

9. Mit Phrasierung am Platz tanzen (M.Makeba)

ad 9 Das Gewicht wird jetzt wieder auf Form und die Übergänge zwischen den Formen gelenkt: Die TänzerInnen sollen von ihrem Bewegungsfluß ausgehen, diesen zu einer Form verdichten, damit innehalten, die Bewegung dann wieder beschleunigen und so weiter. Die stark phrasierte Musik unterstützt diese Gliederung der Bewegung, die es den TänzerInnen erleichtert, Formen nicht isoliert einzunehmen, sondern als organische Entwicklung ihres eigenen Bewegungsflusses (und damit auch aus diesem heraus) zu entwickeln.

10. Phrasierung am Platz, zwischendurch gehen (zwei Gruppen mit Feedback) (Ch. Corea)

ad 10 Die Vorübung erleichtert es, die Formen in den Raum zu bringen. In dieser Übung kommt es noch nicht so sehr darauf an, daß die Bewegung im Raum ständig geformt ist. Die TänzerInnen werden ermutigt, ruhig im Raum zu gehen, sich dann einen Platz zu suchen, in Form und Phrasierung zu gehen, dann wieder durch den Raum an eine andere Stelle zu gehen usw. Der Anspruch, die Bewegungen im Raum ständig geformt zu halten, führt sonst oft zu einer Überkontrolle der Bewegung.

11. Mit einer Aufmerksamkeit für „Form und Raum“ frei tanzen (Dollar Brand)

ad 11 Jetzt liegt der Schwerpunkt darauf, wieder in das Gefühl für die Spannung im Raum und die energetische Fortsetzung der Form in den Raum hineinzukommen; die TänzerInnen sollen nicht mehr so sehr auf das Nutzen des Raumes und die Art der Formen und Phrasierungen achten, sondern mit dem Material der Stunde tanzen wie es kommt und ihre eigene Empfindung in den Mittelpunkt rücken.

12. Raum-Dynamik-Crescendo (Tambourin live)

13. Raum-Dynamik-Crescendo-Form (Comp. Ital.)

ad 12,13 Die TänzerInnen üben, bei einem Crescendo aus dem normalen Gehen-im-Raum heraus schnell an einem Ort zusammenzukommen. Wegen des Tempos gibt es keinen für alle zentralen Ort, sondern man versammelt sich an drei oder vier kleineren Zentren. In der Übung 12 wird die Aufmerksamkeit für die dynamische Veränderung des Raumes in Verbindung mit den Bewegungen der TänzerInnen im Raum gestärkt. Das Element Form ist eher Nebensache. In der Übung 13 sollen die TänzerInnen dann im kurzen Augenblick der Vereinigung in eine Form hineingehen, die sie allerdings sehr schnell wieder auflösen müssen, um zurück in den Raum zu gehen. Sie verbinden dabei Raum, Zeit, Form und Dynamik.

14. Improvisationschoreographie mit festen Formen auf festen Raumpositionen (LA Ayayaya)

ad 14 Im Gegensatz zu den beiden vorigen Übungen ist dieses Konzept sehr formal festgelegt. Die TänzerInnen suchen sich (z.B. 4) Plätze und üben, die Wege zwischen diesen Orten in jeweils 8 Zeiten zurückzulegen.

Dann überlegen sie sich (z.B. 5) Formen, die sowohl aus dem Bereich der Gesten oder gar Alltagsbewegungen kommen können als auch „richtige“ abstrakt-tänzerische Formen sein dürfen. Dann

wird die Gruppe zweigeteilt, und die eine Hälfte beginnt damit, 8 Zeiten die „Form 1" auf „Platz 1" einzunehmen.
Währenddessen geht die andere Hälfte von „Platz 1" zu „Platz 2" usw. Dieses starre Schema entlastet nach etwas Einüben die Aufmerksamkeit der TänzerInnen und ermöglicht, zugleich zu agieren und zu erleben, geschehen zu lassen.
Wie bei einem traditionellen europäischen Volkstanz, in dem die TänzerInnen immer in verschiedene Konstellationen geführt werden, ist hier durch das Szenario mit mehr Formen als Plätzen dafür gesorgt, die TänzerInnen immer mit verschiedenen Formen auf ihre Plätze zu führen, also Raum und Form unterschiedlich zu verbinden.

15. Die Verbindungen zwischen Raumpositionen und Formen werden völlig frei improvisiert (LA Ayayaya)

ad 15 Die TänzerInnen nehmen jetzt frei Formen ein, halten sie solange, wie sie wollen, und gehen dann dahin, wo sie wollen. Dabei kann ein Tanz enstehen, in dem die Spannung zwischen den Menschen und ihr Kontakt sowohl im Tanz durch den Raum als auch durch den Ausdruck des/r Einzelnen und die Formen, die getanzt werden, sichtbar wird.

IMPULS / FLUSS / RAUM / FORM

Ziel: Die TänzerInnen sollen die Techniken und Inhalte der Stunden zu Raum, Form, Fluß und Impuls erinnern und in einer Improvisationschoreographie verbinden.

In dieser Unterrichtseinheit geht es darum, Fluß, Impuls, Form und Raum zu wiederholen, ihr Training abzuschließen und in einer Improvisationschoreographie zusammenzufassen.

Dazu werden alle Einzeltechniken kurz angesprochen. Die TänzerInnen erinnern sich an die Themen und Techniken und wie sie damit improvisiert haben. Dann kommt die Improvisationschoreographie. Sie besteht aus einer ziemlich genauen und detaillierten Absprache, zu bestimmten Stellen in der Musik bestimmte Techniken in einem Gruppenszenario zu tanzen, und soll über diese konkrete Situation hinaus ein Beispiel sein, auf welche Weise mit Improvisationstechniken Gestaltungen möglich sind.

Wiederholung: Fluß

1.	Warm up: Gelenkekreisen	(D. Decker, Israelites)
2.	Technik: lange Spirale geübt	(Zulu Choräle 30er-60er)
3.	Studie: kurze Spirale als technische Improvisation	(Stevie Wonder)
4.	Freie Improvisation: Fluß	(Smetana Moldau)
ad 1–4	Wie bei den Unterrichtseinheiten zu Fluß erklärt, wird durch das Warm up ein Gefühl für kontinuierlich fließende Bewegungen angeregt.	

Wiederholung: Impuls

5.	Warm up: Impuls (Rücken an Rücken)	(L.A. Brave)
6.	Intuition/Ansatz/Impuls-Übung	(Zuluchoral)
7.	Improvisation: Impuls	(It Mek)
ad 5–7	Diese Übungen sind bei den Stunden zu Impuls genau erläutert und führen zu einem Gefühl für plötzliche, impulsive Bewegungen.	

Kombination: Impuls/Fluß

8.	Bewegungsbeispiel: Impuls/Fluß	(Ton, Steine..)
9.	Improvisation: Fluß/Impuls	(Serenata Notturna Moz)
ad 8,9	Wie bei der letzten Einheit zu Impuls werden hier die beiden Elemente Fluß und Impuls zusammengefügt. Das Bewegungsbeispiel	

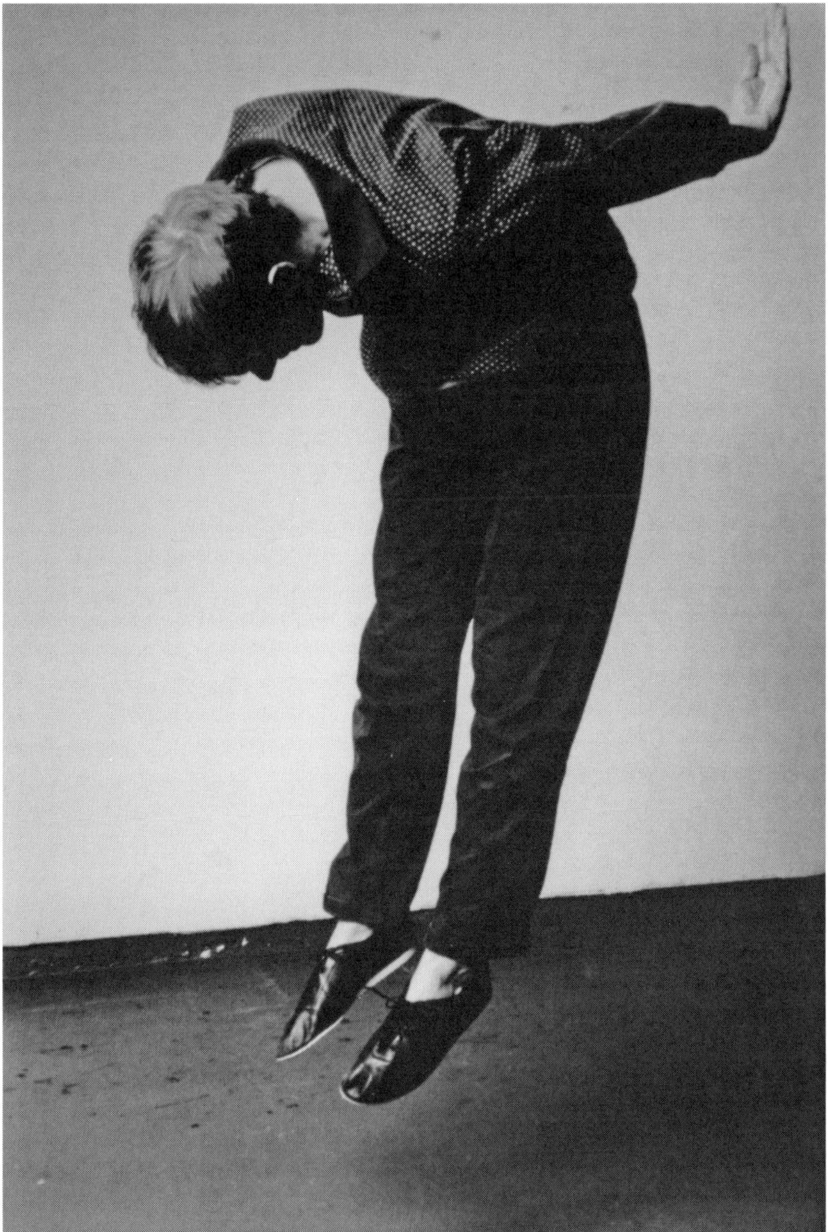

regt die Kombination „Impuls“, von da aus „Fluß“, „Innehalten“, „neuer Impuls“ an, die danach anhand von Mozarts Musik, die ein Feuerwerk von Anregungen zu Fluß, Impuls und dynamischen Veränderungen bietet, gestaltet werden kann.

Wiederholung: Form

10. Exercise „Form und Fluß“ (LA Science)

ad 10 Das Exercise Form und Fluß besteht aus einer langen Folge von klaren, starken Formen und führt in dieser langsamen Fassung zu einem besonderen Bewußtsein für die eigene Form beim Tanzen.

Wiederholung: Raum

11. Linien gehen,
auf Veränderung spontan reagieren (Tambourin)

ad 11 Hier werden die konkreten Anweisungen nach der Situation gegeben, um ein Bewußtsein für die Dynamik der räumlichen Veränderungen, wie sie bei den Einheiten „Raum“ und „Raum-Form“ beschrieben wurden, zu bekommen.

Neu: Improvisationschoreographie

12. Improvisationschoreographie (Language is a Virus)
(Laurie Anderson)

ad 12 Die Improvisationschoreographie richtet sich nach bestimmten Signalen der Musik. Diese ist ihrem Charakter nach dreigeteilt: Einem hypnotischen Sprechgesang (1) folgt ein explosiver Chorus (2). Ein versöhnlicher Teil (3) bereitet dann wiederum auf die nächste Strophe mit dem Sprechgesang vor.

Die Gruppe ist zweigeteilt. Während Teil 1 formen die TänzerInnen der einen Hälfte die TänzerInnen der anderen Hälfte wie in einem Traum zu immer neuen Gestalten und Figuren.

Bei Teil 2 lösen die Formenden sich explosiv und tanzen wild und impulsiv für sich an ihrem Platz.

Teil drei schließlich läßt sie in dem durch die Formen der anderen TänzerInnen gestalteten Raum und um sie herum mit fließenden Bewegungen tanzen.

Bei der nächsten Strophe frieren sie ein, die anderen TänzerInnen erwachen aus ihrer festen Form undbeginnen nun ihrerseits, die Formen der anderen TänzerInnen zu gestalten. Diese Wechsel müssen einige Male geübt werden, bis daß die TänzerInnen so selbstverständlich reagieren, daß sie sich auf die unterschiedlichen Stile und Bewegungsqualitäten wirklich einlassen können.

Dann muß die Eigenart dieser Qualitäten verstärkt werden. Das Stück lebt von den Brüchen und Gegensätzen.

Schließlich können die TänzerInnen selbst einen Schluß entwickeln.

Innerhalb dieses ziemlich komplexen Schemas ist es möglich, daß die TänzerInnen ihre Eigenart und Persönlichkeit in die abstrakten Vorgaben einbringen und eine Gruppe mit ihren TänzerInnen das Stück auf ihre Art gestaltet.

ZEIT / DYNAMIK

Ziel dieser Stunden ist es, die TänzerInnen in die Lage zu versetzen, sowohl das Tempo als auch die Spannung ihrer Bewegungen zu gestalten. Sie sollen lernen, die dynamischen Qualitäten ihres Tanzes in jeder Richtung frei zu variieren.

Im Unterschied zu „Raum/Form“ ist „Zeit/Dynamik“ für professionelle wie für LaientänzerInnen ein eminent wichtiges Thema.

Wie bei der Ausprägung und Kombination von „Fluß/Impuls“ kann man auch in der „Dynamik“ des Tanzes in Diskotheken und auf Partys typische individuelle Stile und Eigenarten erkennen.

Es gibt, stärker als bei „Fluß/Impuls“, allerdings einen gravierenden Unterschied: Untrainierte TänzerInnen sind im Gegensatz zu Profis oder in Improvisationstechnik Geübten nicht oder wenig in der Lage, Tempo und Dynamik ihres Tanzes zu variieren, und wenn, dann sind sie dabei völlig von der Musik abhängig.

Wie keine andere der hier benutzten Tanzdimensionen sind Zeit und Dynamik der Bewegung nämlich Grundcharakteristika der Alltagsbewegung. Sie gehören damit zur Domäne der unwillkürlich gesteuerten Bewegungsgewohnheiten. Aber nicht nur in der Alltagsbewegung ließen sich typische persönliche Profile erstellen. „Dynamik“ und „Tempo“ sind auch im übertragenen Sinn für die Grundspannung, ja für das Sein, das individuelle Lebensgefühl der Menschen fundamental. Und wie auch sonst gleichen sich auch hier keine zwei Menschen. Es ist, wie wir alle wissen, riskant und schwierig, das persönliche Tempo von FreundInnen oder ArbeiskollegInnen ändern oder auch nur beeinflussen zu wollen. Die meisten Leute werden ziemlich sauer, wenn man sie drängt oder sie daran hindert, ihr Tempo zu gehen.

Der Einsatz von Energie in der Zeit, also die Dynamik, wird als typisch für das Temperament eines Menschen angesehen.

Die Selbst- und Fremdeinschätzungen von StudentInnen dieser Ausbildung lagen verblüffend nahe zusammen.

Dabei wurde gefragt:
Ist die betreffende Person im Alltag oder beim Tanzen in bezug auf

- das Tempo langsam oder schnell oder dazwischen?
- die Energie leicht oder schwer oder dazwischen?
- die Raumrichtungen direkt oder indirekt?
- Veränderungen eher plötzlich oder eher allmählich?

CURRICULUM ZEIT / DYNAMIK

ZEIT 1

Ziel der Unterrichtseinheit ist es, daß die TänzerInnen ihr Bewegungstempo frei variieren und mit „Zeit" improvisieren können.

Da, wie schon gesagt, „Zeit" so persönlich ist, wird die reine Empfindungsschulung für verschiedene Tempi einen wichtigen Part der Unterrichtseinheit darstellen. Ein weiterer wichtiger Teil besteht darin, ein Exercise zu üben, das dann langsam und schnell gemacht wird.

Dieses Exercise baut Spannung und Zentrierung auf. Das ist für Zeit wichtig. Bei langsamen Bewegungen verlieren die TänzerInnen sonst die Balance, für schnelle Bewegungen können sie oft nicht genug Spannung vom Zentrum her aufbauen. Bedeutsam ist dieses Exercise später dann auch für Dynamik. Hier ist der Spannungsaufbau alles, und die Fähigkeit, von einem guten Bodenkontakt her über eine Zentrierung in der Mitte eine gleichmäßige Spannung im ganzen Körper aufzubauen, ist die Voraussetzung für die Möglichkeit, das Ausmaß der Spannung zu verändern, ohne zu verspannen.

1. Warm up mit schnellen und langsamen Teilen
(Laurie Anderson: Brave)

ad 1 Die TänzerInnen führen ein einfaches Warm up durch, bei dem die gleichen Bewegungsteile langsam und schnell ausgeführt werden. Das führt sowohl zu der gewünschten Erwärmung als es auch auf das Thema einstimmt.

2. Massage zu dritt: Zwei bewegen die mittlere Person in verschiedenen Tempi (Peru Negro)

ad 2 EineR der TänzerInnen steht zwischen den beiden anderen. Diese führen jeweils mit „ihrem“ Arm (unabhängig voneinander) passive Bewegungen durch. Dadurch wird der normale Aufforderungscharakter, loszulassen (der bei jeder einfachen „passiven Bewegung“ auftritt), noch verstärkt. Beide „BehandlerInnen“ sollen aber zusätzlich ihr Tempo variieren. Das soll mal unabhängig voneinander, mal nach einer stummen Absprache mit den Augen geschehen. Durch das Erleiden verschiedener Geschwindigkeiten entsteht ein starker Eindruck von „Zeit“. Schließlich geht einE BehandlerIn vor den/die TänzerIn und bewegt beide Arme.

Der/Die andere BehandlerIn geht hinter den/die TänzerIn und bewegt den Kopf, allerdings immer sanft und allmählich, also ohne Tempoveränderung. Meist halten die TänzerInnen im Nacken/Schulter-Bereich fest, besonders wenn sie, wie bei dieser Übung, loslassen sollen. Die hier zuletzt beschriebene Stellung ist zwar eine Überforderung, regt aber trotzdem ein Loslassen an. Wichtig ist, daß der/die Behandlerin, der/die den Kopf bewegt, sich so hinter den/die TänzerIn stellt, daß sie dem ganzen Oberkörper von hinten eine Stütze gibt und sehr sanft ist, also nichts forciert.

3. Tanzen zu Musik, die schneller wird (Ecuad.)

ad 3 Diese Übung soll lösen, Spaß machen aber zugleich auch ein Gefühl für die intuitive Anpassung des Bewegungstempos an das Tempo der Musik geben. Ziel der Stunde ist ja nicht, daß die TänzerInnen sich exakt dem Tempo der Musik anpassen können, sondern eine freie Gestaltung des Tempos auf der Grundlage der Situation und der Musik.

4. Langsames Gehen (Mahler)

5. Schnelles Gehen (Grabhund)

ad 4,5 Diese beiden Übungen sind zentral für die Empfindungsschulung: Das erste Stück ist lang und wirklich langsam, das zweite Stück ist lang und wirklich schnell. Die TänzerInnen sollen lange Zeit nur langsam gehen. Dabei werden die TänzerInnen, die das Tempo unwillkürlich beschleunigen, gehalten, langsam zu gehen. Die TänzerInnen sollen aber auch nicht innerlich abdriften, träumen. Sie sollen mit der Aufmerksamkeit im Raum bleiben und sowohl mitbekommen, wie sich ihre langsame Bewegung anfühlt als auch, wie langsam sich die Perspektive ändert, das ganze Erleben anders ist. Auf ein Zeichen hin können die TänzerInnen die Arme mit dazu nehmen und auf ein weiteres Zeichen hin frei tanzen. Dabei bleiben sie aber in dem wirklich langsamen Tempo. Bei dem schnellen

Stück muß auch den TänzerInnen, die unwillkürlich verzögern, Feedback gegeben werden. Es ist wichtig, über eine relativ lange Zeit in dem schnellen Tempo zu gehen und zu spüren, welche Spannung man dafür aufbauen muß und wie schnell sich alles ändert, wie oft man den anderen begegnet.

Auch hier sollen die TänzerInnen auf ein Zeichen hin die Arme dazu nehmen und schließlich frei tanzen.

Am Schluß sind bei dem enormen Tempo alle erschöpft. Werden diese Übungen richtig durchgeführt, ist das Gefängnis des gewohnheitsgemäß immer gleichen eigenen Tempos gebrochen, und die TänzerInnen können frei mit der Geschwindigkeit umgehen, sie beschleunigen, verlangsamen oder einfach laufen lassen.

6. Improvisation: Gehen und Tanzen in zeitlicher Variation (EPMD)

ad 6 Die Musik ist hier ein im Tempo einfaches, nicht variiertes RAP-Stück. Die TänzerInnen sollen dabei aber ihr Tempo frei variieren, also nicht in ihrem normalen Tempo tanzen und sich dabei irgendwie nach dem Tempo des Stückes richten, sondern bewußt die Geschwindigkeit ihres Tanzes beschleunigen oder verzögern.

Nach den Vorübungen gelingt das und schafft ein Gefühl für die Möglichkeiten, die in der Variation des Tempos liegen.

7. Exercise: Zentrierung/Spannung/Form langsam (Wim Mertens)

8. Exercise: Zentrierung/Spannung/Form schnell (Super Reggae)

ad 7,8 Dieses Exercise ist nicht lang und erfordert viel Energie sowie eine starke Zentrierung. Die TänzerInnen üben das Exercise zuerst und führen es dann langsam und schnell durch. Beeindruckend ist, daß das Tempo den Charakter nicht nur vom Erleben, sondern auch von der Bewegungstechnik her so sehr verändert, daß es sich, obwohl von den Bewegungen her identisch, um zwei unterschiedliche Folgen zu handeln scheint. Bei der langsamen Version tritt die Bedeutung in den Vordergrund. Die Formen werden lange gehalten und entsprechend stark empfunden. Bei der schnellen Version werden die Übergänge wichtig. Die einzelnen Formen sind nur noch Ausgangspunkte. Die Übergänge und die gesamte Beschleunigung haben mit Fluß und Phrasierung zu tun.

9. Performance: „Zeit 1“ (Gruppe langsam, schnelle Soli) (Codona)

ad 9 Die Schlußperformance stellt eine Spannung her zwischen einer langsamen Gruppe und schnellen SolistInnen.

Wenn die Gruppe sich auf ein langsames Tempo einstellt, entsteht eine andere Zeit. Sie scheint langsamer zu fließen, alles ist magisch, wie verzaubert. In vielen TänzerInnen entsteht nach einiger Zeit eine bestimmte Spannung. Die sollen sie spontan lösen in wirklich schnellen Bewegungen. Das kann Rennen sein oder eine abgegrenzte, schnelle Bewegung, eine ganze Kombination oder nur ein Zucken. Im Verlauf dieses Stückes entsteht ein intuitiver Bezug aller mit allen über diesen Spannungsboden langsam-schnell, der es auch für die ZuschauerInnen spannend macht.

ZEIT 2

Ziel dieser Unterrichtseinheit ist es, sowohl die Meisterschaft in der Improvisation mit unterschiedlichen Tempi zu vertiefen als auch konkrete Bewegungsstudien mit dem Veränderungsfaktor „Zeit" zu machen.

Am Anfang steht aber eine spezielle und eindrückliche Massageübung: Sie macht „Zeit" erlebbar und hilft zugleich, loszulassen.

1. Massage: passive Bewegung langsam/schnell in einer Sechsergruppe: (Satya Baba)

ad 1 EinE TänzerIn liegt am Boden. Fünf BehandlerInnen machen nach einer Einstimmung und kurzen vorbereitenden Übungen passive Bewegungen mit den Armen, den Beinen und dem Kopf. Die Wirkung dieser Übung ist wegen der Gleichzeitigkeit des Geschehens sehr stark. Nach einer langsamen Phase kommt der Moment, wo alle schnell werden. Dabei fällt interessanterweise vielen das Loslassen leichter, vielleicht weil jede Kontrolle als von vorneherein sinnlos eingeschätzt wird, so daß das Sich-Überlassen die einzige Lösung ist und als befreiend erlebt wird.

2. Armdoppelschwung langsam und schnell (Brahms, Selectors

ad 2 Die TänzerInnen üben eine konkrete Bewegung und bekommen die Aufgabe, diese extrem zu verlangsamen und, so sehr es geht, zu beschleunigen, um zu beobachten, wie sich die Bewegung (auch in ihrer Substanz) verändert.

3. Exercise: Zentrierung/Spannung/Form langsam (Wim Mertens)

4. Exercise: Zentrierung/Spannung/Form schnell (Wim Mertens)

ad 4,5 Dieses Exercise ist schon in der vorigen Unterrichtseinheit geübt worden. Es kann jetzt korrigiert werden. Die TänzerInnen können dann mit dem (jetzt schon gewohnten) Material sehen, wie sich „langsam" und „schnell" auf ihre Bewegung auswirkt.

5. Combination üben, dann langsam/mittel/schnell tanzen. (Bras. Chans., Grandmast. Flash, Peewee Rappers)

ad 5 Die TänzerInnen üben eine Combination mit Drehungen durch den Raum. Hier kann man gut beobachten, was sich alles ändert, wenn man sehr verlangsamt oder beschleunigt. Die TänzerInnen müssen diese einigermaßen komplexe Folge etwas länger üben. Dann haben sie so lange Zeit, sich in den verschiedenen Tempi zu orientieren, bis sie wirklich mit dieser Bewegungsfolge in der langsamen und schnellen Zeit „drin" sind und den Charakter der Combination dem Tempo entsprechend geändert haben. So entsteht ein sicheres Gefühl für die Eigenart von langsamen und schnellen Tanzstilen.

6. Performance: „Zeit 2" (freie Zeitgestaltung)
(Don Cherry: Vibrations)

ad 6 Die TänzerInnen haben dann die Gelegenheit, zu einem „Free-Jazz"-Stück frei zu tanzen und das Tempo ihrer Bewegungen frei zu verändern. Nach all den Anregungen und Trainings entwickelt sich oft ein Feuerwerk von Einfällen, die eigenen Tanzformen zeitlich zu verändern, und es gibt meist eine starke Spannung in der zeitlichen Variation zwischen den langsamen und schnellen Momenten der TänzerInnen.

DYNAMIK 1

Das Ziel dieser Unterrichtseinheit besteht darin, daß die TänzerInnen lernen, die Spannung ihrer Bewegungen im Rahmen der vier dynamischen Qualitäten zu verändern und frei und spontan mit Änderungen der Dynamik des Tanzes zu improvisieren.

Alle Spannungsveränderungen gehen vom Zentrum aus, sollen sie nicht Verspannungen sein, die einen „Danse Grotesque" darstellen.
Voraussetzung für jede Zentrierungsarbeit ist ein starker Bodenkontakt. Von dort kommt die Energie.

Ziel der ersten Übungen muß also sein, den Bodenkontakt zu verbessern und den zentralen Spannungsaufbau von unten durch die Körpermitte zu stärken.

Die andere Voraussetzung einer guten Spannungsregulation im Körper ist die Durchlässigkeit. Der Rücken stellt den kritischen Part für einen durchlässigen Spannungsfluß dar. Seiner Lösung sind andere, vorbereitende Übungen gewidmet.

Das zentrale Training dieser Stunde aber besteht aus einer Verbindung von Wahrnehmungsschulung und Performance der vier dynamischen Qualitäten.

Diese bestehen in ihrer abstrakt reinen Form in der Kombination der Zeitunterschiede „langsam-schnell" mit den Spannungsstärken „schwer-leicht". Trotz des vorhergehenden Zeittrainings geht man aber nicht von der Geschwindigkeit der Bewegung aus, der man schwere oder leichte Energie zufügt.

Vielmehr steht im Mittelpunkt eine gleichmäßige Verteilung von starker (schwerer) oder leichter (schwächerer) Energie im Körper, die in schnelle oder langsame Bewegungen fließen kann.

Den Abschluß bildet eine lange pantomimisch-tänzerische Improvisation.

1. Vierfüßler/Rückenmassage (Paare) (Abdul Nasr Leila)

ad 1 Der Rücken des Vierfüßlers wird erst kräftig gerubbelt; dann werden Striche längs der Wirbelsäule gemacht, während der/die TänzerIn zwischen Katzenbuckel und Hohlkreuz wechselt. Es folgt eine Empfindungsschulung, bei der der Vierfüßler genau an der Stelle nachgibt, an der er berührt wird. Die Massage mündet in eine bewegte Improvisation zwischen den Händen des/r MasseurIn und dem Rücken des/r TänzersIn, bevor alles mit dem Ausstreichen endet. Durch diese Übung wird der Rücken erwärmt, Verspannungen lösen sich, und es entsteht eine gewisse Durchlässigkeit.

2. Drücken und Ziehen „als ob" (Tibet. Mönchsgesänge)

ad 2 Eine Person zieht oder drückt, die andere hält dagegen. Dabei wird die Kraft allmählich gesteigert und wieder nachgelassen. Die TänzerInnen werden so korrigiert, daß sie sich immer mehr einem Kraftaufbau mit durchlässiger Energie und gutem Bodenkontakt nähern.

In einer zweiten Phase wird die gleiche Übung ohne realen Körperkontakt durchgeführt. Um nicht hinzufallen, müssen die Antagonisten der arbeitenden Muskeln mitangespannt werden. So entsteht ein Wissen über das Wirken der Muskelgruppen auf die Bewegung. Bei hoher Spannung und langsamer Bewegung ist genau diese Gegenspannung der Antagonisten nötig. Aber ganz allgemein verstärkt diese Übung die Bewußtheit für Körperspannungen und verbessert die Möglichkeiten für eine bewußte Spannungsregulation.

3. Exercise: Zentrierung/Spannung/Form langsam (Wim Mertens)

ad 3 Dieses Exercise ist schon von den beiden vorhergehenden Unterrichtseinheiten bekannt und hilft hier, Zentrierung und Durchlässigkeit aufzubauen.

4. Technische Improvisation: „Dynamische Qualitäten" (Paare): EinE TänzerIn animiert den/die andereN, der/die den Tonkloß darstellt: – in der angesagten Qualität auf den „Tonkloß" zugehen, – die Qua-

litäten per Massage eingeben, – Kontaktimprovisation, – Improvisation allein, – Rollenwechsel, – am Ende Nachempfinden

– a) langsam und schwer	(Byzantinische Choräle Rachmaninoff)
– b) schnell und schwer	(Zee)
– c) langsam und leicht	(Zen-Musik)
– d) schnell und leicht	(Quena)

ad 4 Ein Improvisationstraining mit den vier dynamischen Qualitäten wäre natürlich auch ohne die Einbettung in dieses Bild möglich gewesen. Doch bleiben erfahrungsgemäß für viele TänzerInnen diese dynamischen Qualitäten zu abstrakt, als daß eine sinnvolle Improvisation möglich wäre. Anders verhält es sich mit dem vorgestellten Szenario: Einem unbelebten Tonkloß genau diese Energie einzugeben, macht die spezielle Dynamik schon viel konkreter. Die Massage, die unbedingt in dem angegebenen Spannungs-Geschwindigkeits-Modus geschehen soll, verdeutlicht das Gefühl für diese Energie noch mehr. Erst nach einiger Zeit dürfen die passiven PartnerInnen (Ex-Tonklöße) reagieren. Dann aber sind beide sicher in der dynamischen Qualität. Der Rest besteht in einer freien gemeinsamen Gestaltung des Themas, bevor die Rollen gewechselt werden. Sehr hilfreich sind die Musiken, die in ihrer Dynamik der angesagten Tanzqualität entsprechen.

ad a Bei „langsam und schwer“ ist es wichtig anzusagen, daß bei der Massage langsam mit starkem Druck gearbeitet werden soll. Die Spannung soll immer vom Boden her aufgebaut werden. In der Kontaktimprovisation wird nicht nur Gewicht, sondern auch Druck eingesetzt. Die individuellen Formen haben eine hohe Spannung, die von der Körpermitte ausgeht.

ad b Ein Tanz mit „schneller und starker“ Energie wird oft rhythmisiert. Die Massage gerät zu einem Trommeln.

Kontaktimprovisation im klassischen Sinn ist kaum möglich. Entweder tanzen die Paare sofort auseinander oder der schnelle und heftige Kontakt äußert sich in Impulsen.

ad c „Langsam und leicht“ ist danach wie eine Erholung. Die TänzerInnen agieren mit einem Gefühl von Schwerelosigkeit. Massage und Kontaktimprovisation sind nur leichte, sachte Berührungen.

ad d Der Tanz mit „schneller, leichter“ Energie hat etwas vom Flattern und Fliegen kleiner Vögel. Trotz der Leichtigkeit wird natürlich viel Energie eingesetzt.

5. Performance „Dynamik“ (Expression Corporelle)

ad 5 Bei dieser langen Abschlußperformance tanzen immer diejenigen, die Inspiration und Energie haben. Die anderen schauen zu. Die

Musik wechselt zwischen verschiedenen Stilen und eher lautmalerischen Passagen.

Alles ist aber durch dynamische Unterschiede geprägt. Die TänzerInnen sind durch das konzentrierte Training der Stunde angeregt und entwickeln oft eine besondere Darstellungsfreude.

DYNAMIK 2

Ziel dieser Unterrichtseinheit ist es, daß die TänzerInnen mit den verschiedenen Möglichkeiten dynamischer Settings vertrauter werden und lernen, Tänze in unterschiedlicher dynamischer Tönung zu improvisieren.

Dazu wird, wie in der letzten Stunde, der Rücken gelöst und eine Zentrierung mit starkem Bodenkontakt hergestellt. Dann wird in vier Übungen Dynamik mit Raumrichtungen und zeitlichen Veränderungsrichtungen kombiniert. Am Ende stehen zwei Improvisationen, in denen eine dynamische Orientierung, unterstützt durch Musik und ein Bild, Grundlage des Tanzes sein soll.

1. Rückenstrecker rubbeln, sinken, sich über den/die PartnerIn legen, Kopf dippen, beim Hochkommen massieren
(Renaissanceflötenmusik)

ad 1 Das Besondere an dieser Übung ist, daß nach einer gründlichen Massage der Rückenstrecker, des gesamten Rückens und der Beine der/die Massierte sich nach vorne sinken läßt, bis der Oberkörper hängt. Dabei wird immer weitermassiert. Dann legt sich der/die MasseurIn über den/die MassierteN und dippt den Kopf leicht. Dann steigt er/sie ab und der/die Massierte kommt langsam während weiterer Massagen wieder hoch. Die Massage ist besonders effektiv, weil in die Dehnung und bei der Dehnung weitermassiert wird. Das Hängen auf den Massierten gibt viel Druck auf die Beine in der Dehnung. Wenn nicht festgehalten, sondern zum Boden hin geöffnet wird, entsteht ein starker Bodenkontakt und ein Gefühl dafür, das Gewicht zum Boden zu geben und die Energie vom Boden zu bekommen. Dabei löst sich der Rücken weiter, weil er zugleich Druck und Wärme bekommt. Das Dippen erinnert die TänzerInnen daran, den Kopf loszulassen, so daß das Resultat dieser Übung eine Entspannung und Dehnung der gesamten Rückseite zusammen mit Zentrierung und Kraft vom Boden ist.

2. Kraft-/Balance-/Zentrierungsübung in vier Phasen auf je 8,4,2 oder 1 Zählzeit(en) (DeLaSoul)

ad 2 Von der Bewegung her schließt sich sich diese Übung an die „Massage 1" an. Kraft vom Boden, Zentrierung und Dehnung werden zu einem Spannungsbogen durch den ganzen Körper aufgebaut.

Interessant ist es, diese Übung in verschiedenen Tempi durchzuführen. Die unterschiedliche Zeit ändert auch die Dynamik, und das Gefühl für die Zentrierung wird stärker.

3. Exercise: Zentrierung/Spannung/Form langsam (Wim Mertens)

ad 3 Dieses Exercise ist inzwischen Routine. Die TänzerInnen bauen Zentrierung, Spannung und Durchlässigkeit auf.

4. Übungen zu Dynamik und zeitlicher Veränderung:
a) leicht, langsam, allmählich (Zen),
b) plötzlich, heftig, schnell

5. Übungen zu Dynamik und Raum: Paare/Gehen
a) – schnell, direkt, massiv (Run DMC/RAP)
b) – allmählich, spiralig, leicht (Laurie Anderson)

ad 4,5 Dynamik im Tanz ist mehr als die Verbindung von Zeit und Energie. Sie ist in Situationen eingebunden und ändert sich im Verlauf von Bewegungsgestalten. Sie muß deshalb, will man sie isoliert üben, auf Raum und die speziellere zeitliche Dynamik bezogen werden.

Die Übungen 4 und 5 geben Beispiele dafür, an denen die TänzerInnen üben sollen.

- In „4a" ist die Bewegung leicht und langsam. Das Allmähliche unterstreicht eigentlich nur den Charakter und betont das kontinuierlich Fließende dieser Bewegung
- Bei „4b" wird viel Spannung aufgebaut, und die Bewegung ist dabei langsam. Dann aber kommt ein Element von Plötzlichkeit. Die Spannung entlädt sich in einer schnellen, heftigen Schrittkombination.
- Die Übung 5a bezieht „Dynamik" auf „Raum". Hier geht es um eine kontinuierlich schnelle und starke Energie, die von den TänzerInnen in eine direkte Raumlinie gebracht wird. Die PartnerInnen stehen sich leicht versetzt gegenüber und gehen mit dieser massiven Energie straight durch den Raum und zurück.
- Im Gegensatz dazu wird in „5b" eine leichte, langsame Kraft in eine indirekte, spiralige Richtung gebracht. Es ist eine Gefühl, wie in einem mit Luftballons gefüllten Raum zu tanzen.

Auch hier stehen sich die TänzerInnen schräg versetzt gegenüber und drehen sich spiralig, leicht und allmählich immer weiter im Raum.

6. Improvisation: „Wirbelwind“: leicht, schnell, spiralig (Oboe)

7. Improvisation: „Lava“: massiv, träge fließend mit plötzlichen Eruptionen (Don Cherry)

ad 6,7 In beiden Übungen geht es um Gestaltungen auf der Grundlage einer dynamischen Qualität. Beide Male wird zu der Angabe der Stärke der Energie, des Tempos und der entweder räumlichen oder zeitlichen Veränderungsrichtung ein Bild gegeben. Zusammen mit der Musik ist das eine Information, die prägend für die Art des Tanzes ist. Bild und Musik sind wichtig, weil vielen TänzerInnen die Angaben zur Dynamik zu abstrakt sind, um sie mit Leben füllen zu können und zu einer lebendigen Gestaltung zu kommen.

DYNAMIK 3

Ziel der Unterrichtseinheit „Dynamik 3“ sind die Wiederholung der Basistechniken sowie das Erlangen von mehr Selbstverständlichkeit im Umgang mit Energie und Zeit in der Tanzimprovisation und ein Sich-gewahr-Werden der persönlichen Dynamik.

Während „Zeit 1 und 2“ zusammen mit „Dynamik 1 und 2“ en bloque unterrichtet werden, kommt „Dynamik 3“ zum Einsatz, nachdem mit einem anderen Thema, z.B. „Raum/Form“ gearbeitet wurde.
Die TänzerInnen erinnern sich an die Übungen und machen am Schluß oft eine exzellente Improvisation, die nichts mehr mit Ausprobieren zu tun hat. Eigentlich war ja etwas anderes die letzte Zeit Übungsthema gewesen, und so gibt Dynamik das dazu, was es eigentlich soll: die spezielle Würze, die emotionale Färbung.

1. Selbst warmmachen (Traffic)

2. Rückenmassage (Abdul Nasr)

3. Wiederholung des Exercise Zentrierung/Spannung/Form langsam (Mittelalter) und einiger Übungen aus „Dynamik 1 und 2“

4. Improvisation: dynamische Qualitäten (Rachmaninoff, Zee: Strange Rhythm, Zen Musik, Quena)

5. Freie Improvisation „Dynamik“ (Condona)

ad 1–5 Die Übungen sind in den beiden vorigen Stunden ausführlich erläutert worden. Sie dienen der Vorbereitung und der Übung, unterschiedliche Dynamiken aufzubauen. Bei der freien Improvisation benutzen die TänzerInnen wirklich sowohl unterschiedliche Tempi als auch viel oder wenig Energie, beschleunigen, verlangsamen, machen straighte Aktionen oder gehen in indirekte, allmähliche Bewegungen, kurz sie spielen mit allen Möglichkeiten der Bewegungsdynamik. Da sie das Instrumentarium inzwischen ziemlich selbstverständlich benutzen, ergeben sich auch interessante Konstellationen untereinander mit wahrhaft dynamischen Beziehungen.

6. Selbst- und Fremdeinschätzung „Dynamische Qualitäten"

ad 6 Wenn Zeit übrigbleibt, also bei der Wiederholung alles relativ schnell erinnert wurde, tun sich die TänzerInnen zu kleinen Gruppen, z.B. fünfen, zusammen. JedeR schätzt sich selbst in den Dimensionen schnell-langsam, schwer-leicht, plötzlich-allmählich und direkt-indirekt ein und schreibt sie auf ein Blatt. Dann geht die Kleingruppe alle einzeln durch mit ihrer Einschätzung.

Oft liegen die Selbst- und die Fremdeinschätzungen verblüffend dicht zusammen.

GEWICHT / LEHNUNG

Ziel dieser Unterrichtseinheiten ist die Fähigkeit, mit dem eigenen Gewicht allein und in Lehnung zu tanzen, also sowohl die Fähigkeit zu haben, der Schwerkraft nachzugeben und sich von einer/m anderen TänzerIn auffangen zu lassen als auch die Punkte zu kennen, an denen man selbst wieder eine Kurve oder einen Impuls in die Aufrichtung bekommt.

TänzerInnen gehen, je nach Ausrichtung, sehr unterschiedlich mit ihrem Gewicht um:

Während man im KLASSISCHEN BALLETT wegen der erwünschten Leichtigkeit hart daran arbeiten mußte, das Gewicht möglichst wenig spür- und sichtbar zu machen, gründen AFRIKANISCHE TANZFORMEN auf der Energie vom Boden und sind entsprechend gewichtsbetont.

Der KONTAKTTANZ stellt den Umgang mit der Schwerkraft in den Mittelpunkt des ganzen Tanzstils. Die TänzerInnen müssen dabei ihr Gewicht aber nicht immer selbst tragen. Ein wesentlicher Teil dieses Stils besteht darin, anderen Teile des eigenen Gewichtes zu überlassen oder diese umgekehrt zu unterstützen.

Der Support, das entspannte Sich-Tragen-Lassen vom Boden (im Stehen, aber auch, indem man zu Boden geht) ist ein entscheidendes Element **des** zeitgenössischen Tanzstiles, des NEW DANCE.

Die Aufmerksamkeit in der hier vorgestellten IMPROVISATIONSTECHNIK richtet sich auf den Umgang mit dem Körpergewicht allein und mit einem/r PartnerIn:

Dabei geht man beim „Tanz mit Gewicht allein“ nicht zum Boden. Das war Thema der Unterrichtseinheit „Fluß 2“. Vielmehr geht es darum, dem eigenen Gewicht nachzugeben, es aber dann wieder aufzufangen, um entweder mit einer schwingenden Fluß- oder einer federnden Impulsbewegung wieder in die Aufrichtung zu gelangen.

Beim „Tanz mit Gewicht im Kontakt“ geht es nicht darum, dauerhaft Gewicht abzugeben und mit der Balance des Gewichts, den Auflagepunkten und ihrer Verlagerung zu improvisieren. Das ist Thema des Gastdozenten, der speziell „Contact“ unterrichtet. Hier geht es darum, kurz Gewicht abzugeben und durch ein sanftes Zurückschwingen (Fluß) oder einen Kick (Impuls) wieder in die Selbständigkeit zurückzukommen.

GEWICHT / LEHNUNG 1

Ziel dieser Stunde ist es,
A mit fließenden Bewegungen der Schwerkraft nachgeben und dabei die Drehpunkte kennen und benutzen zu können, um mit dem Schwung, der nach unten führte, im Fluß wieder nach oben zu kommen.

B durch eine Lehnung das Gewicht an eineN andereN TänzerIn abzugeben und wieder zurückzukommen in die Selbstständigkeit bzw. das Gewicht eines/r anderen TänzerIn aufzufangen und ihn/sie in den Raum und die Selbständigkeit zurückzubringen.

C die Übergänge zwischen dem schwingenden Auffangen des eigenen Gewichts allein und der Lehnung an eineN andereN TänzerIn organisch zu verbinden.

Offensichtlich sind von der Bewegungsdynamik her die Affinitäten zu „Fluß“. Alle Improvisationen mit Gewicht in dieser Stunde sind allmählich und fließend. Für einen entspannten Umgang mit dem eigenen Gewicht sind ein guter Bodenkontakt und eine sichere Zentrierung in der Körpermitte wichtig. Wer keinen guten Bodenkontakt hat und sich nicht vom Boden tragen lassen kann, kämpft unbewußt immer gegen sein Gewicht. Das Nachgeben wird als bedrohlich erlebt, und Verspannung im Augenblick des Nachgebens an das eigene Gewicht ist die Folge. Natürlich kommt man damit leicht aus der Balance (ein anderes Angstthema) und kann nicht daran denken, einen Schwung nach oben zu bekommen. Deshalb richtet sich das Warm up auf Lösung (beim Nachgeben – besonders des Oberkörpers gegenüber den Beinen – kommt es zu starken Dehnungen der Ischiocruralmuskulatur), Spannungsaufbau, Bodenkontakt und Zentrierung. Der Spannungsaufbau ist sehr wichtig, weil im Augenblick des Umsteuerns vom „Nachgeben" in die Richtung „nach oben" eine genaue Führung dieser Bewegung mit einer durchlässig von unten her unterstützten Spannung nötig ist; ohne Zentrierung verliert man aber sofort die Balance und muß auf Kosten der durchlässigen Spannung gegenhalten.

Bei der Lehnung schafft eine hohe Spannung mit starker Zentrierung die Voraussetzung, steif zu fallen und leicht gefangen und wieder zurückgebracht zu werden. Bei dem/r TänzerIn, der/die sich fallen läßt, ist es wichtig, die Techniken mit und ohne Gewichtsregulation durch Abspreizen eines Beines zu allen Seiten so lange zu üben, bis er/sie sicher in den Übergängen vom „Tanz alleine mit Gewicht" zum/r „Gewicht an den/die PartnerIn abgeben" ist und auch das Timing für die Zweiersituation richtig einschätzen kann. Insofern hat diese Improvisationstechnik sehr viel mit der „Raumdynamik" der Unterrichtseinheit „Raum" zu tun, in der die richtige Einschätzung von Bewegungen in Raum und Zeit trainiert wurde.
Für den/die FängerIn endlich ist die Technik, den/die TänzerIn richtig zu fangen und gut in den Raum und die Eigenständigkeit zurückzubringen von fundamentaler Bedeutung. Die Rollen von TänzerIn und FängerIn sind dabei so verschieden, daß anfangs mit starren Rollen und Wechsel nach Absprache gearbeitet werden muß.

1.	Warm up: „Gewicht, Zentrierung, Dehnung" (H. Tourgé: Musique du groupe Émile Dubois)
ad 1	Dieses Exercise ist ein Bodenexercise. Das mag verwunderlich scheinen, da sich doch die gesamte Improvisationstechnik mit Gewicht danach im Stehen abspielt. Die Ziele: Lösung, Bodenkontakt, Zentrierung und Spannungsaufbau lassen sich jedoch gerade mit dieser Übungsfolge, die Dehnungspositionen und spannungsreiche, aber vom Boden getragene Formen verbindet, optimal erzielen.
2.	Gegenläufiger Armschwung (UB 40, neu)
3.	Raum-Dreh-Schwung (Zulu 30-60)
ad 2,3	Die Übungen 2 und 3 trainieren die Fähigkeit, kontrolliert dem eigenen Gewicht auf eine Art nachzugeben, daß es in einen Pendelschwung kommt, der wieder nach oben führt. Bei „2" findet die Übung am Platz statt und ist durch eine komplexe Bein-Kopf-Arm-Koordination charakterisiert. Die TänzerInnen lernen dadurch, das

Gewicht-Nachgeben mit Koordination und Achtsamkeit zu verbinden und dabei eine starke Zentrierung und Spannung zu behalten.

Bei „3“ wird der Schwung nach unten und oben in den Raum und die Drehung gebracht. Auch hierbei gibt es ein komplexes Raum-Zeit-Koordinationsmuster, das die TänzerInnen zwingt, Konzentration und Zentrierung zu behalten und Gewicht, Schwung und Fluß mit Räumlichkeit zu verbinden.

4. Improvisation: „Gewicht und Fluß“ (Arien, Otis Redding)

ad 4 Nach dieser Vorbereitung kommt die erste Improvisation. Die TänzerInnen sind dabei meist noch mehr damit beschäftigt, die Techniken auszuprobieren und sich zu eigen zu machen, als daß sie mit ihnen spielen oder sie gestalten könnten. Sie finden heraus, wie bei freier Bewegung die Pendelverhältnisse und wo die Drehpunkte im Körper sind.

5. Gehen-Lehnen-Drehen (Una Ramos Quena)

ad 5 Diese Übung führt in die Lehnung ein: Die TänzerInnen gehen, zu zweit mit den Schultern aneinander gelehnt, durch den Raum und können sich dabei auch um die eigene Achse drehen. Dabei müssen sie die notwendige Versteifung aufbauen und erfahren einiges über Gewichts- und Größen-Relationen.

6. Fußgelenkelösen „Eine zwischen Zweien“ (Ladakh)

ad 6 Diese Übung entspricht dem (allgemein bekannten) Vertrauenskreis. Sie findet hier aber aus Gründen der besseren Kontrolle der Übungen zu dritt statt. Es ist wichtig, langsam und vorsichtig zu beginnen, das Fallen immer nur so weit zu steigern, wie es von der TänzerIn in der Mitte als sicher empfunden wird, und darauf zu achten, daß die Mitte fest und die Fußgelenke locker sind.

7. Techniken: – Lehnung, – zu allen Seiten, – mit Beinabspreizen, – ohne Hände (Una Ramos Quena)

ad 7 Dieses zentrale technische Training der Stunde nimmt einige Zeit in Anspruch. Bei den verschiedenen Phasen ist es ratsam, die PartnerInnen ab und an zu tauschen, um die Einstellung auf andere Gewichts- und Größenverhältnisse sowie Temperamente bei der Lehnung zu üben.

Zuerst geht es darum, sich rückwärts fallenzulassen, aufgefangen und wieder in die Selbständigkeit gebracht zu werden. Das wird dann seit- und vorwärts geübt. Danach wird die gebräuchlichste Technik eingeführt: Wenn der/die TänzerIn im Augenblick der Lehnung ein Bein in die Gegenrichtung abspreizt, gibt er/sie viel weniger Gewicht auf den/die PartnerIn. Dadurch ist es möglich, aus dem Bereich isolierten Übens schneller in das Feld „Tanz allein und mit Lehnung“ zu kommen. Auch diese Technik wird nach allen Seiten geübt.

Ein anderer Punkt ist, ohne Hände, also mit dem Körper zu fangen. Auch das ist für eine spätere Improvisation, in der die Lehnung organisch in den Tanz eingebaut ist, von Bedeutung.

Die TänzerInnen sollen am Schluß üben, alle Techniken zu benutzen. Sie sollen ihr Gewicht immer schon aus einer eigenen Tanzbewegung im Raum auf den/die PartnerIn geben, um die Übergänge, die Abschätzung der räumlichen Verhältnisse und das Timing zu üben. Ziel ist ein organischer Übergang ohne Bruch zwischen dem „Tanzen mit Gewicht allein“ und der „Lehnung auf eineN PartnerIn“.

8. Gegenseitiges rhythmisches Lehnen zu dritt (Aufstellung im Dreieck) (Georgia Mass Choir 69)

ad 8 Vom Charakter der Lehnung her ist diese Übung impulsartig. Immer zwei TänzerInnen lehnen sich gegen die dritte, die mit jeder Lehnung wechselt. Da das Tempo schnell ist, entsteht eine Art Wellenbewegung, die ein hohes Maß an Sicherheit im intuitiven Abschätzen der Gewichtsverhälnisse, des Timings, des Abstandes usw. erforderlich macht und den bisherigen Übungsverlauf bestätigt beziehungsweise noch vorhandene Übungsdefizite zeigt. Funktioniert die Übung, entsteht ein Swing zwischen Tragen und Getragenwerden.

9. Improvisation: „Gewicht, Fluß und Lehnung“ (Una Ramos Quena)

ad 9 Es gibt eine feste Absprache, wer fängt und wer tanzt und sich fallen läßt. Die TänzerInnen üben sowohl, ihrem Gewicht nachzugeben, hochzukommen und damit im Raum zu tanzen als auch die Übergänge dazu, das Gewicht an eineN PartnerIn zu geben, organisch zu gestalten. Es gibt aber auch schon Augenblicke von Gestaltung, in denen die Techniken mehr in den Hintergrund treten und das Wechselspiel zwischen Selbständigkeit und Getragenwerden erlebt wird.

GEWICHT / LEHNUNG 2

Ziel dieser Stunde ist es, die Improvisation mit Gewicht allein und mit anderen statt mit fließenden mit impulshaften Bewegungen zu tanzen.

Das Grundschema der Unterrichtseinheit ist das gleiche wie das der vorigen Stunde. Auch hier ist das Warm up mit der Stärkung des Bodenkontaktes, der Dehnung, dem Spannungsaufbau und der Zentrierung wichtig.

Dann wird (FÜR IMPULSTANZ MIT GEWICHT ALLEINE) geübt, dem Gewicht nicht (wie in der vorigen Stunde) auf einer allmählichen elliptischen Bahn um einen imaginären Drehpunkt nachzugeben, sondern ein Element von Plötzlichkeit, von jähem Fall, hineinzubringen.

Von der gleichen Bedeutung wie die Drehpunkte für die Schwingbewegung des fließenden Nachgebens und Hochkommens (Gewicht und Lehnung) sind hier Knickpunkte, um die herum sich die Spannung aufbaut, die dann wie bei dem Emporschnellen eines aufgetupften Balles zum Hochschnellen des fallengelassenen Körperteiles führt (Impuls).

Etwas anders verhält es sich bei der IMPULSHAFTEN LEHNUNG: Hier kommt der Impuls nicht – wie man denken könnte – vom/n (der) FängerIn, sondern dem/r TänzerIn selbst. Wie man sich von einer Wand, an die man sich gelehnt hatte, mit einem Impuls abstößt, stößt man sich hier von der Stütze ab. Da diese aber nicht tote Wand, sondern lebendig ist, verstärkt sie in genau dem Augenblick des Impulses ihren Gegendruck dermaßen, daß die Energie wie eine Welle aufläuft und die TänzerIn mit Tempo und Schwung in den Raum und die Selbständigkeit zurückgeworfen wird.

Auch hierbei ist das Training der Übergänge (also die Raumdynamik, die Wechsel von der „Eigensteuerung der Bewegung“ zum „Kontakt mit den anderen TänzerInnen“ und das Gefühl für das Timing) entscheidend für die Fähigkeit, mit Gewicht und Impuls allein und mit anderen zu improvisieren.

1. Warm up: „Gewicht, Zentrierung, Dehnung“ (H. Tourgé: Musique du groupe Émile Dubois)

ad 1 ...Das gleiche, wie in der Unterrichtseinheit „Lehnung 1“

2. „Nick-Nick-Nick“, daraus Improvisation (Georgia Mass Choir 68)

3. Kopfschwung mit Beinauslösung, Collapse, Delphin-Schritt (Prince)

ad 2,3 In „2“ und „3“ wird das Gefühl für Bewegungen, die bis zu einem gewissen Punkt einer bestimmten Linie nach unten folgen, um dann mit impulsartiger Umkehr wieder nach oben zu gehen, trainiert. Die Linie bis zum Umkehrpunkt kann entweder die Fallinie sein (Übung 2) oder einer anders (als in der Fallinie) in einem Schwung nach unten führenden Bahn folgen (Übung 3). Immer gibt es einen ganz bestimmten Punkt, an dem von der Gelenkmechanik, den Pendel- und Gewichtsverhältnissen im Körper und den Dehnungsgraden der entsprechenden Muskulatur aus ein schneller Umkehrimpuls ähnlich dem Auftupfen eines Balles kommt.

Ziel dieser beiden Übungen ist es, ein Gefühl für diese Punkte in unterschiedlichen Bewegungsabläufen zu entwickeln.

4. Improvisation: Strecken-Impuls-Fallen... (Appassionata)

ad 4 Nach einer kleinen technischen Übung, aus einer Streckung heraus ins Fallen zu kommen, sich mit einem Impuls aufzufangen und daraus die nächste Streckung zu entwickeln, also eine für Gewicht&Impuls spezielle Art der Phrasierung zu entwickeln, improvisieren die TänzerInnen mit den neuen Möglichkeiten, Gewicht, Balance, Fallen und Impuls zu verbinden.

5. Gestaltung „Außenimpuls-Fall-Wiederaufrichtung" (Joe Jackson)

ad 5 In dieser kleinen Gestaltung wird an die Stunden des Impulstrainings angeknüpft, in denen Kontaktimprovisationen mit Impuls im Mittelpunkt standen. EinE TänzerIn geht auf einer Kurvenbahn sehr klar und aufgerichtet durch den Raum. EinE MittänzerIn geht neben ihm/ihr her und gibt durch eine energische – gegen den Leib gerichtete – Berührung mit der Hand oberhalb des einen Beckenknochens den Impuls zum Zusammenbruch. Der/Die TänzerIn steht wieder auf und geht weiter, um noch einmal so zu Boden gebracht zu werden. Beim dritten Mal gibt er/sie aber der Hand nur kurz elastisch nach, um sie dann mit einem Gegenimpuls wegzuschleudern und mit einer stärkeren Aufrichtung weiterzugehen.

6. Ballübung „Impuls"

ad 6 Da in den nächsten Übungen die Gleichzeitigkeit des Impulses seitens des/r TänzerIn und der Stütze geübt werden soll („Lehnung mit Impuls"), kann das Beispiel des Balles die Art der Energie, ihre Plötzlichkeit und Dynamik klar machen. EinE stehendeR TänzerIn hält einen Ball über dem Rücken eines Vierfüßlers. Übungsziel ist, den Ball in genau dem Augenblick fallenzulassen, wenn der Vierfüßler einen Impuls (zum Katzenbuckel) nach oben macht. Klappt alles, fliegt der Ball so wieder hoch, daß der/die stehende TänzerIn ihn schnappen kann.

7. Technik: „Lehnung Impuls" (Mellow Yellow)

ad 7 Analog zur vorigen Stunde wird die Technik der Lehnung nach allen Seiten ausführlich mit PartnerInnenwechsel geübt. Die Bedeutung der Gewichtskontrolle durch Abspreizung eines Beines ist hier nicht so groß, da zusammen mit dem Impulsmoment eine Instabilität bei dem/r TänzerIn entstehen kann.

Außerdem ist für die Dynamik von „Impuls“ mehr Gewicht durchaus von Vorteil. Durch die Gleichzeitigkeit der beiden Impulse kommt es zu einer starken Beschleunigung, die dieses Element von Schwere, welches die „Lehnung ohne Abspreizung“ mit „Fluß“ charakterisiert, nicht aufkommen läßt.

Fluß hat von der Dynamik her mit Leichtigkeit zu tun; bei der Lehnung im Fluß wird aber viel Gewicht gegeben; deshalb muß die Abspreiztechnik zur Gewichtsbalancierung eingesetzt werden. Impuls dagegen ist von der Dynamik her schnell und heftig; dazu paßt es, das ganze Gewicht einzusetzen und mit viel Energie zurückzuschnellen.

8. Improvisation: „Lehnung an andere“ und „Tanz mit Gewicht allein“ mit Impuls (Specials: Snow)

ad 8 Bei der Schlußimprovisation dieser Stunde sind im Gegensatz zur vorigen die Eigenarten des Themas und das Szenario schon bekannt. Neu ist nur die Verbindung von Gewicht und Impuls. Deshalb ist die Schlußimprovisation jetzt schon mehr ein „Spiel mit den Möglichkeiten“. Ein wichtiges Ziel ist auch hier, den „Impulstanz mit Gewicht allein“ und die „Lehnung mit Impuls“ zu einem Ganzen zusammenzufügen. Die TänzerInnen sollen lernen, nicht zuerst isoliert für sich mit Impuls und Gewicht zu tanzen, dann jemanden zu avisieren und eine einzelne Lehnung zu machen, um danach wieder alleine weiterzutanzen. Die Übergänge sollen vielmehr sinnvoll und organisch aus einer allgemeinen Aufmerksamkeit für den Raum und die Verteilung der Stützen entstehen. Damit ist schon gesagt, daß auch in dieser Stunde noch mit einer festen Absprache TänzerIn/Stütze gearbeitet wird.

Entsteht bei dieser Improvisation eine Selbstverständlichkeit in den Übergängen von „Tanzen allein“ zur „Lehnung“ von Seiten der TänzerInnen und zeigen die Stützen eine beiläufige Sicherheit im Fangen in unterschiedlichsten Situationen, kann vorsichtig der Versuch einer Improvisation mit Gewicht und Lehnung im Impuls-Modus ohne Rollenabsprache gewagt werden.

GEWICHT / LEHNUNG 3

Ziel der letzten Unterrichtseinheit zum Thema Gewicht / Lehnung ist es, alle Techniken zusammenzufügen und zu einer allgemeinen Improvisationsfähigkeit mit Gewicht

– allein und mit anderen
– mit Impuls und Fluß
– ohne Rollenabsprachen

zu kommen.

Dafür müssen erst alle Techniken gründlich wiederholt werden. Dann muß als Neuheit eine Falltechnik geübt werden. Zwar fallen de facto die TänzerInnen auch ohne Rollenabsprache darüber, wer sich lehnt und wer auffängt, fast nie hin. Psychologisch wichtig ist aber, daß sie darauf vorbereitet sind und eine Technik geübt haben, sicher zum Boden zu gelangen, wenn sie nicht gehalten werden oder die Stütze mit ihnen zusammenbricht, weil sie das Last-Zeit-Moment falsch eingeschätzt hat.

Dann ist es möglich, einen freien Tanz zu versuchen, in dem das Thema das eigene Gewicht ist und alle damit spielen können, sich selbst auf unterschiedliche Art zu balancieren, dem Gewicht nachzugeben, wieder hochzukommen, sich an jemanden zu lehnen, aufgefangen zu werden, in den Raum zurückzukommen, weiterzutanzen, jemanden zu stützen und so weiter.

1. Warm up: „Gewicht, Zentrierung, Dehnung“
(H. Tourgé: Musique du groupe Émile Dubois)

2. Wiederholung: Umgang mit Gewicht – allein, – mit Fluß und Impuls, – mit und ohne Boden (s.o.)

3. Wiederholung: Lehnung – zu allen Seiten, – mit Beinabspreizen, – mit Fluß und Impuls,- ohne Hände (Una Ramos Quena)

4. Gegenseitiges rhythmisches Lehnen zu dritt
(Georgia Mass Choir 69)

5. Improvisation: Lehnung (Una Ramos Quena)

ad 1–5 Alle Techniken werden wiederholt und können ein letztes Mal mit fester Rollenverteilung improvisiert werden. Bis zu diesem Zeitpunkt soll eine gewisse Vertrautheit im Umgang mit Gewicht, Fluß, Impuls sowie den Übergängen zur Lehnung mit Fluß und Impuls entstanden sein, die sich zu einem – der Phrasierung von Fluß und Impuls ähnlichen – eigenen Stil entwickeln kann. Das oftmalige Üben der Stützfunktion sollte bis jetzt zu einer Selbstverständlichkeit in der Einschätzung der Lehnung verschiedener TänzerInnen in unterschiedlichen Situationen sowie einer sicheren, technisch richtigen und spontanen Fangreaktion geführt haben.

6. Improvisationstechnik: „Fallen zum Boden“ (Azimuth)

ad 6 Um die freie Schlußimprovisation mit Gewicht ohne Rollenabsprache erfolgreich und sicher gestalten zu können, müssen die TänzerInnen die Fähigkeit besitzen, einen guten Weg zum Boden zu finden, wenn sie bei einer Lehnung nicht gehalten werden. Das geschieht gewöhnlich, wenn die TänzerInnen sich mit dem Abstand oder dem Timing verschätzen, also aus einer zu großen Entfernung oder plötzlich – ohne vorher erkennbare Absicht – auf eine Stütze stürzen. Diese hat keine Gelegenheit, sich von ihrem Aufbau her auf die Belastung einzustellen und geht entweder mit zu Boden oder kann die TänzerInnen nicht halten, so daß diese allein zu Boden fallen oder rutschen. Eine solche Situation wird natürlich viel wahrscheinlicher, wenn es bei einer Improvisation ohne Absprache nach der ersten Vorsicht nur noch von der spontanen Einschätzung der TänzerInnen abhängt, wer sich an wen lehnt und wer wen stützt.

Die TänzerInnen üben deshalb genau diese Situation:
Zuerst sprechen sie eine Stellung ab, in der sie nicht gehalten werden, sondern an der Stütze vorbeistürzen. Dabei knicken sie wie bei Fallübungen in Kampfsportarten ein, so daß sie eine Sicherheit erwerben, im Falle des Versagens der Stütze für sich sorgen zu können.

Dann kommt eine Phase, in der der/die TänzerIn die Stütze mit Art und Zeitpunkt seiner/ihrer Lehnung überraschen muß. Dabei kommt es notwendigerweise zu weiteren Stürzen mit mehr Wirklichkeitsgehalt, die aber nach der Vorübung erfolgreich gemeistert werden. Außerdem trainieren dabei die Stützen, sich auf überraschende Gewichtszumutungen einzustellen.

7. Freie Improvisation: „Gewicht und Lehnung“ ohne Rollenverteilung (Cathy Berberian: Magnificent Cathy)

ad 7 In dieser abschließenden Improvisation kommt alles zusammen. Die TänzerInnen kombinieren sowohl den fließenden und den impulsiven Umgang mit Gewicht zu ihrem persönlichen Stil als sie auch Situationen suchen, erkennen oder aufbauen, in denen sie andere stützen oder sich an andere lehnen können.

Dabei brauchen die TänzerInnen Zeit. Es ist gut, die Gruppe zu teilen, so daß immer eine Partie tanzt und Erfahrungen sammelt, sich dann aber ausruhen und Abstand gewinnen kann, während sie außerdem noch die andere Gruppe beim Tanzen beobachten und so von außen den Vorgang einzuschätzen lernen kann.

Schließlich kann es zu sehr schönen Improvisationen kommen, in denen die TänzerInnen das Vertrauen, das Sich-Tragen-Lassen, verbinden mit der Selbständigkeit, mit einem fließenden und impulsiven Nachgeben und Sich-Aufrichten.

UNTERRICHTSKONZEPT POLYRHYTHMIK:

Ziel der Unterrichtseinheiten in Polyrhythmik ist die Entkoppelung der Rhythmik zwischen oben und unten im Körper, die Auflösung persönlicher Bewegungsklischees sowie die Fähigkeit, Wollen und Geschehenlassen auf hoher Ebene zu verbinden.

Das Thema Polyrhythmik nimmt ein bißchen eine Sonderstellung ein. Zwar hat es längst nicht für alle anderen Improvisationstechniken die gleiche Bedeutung. Für Raum, Form, Gewicht, Zeit und Dynamik ist es nur indirekt wichtig. Einen starken Einfluß übt es nur auf Fluß und Impuls aus.

Es ist aber ein „Psycho"thema par excellence. Der zentrale technische Übungsteil, die Voodootanztechnik, wird vorwiegend in religiösen Zusammenhängen eingesetzt und ist tranceinduzierend. Natürlich finden im Trainigszusammenhang keine Trancen im Voodoo-Sinne, die zur Besessenheit durch eine Gottheit führen, statt.

Die Technik, verschiedene Rhythmen gleichzeitig in verschiedenen Körperteilen zu tanzen, scheint aber dem Ego besondere Probleme zu bereiten. Der direkten Kontrolle unterliegt gewöhnlich nur ein Rhythmus. Schon simple Kinderspielübungen wie das Kreisen einer Hand auf dem Kopf zusammen mit dem Klopfen der anderen Hand auf dem Bauch ist für manche Laien schwierig.

Sollen nun zwei oder drei verschiedene Rhythmen gleichzeitig in z.B. Füßen, Becken und Armen getanzt werden, kann das Ego dies nicht kontrollieren. Der/Die TänzerIn will und kann aber, wie beim Einschlafen, Änderungen in der unwillkürlichen Steuerung körperlicher Vorgänge nicht erzwingen. Es entstehen Ärger und Wut. Im zweiten Anlauf gelingt es dann meist zum ersten Mal, beides zusammenzubringen. Oft geht das schon im Augenblick, da es bewußt wird, wieder verloren. Es entsteht eine Desorientierung. Der/Die TänzerIn muß neu üben, um das, was das Unwillkürliche hervorbrachte, auch in dem Moment, da die bewußte Kontrolle dessen gewahr wird, aufrechtzuerhalten und es endlich bewußt produzieren zu können.

Wir sehen, daß es einen massiven Übungseffekt auf einem für Improvisation fundamentalen Gebiet gibt:
der Gleichzeitigkeit von Wollen und Geschehenlassen!

Indem der/die TänzerIn immer neue Aufgaben für die Koordination verschiedener ungewöhnlicher Bewegungen mit unterschiedlichen Wiederholungsmustern lösen muß, ensteht eine gewisse Gewohnheit, der unwillkürlichen Bewegungsorganisation zugleich eine Aufgabe zu stellen und sie zu kontrollieren, dabei aber ihre Ausführung durch die Beobachtung nicht zu sehr zu stören.

Zum einen verbessert sich hierbei die Fähigkeit zu komplexer Koordination. Typische Bewegungsmuster werden aufgelöst, und neue Kombinationsmöglichkeiten entstehen.

Zum anderen aber wächst die Fähigkeit, dem eigenen Tanz und den Absichten und Taten in einer Improvisation wie ein Innerer Beobachter beizuwohnen. Diese quasi Bewußtseinsverdoppelung ist besonders bei der Improvisation mit anderen wichtig. Auch hier müssen die TänzerInnen zugleich das allgemeine Geschehen verfolgen, ihre eigene Reaktion spüren und in Bewegungen umsetzen, diese kontrollieren, ohne sie zu stören, dabei aber in Kontakt mit den anderen bleiben usw.

Diese Fähigkeiten genauso wie der durch das polyrhythmische Training gestärkte Bodenkontakt wirken sich auch sehr positiv auf die Improvisationen mit Raum, Zeit, Form, Dynamik und Gewicht aus.

Eine direkte Beeinflussung aber gibt es nur bei Fluß und Impuls. Die Fähigkeit zum plötzlichen Wechsel des Bewegungsansatzes bei Impuls hängt von zwei Dingen ab:

- der Bewußtheit dieser Bewegungsmöglichkeiten und
- der Fähigkeit zu schneller, heftiger und plötzlicher Reaktion.

Sie wird begrenzt durch vorbewußte Reaktionsmuster, die als persönliche Bewegungsklischees in Erscheinung treten. Dieses kleine Privatgefängnis, das nur bestimmte Möglichkeiten, wie etwas bewegungsmäßig hintereinander kommen kann, kennt und zuläßt, wird schon durch das Impuls-, Fluß- und Bewegungsansatztraining gelockert. Aufgelöst wird es durch die Polyrhythmikübungen. Die ständige Herausforderung durch „unmögliche" Kombinationen und die Gleichzeitigkeit der Rhythmen sprengen das gewohnte Bewegungsklischee und eröffnen ungeahnte Möglichkeiten der Improvisation.

Für dieses Training der polyrhythmischen Koordination wären verschiedene ethnische Tanzformen, die gleichzeitig unterschiedliche Rhythmen verwenden, möglich gewesen. Flamenco, orientalischer und be onders afrikanischer Tanz eignen sich gut.

Der Vorteil bei der Voodootanztechnik ist aber, daß gerade wegen des Ziels der Tranceinduktion machtvolle Rhythmen und Formen so kombiniert werden, daß sie für die bewußte Koordination immer eine wirklich harte Nuß darstellen.

Deshalb stellt die traditionelle Voodootanztechnik den Kern der technischen Übungen in Polyrhythmik. Ergänzt wird sie durch einführende Übungen zur Unabhängigkeit von oben und unten sowie zeitgenössische Kombinationewn aus dem „Modern Ethnic“-Bereich.

Da alle Stunden dem gleichen Schema folgen, werde ich nur das Grundschema beschreiben. Die Vielzahl der Stunden kommt durch das Training immer neuer Schrittkombinationen zustande, die letztlich durch ihre Menge die polyrhythmische Potenz für die Tanzimprovisation erhöhen.

Warm up

1. Massage/Zwicken/Klopfen/Drehen

(Popstücke; Phillip Boa and theVoodoo-Club, Red hot Chilli Peppers, etc)

ad 1 Durch diese Übung wird die Haut belebt, und die Sinne werden auf vielfältige Art und Weise angeregt. Das hat mit Reichhaltigkeit und Gleichzeitigkeit zu tun und bereitet auf dieser Ebene das Nebeneinanderlaufen der Rhythmen in den Tanzschritten vor. Dafür ist auch die Erfahrung günstig, sich zu drehen und dabei immer beklopft zu werden. Außenkontakt, wechselnde Perspektive und Eigenbewegung sind gleichzeitig erlebbar.

2. Paarübung:

a) – im Tempo gehen und die Hände tragen

b) – stehen und mit den Händen die Rhythmik der Musik umsetzen

(The undestructable Beat of Soweto)

c) – im Tempo gehen und mit den Händen die Rhythmik umsetzen

(Ladysmith)

ad 2a Die TänzerInnen gehen paarweise (eineR vor, eineR rückwärts) auf geraden Bahnen. Der-/Diejenige, der/die vorwärts geht, trägt die Hände des/r anderen und gibt das Tempo an. Am Ende der Bahn gehen beide zurück und wechseln mit der Richtung auch die Rollenverteilung. Da das Stück kein klares Metrum hat, müssen sich die Führenden sowohl darauf konzentrieren, die Musik zu verstehen und umzusetzen als auch ihrer/m PartnerIn ein klares Tempo vorzugeben.

ad 2b Mit den Händen/Unterarmen soll die (sehr überraschende und unregelmäßige) Phrasierung des Gesanges umgesetzt werden. Auch hierbei führt die Person, die die Hände des/r anderen trägt.

ad 2 c Gehen und Phrasieren zusammen fordern Unabhängigkeit oben und unten, die intuitive Umsetzung von Tempo und Rhythmik, und die Einstellung auf eineN PartnerIn. Alles zusammen bereitet auf die Aufgaben beim Bewegungslernen der Voodootanztechnik vor.

Variationen:

Nachdem in der ersten Stunde die TänzerInnen ihre ganze Aufmerksamkeit darauf verwenden mußten, die Schritte zu verstehen, können sie sie in der zweiten Stunde üben. In den anderen Stunden finden schrittweise Verbesserungen statt. So können normalerweise in der dritten und vierten Stunde als Variationen zwei zusätzliche Übungen eingeführt werden.

Var 1 Die TänzerInnen üben, einen relativ einfachen Rhythmus zu klatschen. Dann gehen sie im Takt und klatschen den Rhythmus. Schließlich klatschen sie den Takt und gehen mit den Füßen im Rhythmus. Die Umkehrung ist für die meisten sehr schwierig. Besonders beliebt ist es, in die Pause, die der Rhythmus am Schluß läßt, hineinzugehen. Nach einiger Zeit aber macht es „Klick", und die TänzerInnen haben einen weiteren Schritt auf dem Weg der Entkoppelung von oben und unten getan.

Var 2 Die TänzerInnen lernen einen für den mitteleuropäischen Rhythmusbackground ungewohnten Rhythmus, der durch eine Kombination von „Dreiern" und „Zweiern" charakterisiert ist. Es werden zwei Gruppen gebildet.

Eine klatscht nur die „Einser", die andere die „Zwei" „Drei" bzw. die „Zwei". Dann wird gewechselt.

Sind die TänzerInnen auf diese Weise mit dem Rhythmus vertraut, sollen sie ihn in einem Stück wiedererkennen, wo er unter einer Vielzahl von Rhythmusinstrumenten verborgen ist. Dabei sollen sie beim Tanzen den Rhythmus in den Füßen halten, indem sie auf jeden Schlag einen Schritt machen oder darauf improvisieren, wobei sie z. B. Schritte synkopierend auslassen können. Diese Aufgabe ist kompliziert und sollte in einer Unterrichtseinheit eingeführt, in der nächsten dann wieder aufgenommen und beendet werden.

Techniktraining 1

1.	Voodoo: Yanvalou	(Voodoo)
2.	Voodoo: Ibo	(Voodoo)
3.	Improvisation: Rhythmik	(Discomusik)

Techniktraining 2

1.	Voodoo: Yanvalou	(Voodoo)
2.	Voodoo: Ibo	(Voodoo)
3.	Gehen	(Monge Tibet)
4.	Modern-Ethnic-Combi 1	(Asher D.Freddie)

5.	Voodoo: Nago	(Voodoo)
6.	Improvisation: Rhythmik	(Trommelmusik)

Techniktraining 3

1.	Voodoo: Yanvalou	(Voodoo)
2.	Voodoo: Ibo	(Voodoo)
3.	Gehen	(Monge Tibet)
4.	Modern-Ethnic-Combi 1	(Asher D.Freddie)
5.	Voodoo: Nago	(Voodoo)
6.	Unabhängigkeit: Hände-Füße	(Klatschen)
7.	Voodoo: Parigol/Mahi	(Voodoo)
8.	Fuß-Rücken-Massage	(Laddakh)
9.	Modern-Ethnic-Combi 2	(Under Pressure)
10.	Improvisation: Rhythmik	(Appassionata)

Techniktraining 4

1.	Voodoo: Yanvalou	(Voodoo)
2.	Voodoo: Ibo	(Voodoo)
3.	Gehen	(Monge Tibet)
4.	Modern-Ethnic-Combi 1	(Asher D.Freddie)
5.	Voodoo: Nago	(Voodoo)
6.	Unabhängigkeit: Hände-Füße	(Klatschen)
7.	Voodoo: Parigol/Mahi	(Voodoo)
8.	Fuß-Rücken-Massage	(Laddakh)
9.	Modern-Ethnic-Combi 2	(Under Pressure)
10.	Improvisation: Rhythmik	(Appassionata)
11.	Voodoo: Youba	(Voodoo)
12.	Improvisation: Rhythmik	(Free Jazz)

Techniktraining 5

Wie oben, dazu aber

1.	Exercise: „Form und Fluß“	(Gismondi)
3.	Polyrhythmik-Improvisation: „Freeze“	(Selectors)
4.	Polyrhythmik-Improvisation: (Paare)	(Leuner)

ad neue Teile (Stunden 1–5)

Wie schon gesagt, besteht die große Masse des Unterrichts aus Üben. Improvisationen gibt es nur zur Auflockerung am Ende. Es gibt Polyrhythmik nicht als direkte Improvisationstechnik. Polyrhythmik beeinflußt andere Improvisationstechniken ungemein. Sie entwickelt vor allem die für jede Improvisation zentrale Fähigkeit, Machen und Geschehenlassen zu versöhnen. Sie lehrt, Bewegungen zu initiieren und zu steuern, ohne sie zu stören.

Von ihrer Herkunft als Trancetechnik der Voodooreligion fördert sie in den TänzerInnen die Herausbildung einer Instanz, ohne die bewußte Gestaltung in der Improvisation nicht möglich wäre: den Inneren Beobachter.

Das Üben verschiedener, ungewöhnlich verbundener Bewegungen beansprucht die TänzerInnen sehr. Es ist psychisch und physisch anstrengend, so daß es eine klare, einfache Regelung sowohl für das Üben als auch für die Erholungsphasen in den Stunden geben muß.

Das Üben der Schritte sieht so aus, daß die Gruppe erst die Einzelelemente normal im Raum übt, dann aber im Verlauf der Stunden mit mehr Übung einen Kreis bildet und gegen den Uhrzeigersinn tanzt. Das gleiche gilt auch für die Wiederholung schon gelernter Schritte, die immer vor den neuen Schritten liegt.

Die TänzerInnen lernen sehr unterschiedlich schnell. Es ist wichtig, darauf zu achten, daß das Grundtempo immer gleichmäßig beibehalten wird und TänzerInnen mit Problemen in der Koordination nicht das Tempo verlangsamen. Bei solchen Problemen, die normal sind für diese Arbeit, gilt immer: „Konzentriere Dich auf die Beinarbeit, achte darauf, daß Du damit im Rhythmus und dem Gruppentempo bleibst. Versuche, andere Körperteile dazuzunehmen, laß sie aber immer fallen, wenn sie Deine Grundkoordination in dem Tanzschritt stören.“

Die TänzerInnen sind in diesen Stunden besonders gefordert in ihrer Selbstverantwortlichkeit. Der Profit, den sie aus dem Unterricht ziehen, kann für alle gleich sein. Die tatsächliche technische Realisierung der Übungen jedoch wird immer unterschiedlich bleiben. Deshalb muß immer wieder betont werden, daß die TänzerInnen sich das für sie mittlere Level bei den Koordinationsaufgaben suchen müssen und daß es nicht darauf ankommt, den Schritt perfekt zu können, sondern auf den Lernvorgang, der dahin führt.

Um mit diesem „Lernen, wie man lernt“ besser umgehen zu können, um körperliche und persönliche Verkrampfungen zu verhindern, sind Massage und Meditation (spätestens nach der Hälfte der Übungszeit) wichtig.

Eine Übung mit starkem lösenden Effekt ist das Gehen:
Die TänzerInnen schreiten langsam und aufrecht – die Hände übereinander vor dem Unterleib haltend – und bleiben mit ihrer Aufmerksamkeit im Raum präsent. Dazu wird ein Mantra-Gesang tibetanischer Mönche gespielt.

Alle Voodooübungen arbeiten mit einer schnellen, starken Energie. Die Polyrhythmik hat zudem einen kontrollauflösenden Effekt.

Deshalb ist es wichtig, mit dieser stark zentrierenden Übung, die mit einer langsamen, mittelmäßig starken Energie arbeitet, eine Sammlung zu ermöglichen.

Ähnlich war die Einfügung einer Übung zu „Zentrierung und Spannungsaufbau“ im Impulstraining begründet worden.

Bei Voodoo liegen die Verhältnisse dadurch noch etwas anders, daß die Tanztechnik zur Dezentralisation des Bewußtseins aus einer bestimmten spirituellen Richtung kommt. Wie oben beschrieben, ist dieser Effekt hier als „Versöhnung von Machen und Geschehenlassen“ und „Bildung eines Inneren Beobachters“ durchaus erwünscht. Er ist auch kontrolliert und wird direkt im Rahmen der Tanzimprovisationstechnik genutzt. Deshalb ist aber eben dieses Gegensteuern mit Hilfe der angeführten Zentrierungsübung wichtig. Sie ist bewußt an asiatischen Energievorstellungen orientiert.

Aus diesem Kulturkreis kommen Übungen der Versenkung, die die Bildung eines inneren Beobachters zur Folge haben, wie sie die ekstatischen Techniken aus dem (im weiteren Sinne) afrikanischen Kulturkreis haben können.

Als zweite Auflockerung der Stunde sind Massageübungen für den Rücken und die Beinrückseite toll. Die meisten Voodooschritte werden im demi-plié getanzt. Sie verbinden auf eine für einen ethnischen „Volks“tanzstil erstaunliche Art und Weise Isolation im Becken-Rumpf-Bereich, Athletik und Dehnung der Ischiocruralmuskulatur. Sie stellen außer den oben genannten Vorteilen also auch einen Beitrag zur allgemeinen tänzerischen Körperbildung. Durch das massive Üben in Verbindung mit der hohen Konzentration kommt es aber bei vielen TänzerInnen schnell zu Überlastungen der Bein- und Rückenmuskulatur und bestimmten allgemeinen Verspannungen. Daher sind alle Übungen zur Lösung dieser Bereiche von großer Bedeutung. Sie ermöglichen ein entspanntes Weiterarbeiten. Sind die ersten Schwierigkeiten auf diese Art und Weise überwunden, entwickelt die Voodootanztechnik dann die schöne Eigenschaft, zugleich zu entspannen und zu tonisieren. Bei der als Beispiel erwähnten Bein-Rücken-Massage sitzt einE TänzerIn so auf dem Boden, daß der/die hinter ihm/ihr liegende TänzerIn die Beine angestellt gegen seinen/ihren Rücken lehnen kann. Die Massage bleibt dann der Intuition überlassen. Da die Füße besonderen Kontakt zum Boden und eine starke Energie haben, können sie dem Rücken sowohl durch ihre Kraft als auch durch die Art der Energie besonders gut helfen, loszulassen.

Die Improvisationen schließlich, die am Schluß der Unterrichtseinheiten möglich sind, beziehen sich nur darauf, sich der Möglichkeiten für Bewegungsansatz bewußt zu sein und den Körper neue Verknüpfungen finden zu lassen, sich dabei von dem nicht eindeutigen Rhythmus der Musik inspirieren und das Ganze spielen zu lassen.

Allerdings ist es phantastisch, mit etwas mehr Zeit und Live-Trommelmusik eine Tanzimprovisation „Polyrhythmik“ zu machen.

Die TänzerInnen der Ausbildungsgruppen haben mit Live-Trommelmusik Improvisationen gemacht, in denen einfach alles stimmte und die „Polyrhythmik“ als hervorragende Improvisationstechnik ausweisen.

4 Unterrichtsphilosophie KÖSYBE

Was ist das Konzept von Körpersymbolik, innere Bilder und Bewußtsein (KÖSYBE)?

Die folgenden Überlegungen gelten für alle Ansätze, die Techniken der Empfindungsschulung mit Gefühlen und Bedeutungen verbinden. Den konkreten Anlaß dieser Darstellung bildet das KÖSYBE-Konzept, Übungen der Empfindungschulung mit inneren Bildern zu inhaltlichen Einheiten zu verbinden.

Die Besonderheit von KÖSYBE besteht darin,

- eine grundlegende Übung zur Wahrnehmung des Körpers zum Beispiel über Atem, Körperinnenraum, Haut, Gehen oder innere Organe als zentralen Punkt einer Stundenkonstruktion zu nehmen,
- deren Hauptübertragung in der Psyche und/oder ihren körperphilosophischen Inhalt zum Thema der Stunde zu machen,
- in der körperlichen Symbolik verwandte Übungen zur Abrundung und Ergänzung um diese Zentralübung herum zu gruppieren,
- die psychologische Ebene im Erleben zu belassen und nicht verbal zu thematisieren,
- mit einem inneren Bild, das dieses Thema symbolisch anspricht, die Stunde zu beenden.

Die Stunden haben folgendes Schema:

- Fremdentspannung mit Spür- und Assoziationsübung zum Thema
- Übungen zur Empfindungsschulung
- Inneres Bild

Themen sind die archetypischen[1] Situationen „Geben und Nehmen", „Verwurzelung/Bodenkontakt-Loslassen/Unabhängigkeit", „Helfen-Sich Helfen Lassen", „Führen-Geführt Werden", „Sich Öffnen-Getragen Sein", „Schwingung-Stimme", „Natur im Menschen", „Präsenz-Ich/Gruppe", „Rhythmik-Identität", „Raum" „Vereinigung-Trennung".

Geben und Nehmen sensibilisiert Arme und Hände und bringt die Wahrnehmungsschulung für Gewicht und Textur von Gegenständen mit dem Geben und Nehmen von Dingen in verschiedenen Gruppendesigns zusammen. Nach Pantomime, Tanzimprovisationen und ethnisch rituellen Tänzen zum Thema werden in inneren Bildern „Annehmen-Können" und „Was es ist, was man ins Leben gibt" symbolisch angesprochen.

---

[1] Gegebenheiten, die für alle Menschen unabhängig von ihrer persönlichen Geschichte von grundlegender Bedeutung sind, nenne ich „archetypisch".

In **Verwurzelung/Bodenkontakt-Loslassen/Unabhängigkeit** wird mit verschiedenen Übungen sehr ausführlich an der Lösung von Becken, Beinen und Füßen sowie Brustkorb und Armen gearbeitet. Nach Übungen zu Aufbau und Atem werden Kraft von unten und Gelöstheit oben in Übungen zusammengebracht. Bilder zu Kontinuität und Freiheit schließen das Thema ab

Bei Helfen-Sich Helfen Lassen wird die Aufmerksamkeit auf den Verdauungsweg gelenkt. Von zentraler Bedeutung sind wenige zentrale Übungen wie Füttern und Gefüttert – Werden. Das Bild drückt die Abhängigkeiten zwischen Kindern, Erwachsenen und Alten aus.

Bei **Führen-Geführt Werden** geht es anfangs um die Sensibilisierung dafür, wie es ist, anderen zu folgen oder sie zu bestimmen. Nach Rollenspielen und Improvisationen kommt eine Übung mit einem Schwebezustand zwischen aktivem und passiven Verhalten. In dem Bild drückt sich der Kontakt mit der Intuition für die innere Führung aus.

Sich **Öffnen-Getragen Sein** stellt ein Gefühl für das Kreuzbein und das Brustbein her und führt über Übungen zu Kraftaufbau vom Boden und die Lösung des vorderen Brustkorbs zu Präsenzübungen mit den Zuständen Festigkeit/Kraft/Sicherheit vom Boden und Stolz/Vorwärtsstreben/Aufrichtung im Gehen. Das Bild drückt ein Wachsen aus innerer Kraft nach außen aus.

Schwingung-Stimme arbeitet mit Tönen, mit der „Orientierung durch die Stimme", gegenüber einer „Orientierung durch die Sinne, schweigend mit geschlossenen Augen". In vielen Übungen wird das Gefühl für Schwingung und Tönung des durch die Stimme bestimmten gemeinsamen Raumes thematisiert.

In **Natur im Menschen** gibt es eine Beschränkung auf animalisch sinnliche Ebenen. Die TeilnehmerInnen lernen, sich durch ihre Sinne zu orientieren und sich auf sie zu verlassen. Wie schon in der Empfindungsschulung gibt auch das Bild dem kreatürlich/Wilden Ausdruck.

Das Thema **Präsenz-Ich/Gruppe** besteht hier in einem Üben des gleichzeitigen Kontaktes zu sich selbst und zu anderen. Lernziel ist, die anderen wahrzunehmen, ohne das Gespür für die eigenen unwillkürlichen Reaktionen zu verlieren.

Rhythmik-Identität löst durch verschiedene polyrhythmische Übungen die normale motorische Koordination auf. Wenn über längere Zeit verschiedene Rhythmen gleichzeitig gehalten werden, entsteht eine leichte Trance, und die zentrale Kontrolle weicht einem Bewußtsein des Eigenlebens der Körperteile.

Im Bild kann daher die eigene Körperlichkeit freier wahrgenommen und ihre Eigenart ohne Bewertung gesehen werden.

Die Übungen zu **Raum** setzen die Körperinnenräume in Beziehung mit

- dem persönlichen Raum,
- dem weiteren Umraum,
- der allgemeinen Raumkontrolle und ihrer Auflösung im energetischen Kontakt mit vielen anderen sowie
- der eigenen Aura und der der anderen TeilnehmerInnen.

In dem Bild drückt sich aus, ob die eigenen Grenzen als Einengung oder Schutz wahrgenommen werden.

Das Thema **Vereinigung-Trennung** arbeitet auf verschiedenen Ebenen mit der Herstellung und Auflösung von Gemeinsamkeiten in der Gruppe oder zwischen einzelnen. Das Bild symbolisiert den Wunsch des/r einzelnen nach Behauptung oder Auflösung im großen Ganzen der Welt.

Was sind die Besonderheiten dieser Kombination von Empfindungsschulung (physische Welt) und inneren Bildern (psychischer Archetypus)?

Worin liegt der Unterschied zu körperorientierten Therapien?

Im Unterschied zu allen Tanz- oder Körpertherapien geht es hier nicht darum, Konflikte aufzuspüren und damit individuell zu arbeiten. Man geht in Körpersymbolikstunden davon aus, daß durch die Empfindungsschulung eine Gestalt[2] mit ihrer inneren Ordnung und ihren Erfahrungen angeregt wird und sich damit ein grundlegendes Lebensthema aktualisiert und verdeutlicht.

Die sinnliche Ebene trägt aber auch eine immanente Ordungskraft in sich, die die Erfahrung zugleich schon auf eine innere Ordnung hin strukturiert. Durch das innere Bild schließlich kann das, was angeregt, aufgebrochen und erschüttert wurde, eine neue, angemessene, psychisch stimmige Form finden.

Wieso sollen gerade Sinnes- und Empfindungsschulung grundlegende psychologische Lebensthemen anreißen?

1 Die Erfahrung einer großen Anzahl von Stunden mit sehr unterschiedlichen Menschen zeigt, daß es fast immer eine entsprechende Übertragung von der physisch/sinnlichen auf die existentiell/psychologische Ebene gibt.

2 Außerdem bin ich davon überzeugt, daß sich das Leben in Grundgestalten, archetypische Situationen wie zum Beispiel Verwurzelung versus Freiheit gliedert. Diese Gegebenheiten existieren unabhängig von individuellen

---

[2] hier verwandt im Sinne von: um ein Thema herum für einen Menschen subjektiv sinnvoll geordnete Erlebnisse

Menschen. Man könnte sie sich vorstellen im Sinne der „ewigen Ideen“ Platos oder eben als Archetypen. Jeder Mensch macht notwendigerweise ständig Erfahrungen mit diesen Grundthemen und bildet dazu unbewußte und bewußte Einstellungen.

3 Diese Grundgegebenheiten des Lebens vermitteln sich direkt auf einer physisch/sinnlichen Ebene. Das ist es, was ein Mensch in den ersten Lebensjahren direkt, unmittelbar erfährt, ja erleidet.

4 Im abstrakten Erwachsenenleben mit seinen vielen Gewohnheiten, Ablenkungen und Strategien, die direkte Erfahrung – das unmittelbare Erleiden – zu vermeiden, werden sowohl die äußeren Erfahrungen als auch die inneren Grundorientierungen oft diffuser. Das Leben erscheint wie ein Einheitsbrei. Menschen sind auf persönlich wichtige Situationen innerlich nicht vorbereitet, können Ereignisse in ihrer psychologischen Valenz nicht richtig einordnen und sind nicht in der Lage, sich zu entscheiden.

5 Durch eindrucksvolle sinnliche Erfahrungen in einem kontrollierten Rahmen werden diese Gegebenheiten quasi komprimiert und rein vermittelt, und die Voreinschätzung, die gewohnte Sichtweise, die Rationalisierung oder gar Lebenslüge wird durchbrochen.

Was ist dann der Sinn der inneren Bilder?

Man könnte die Stunden auch ohne die inneren Bilder durchführen, und einzelne Stunden enden ja auch ohne ein inneres Bild. Normalerweise hat aber das innere Bild den Sinn, ein Thema abzuschließen. Durch die Sinnesschulung und das direkte Erleben wird vieles angeregt und ausgelöst. Das meiste davon würde sich im Laufe der nächsten Tage von selbst klären und ordnen. Das innere Bild aber hat einen enormen Vorteil: Es ist so, als ob man dem Unbewußten eine Aufgabe stellen würde und ihm dann bei der Arbeit zusehen könnte. Das innere Bild ordnet quasi die neuen, unmittelbaren Erfahrungen und Sichtweisen zu einer neuen psychischen Gestalt und bildet einen Standpunkt, der die Erfahrungen der Stunde zum Thema bereits miteinbezieht.

Könnte man das nicht besser durch Gespräche am Ende der Stunde erreichen?

Die Gespräche laufen viel zu sehr über die Ratio, das bewußte Ich. Wesentliche Sichtweisen erschließen sich nur symbolisch, da tiefliegende, unbewußte Ordnungen sich dem direkten Dialog verweigern.

Das Bild stellt einen idealen Abschluß der Einheit dar, über den man dann noch gut reden kann. Das Reden kann aber diese unbewußte symbolische Verarbeitung nicht ersetzen.

Das hört sich so leicht an. Sind Therapien danach ein überflüssige Irrtum?

Überhaupt nicht. Wirklich traumatische Themen werden hier höchstens in ihrer Problematik deutlich. Sie können in diesem Rahmen nicht gelöst werden. Die Therapie ist konzentrierte „Arbeit am Verdorbenen“, an Problemen und lebensgeschichtlichen Verwicklungen, die verdrängt sind und in einem speziellen one-to-one Prozeß durchgearbeitet werden müssen. Was wir in KÖSYBE machen, ist die „Arbeit mit dem Positiven“, der Kraft, die in der „Natur im Menschen“ liegt und die sich selbst weitgehend regulieren kann.

Warum ist es nötig, die Selbstheilungskräfte im Menschen durch eine solche Arbeit anzuregen?

Das liegt einmal am Verlust der direkten sinnlichen Verbundenheit mit der Welt, durch die das moderne Leben charakterisiert ist. Das heutige Leben ist in einem bei weitem zu hohen Maße durch Absprachen bestimmt, die nur über intellektuelle Einsicht laufen. Auf dieser Ebene ist aber jede Intuition für die persönliche Weiterentwicklung abgeschnitten.

Es ist deshalb wichtig, zentrale Stellen der Wahrnehmung, ihrer Verarbeitung und Interpretation anzusprechen. Diese sensiblen Bereiche der psychischen Gestaltung werden durch die Empfindungschulung erreicht, und das, was man damit erreicht, kann man als grundlegende, archetypische „Gestalten des Erlebens“ bezeichnen:

Die Gestaltpsychologie der 20er und 30er Jahre zeigte uns, daß Wahrnehmung ein aktiver Vorgang mit dem Ziel ist, die Welt in Gestalten zu bringen, die Räumlichkeit, zeitliche Kontinuität und begriffliche Ordnung ermöglichen. Diese Gestalten werden zwar nicht willkürlich, aber bei entsprechendem Anlaß doch ziemlich aktiv als Teil des Wahrnehmungsvorgangs gebildet.

Ich denke nun, daß es ähnliche Prozesse in der Gestaltung des inneren Erlebens gibt, so daß wir neben die Wahrnehmungsarchetypen wie die „Tendenz, abgegrenzte Gestalten vor einem Hintergrund zu sehen“ Erlebnisarchetypen stellen könnten wie „Geben und Nehmen“.

Diese Erlebnisarchetypen machen die Welt mit ihrer Vielzahl von unterschiedlichen Erlebnissen begreifbar.

Ohne sie wäre eine persönliche Entwicklung des Menschen so wenig möglich wie eine konstante Wahrnehmungsorientierung ohne die Gestaltgesetze des Sehens.

Diese Gestalten des Erlebens wirken aber zugleich auch als Vorurteile.

Wir können also davon ausgehen, daß es eine starke Tendenz gibt, prägnante, geschlossene, in sich stimmige Gestalten zu bilden, die das persönliche Erleben gliedern und ordnen, aber auch neue Orientierungen verhindern können.

Das jedoch hängt vorwiegend damit zusammen, daß wir meist durch die Fernsinne zu Voreinschätzungen kommen, die dann als Ausgangspunkt vorgefertigter Interpretationsprozesse dienen.

Zum Glück fordert die Sinnesschulung aber eine bestimmte Aufmerksamkeit und Offenheit. Durch die Konzentration auf die unmittelbare Erfahrung ohne Voreinschätzung der Situation werden die gewohnheitsgemäßen Filter und Vorurteile unterlaufen, und ein neuer Ansatzpunkt für die Gestaltbildung wird möglich.

Nun wird deutlich, wie eine Bewußtmachung, Neubewertung oder Aufrüttelung der bisherigen Orientierung geschehen kann:
In einer entspannten Atmosphäre der Vertrautheit ist es möglich, direkte, unmittelbare, sinnliche Erfahrungen zu initiieren. Diese sind eng verbunden mit bestimmten archetypischen Gestalten, die jetzt konzentriert angeregt und in ihrer unwillkürlichen Sichtweise erlebt werden, so daß es möglich ist, die **Empfindung** von der **Projektion** zu unterscheiden.

Damit ist Veränderung möglich.

Zusammenfassung:
Klarere innere Ordnung archetypischer Gestalten durch sinnliche Bildung.

Die Gestaltwahrnehmung psychologischer Grundthemen wie „Geben und Nehmen“ ist nicht so stark präformiert und läuft nicht so personenunabhängig ab, wie die Gestaltwahrnehmung äußerer Themen wie „Figur-Hintergrund“.

Sie hängt wiederum stark von der individuellen Erfahrung ab, die aber im modernen Leben oft diffus ist. Deshalb ist eine konzentrierte Konfrontation durch eine bestimmte Anordnung sinnlicher Erfahrungsmöglichkeiten wichtig. Außerdem gibt es aber eine sinnliche Bindung, eine Voreingenommenheit in Form zufälliger Konditionierungen, die verhindert, ein Thema als klare Gestalt wahrzunehmen und es entsprechend psychisch zu ordnen. Menschen können dadurch nicht angemessen und vital reagieren; neue Erfahrungen und die persönliche Weiterentwicklung werden erschwert.

Die Sinnesschulung geht nun auf eine grundlegende Erfahrungsebene hinter diese Konditionierungen zurück und löst durch die intensive Erfahrung die Verbindung mit Zufälligkeiten der persönlichen Geschichte auf.

(Zum Beispiel kann bei einem Kind physische Zuwendung von den Eltern benutzt worden sein, um es zu manipulieren. Später wird Berührung eventuell als unangenehm empfunden, da immer unbewußt im Hintergrund mitschwingt: Man will mich zu irgend etwas bringen, was gegen meine eigentlichen Bestrebungen ist; bei einer entsprechenden Empfindungsschulungs-

übung würde diese Erinnerung, die eigentlich nichts mit der Grundgestalt zu tun hat, mitaktualisiert. Es kann nun sein, daß sie ihre Dominanz als Hauptordnungsfaktor von Berührung/Kontakt verliert und ihren historisch/biographischen Stellenwert in dem Thema bekommt. Ist die Verquickung aber zu stark, würde die Erinnerung als im Augenblick unauflöslich erscheinen und ihre weitere Bearbeitung wäre Gegenstand von therapeutischer Einzelarbeit.)

Meist lösen sich gerade auf der mittleren Ebene, also durch spezielle Übungen aber ohne spezielle Intervention, sehr viele solche Voreingenommenheiten auf.

Durch die Empfindungsschulung wird außerdem der Gestaltbildungsprozeß mächtig angeregt.

Ich nehme an, daß es eine enge Verbindung zwischen bestimmten sinnlichen Erfahrungen und archetypischen psychologischen Grundgestalten gibt. Zieht man die Erkenntnis hinzu, daß es starke innere Tendenzen gibt, Erfahrungen in prägnante, stimmige Formen (gute Gestalten) zu bringen, so ist klar, daß Sinnesschulung das Material bildet für einen Gestaltbildungsprozeß archetypischer Lebensthemen, als dessen Katalysator sie zugleich wirkt.

Ohne das innere Bild am Ende der Unterrichtseinheit wären jedoch die auflösenden Kräfte stärker als die ordnenden Einflüsse der Gestaltbildung.

Was macht die Besonderheit der Planung und Durchführung von KÖSYBE-Stunden in der Praxis aus?

Bis jetzt ist deutlich geworden, daß KÖSYBE-Stunden eine Kombination von sinnlicher Erfahrung durch Empfindungsschulung und einer Anregung bestimmter Themen durch diese sinnliche Erfahrung mit der unwillkürlichen Gestaltung des Bildsymbols in der Entspannung darstellen.
Dabei werden wichtige persönliche Themen berührt, die sich aber im Prozeß der Stunde weiterentwickeln und ausformen, ohne daß sie bewußt thematisiert werden müßten. Natürlich entsteht hier die Frage, wie zuverlässig diese Selbstregulation der inneren Prozesse ist:

Werden nicht Prozesse ausgelöst, die die Selbstregulation in der Stunde sprengen und in Einzelarbeit behandelt werden müssen?

Das ist bei mir so gut wie nie passiert. Vier Dinge sind dafür entscheidend:

1 **Die Erwartung des/r KursleiterIn und der TeilnehmerInnen.** In bestimmten Kontexten psychotherapeutischer- oder Selbsterfahrungsgruppen erwarten alle den Ausbruch großen Leids, die Katharsis durch das Ausdrücken lange unterdrückter Wut und nicht ausgelebten Schmerzes. In einer solchen Gruppe würden bestimmte Übungen, wie sie zum Teil in ähn-

licher Art in KÖSYBE-Stunden verwandt werden, Zusammenbrüche und schreckliche Erinnerungen auslösen

In Körpersymbolikstunden haben die TeilnehmerInnen eine ganz andere Erwartung: Es ist klar, daß es um tiefe persönliche Erlebnisse geht, aber nicht um ein so weitgehendes Ausagieren. TeilnehmerInnen haben ein feines Gespür dafür, was der Rahmen ist, und eine gute unwillkürliche Selbstregulation. Ich gehe außerdem davon aus, daß die sinnliche Erfahrung der Welt und unseres Körpers einerseits das Drama der Existenz mit dem ganzen unbegreiflichen Erleiden des Lebens erhellt, zugleich aber andererseits eine große Freude und ein unfaßbares Glück darstellt. Die Teilnehmer spüren meine tiefe Zuversicht, daß zugleich mit der Öffnung der Wahrnehmung bei der Empfindungsschulung eine Kraft zur Ordnung des Erlebten mitgegeben wird. Dadurch regulieren sich die Prozesse in einer Art, daß in den Erfahrungen ein bestimmtes Maß nicht überschritten wird, zugleich aber auch ein positiver, integrierender Ordnungsprozeß die Erfahrung von Anfang an mitgestaltet.

2 **Handwerkliches Wissen über die einzelnen Übungen.** Jede Übung, die die Wahrnehmung des Atems, des Aufbaus, der Körperräume, des Umraumes, von Gegenständen und Materialien, des Ablaufs der Grundbewegungsarten oder anderes benutzt, birgt zugleich einen schockierend direkten Blick auf das Körper-Selbst, das vor dem bewußten Ich da ist und eigentlich einen harmonisierenden Aspekt von Stimmigkeit darstellt. Schockierend ist ja nur der Bruch mit der „Natur im Menschen“, welche die Körperlichkeit darstellt, die Bewertung und die Bewußtwerdung von Selbstbehinderungen durch Voreingenommenheiten. Werden die Übungen gut angeleitet und damit eine einigermaßen gute Wahrnehmung des eigenen Körpers ermöglicht, scheint zugleich schon die Möglichkeit einer Lösung, die Selbstregulations- und Selbstheilungskraft, das Gesunde, in jedem von uns auf.

KursleiterInnen sollten deshalb immer nur Übungen anleiten, die sie wirklich in allen technischen und gefühlsmäßigen Aspekten verstanden haben. Dann aber bieten sie eine sehr günstige Selbsterfahrungsmöglichkeit.

3 **Die Stimmigkeit der Stundenkonstruktion.** Sehr unterschiedliche Übungen, in denen direkte Körpererfahrung vorkommt, können den Ausgangspunkt für KÖSYBE-Stunden bilden. Wenn die Erfahrungen sich jedoch selbst in einer Art und Weise regulieren sollen, wie es hier beschrieben wurde, muß der/die KursleiterIn über die Körpersymbolik, die psychologischen Übertragungen, die existentielle Bedeutung der Übung, kurz über die Meta-Ebenen der Sinneserfahrung wirklich gut Bescheid wissen. Nur dann ist es möglich, eine Stunde so aufzubauen, daß die Übungen der Sinnesschulung rund sind, die Erlebnisräume richtig aufgebaut und die Erfahrungen wieder zurückgeführt werden, und dafür ist meist ein inneres Bild als

symbolischer Schluß wichtig. Ohne eine solche Fähigkeit zur eigenen Stundenentwicklung wäre es unverantwortlich, diese elegante Konstruktion einer Verbindung der sinnlichen mit der philosophischen und psychologischen Ebene zu wagen. Es ist dann noch immer drin, langsam und sorgfältig einzelne Übungen aus der Empfindungsschulung durchzuführen oder sie in Tanzimprovisationsstunden einzubauen. Der hier beschriebene Kreis aber erfordert ein wirkliches inhaltliches und gefühlsmäßiges Verstehen der Ebenen.

Dann allerdings wird die Erfahrung im Stundenaufbau so geführt, daß das Aufwirbeln von Erlebnissen in eine neue Ordnung mündet und die TeilnehmerInnen nicht alleingelassen werden.

4 **Das Nicht-Pushen.** Wie schon bei der Tanzimprovisation gilt auch hier, daß die TeilnehmerInnen sich sehr gut selbst regulieren können. In einer Atmosphäre von Vertrauen, Neugier und Zuversicht lassen sich alle gerne auf Erfahrungen ein. Es existiert aber auch ein ziemlich perfektes Warnsystem für die Grenzen der eigenen Belastbarkeit, und es ist gut, darauf hinzuweisen, daß jedeR für sich selbst verantwortlich ist. Wenn jemand das Gefühl hat, eine Übung löst zuviel aus und lieber nicht mitmachen möchte, setzt er/sie sich an den Rand und guckt zu. Das ist normal und wird immer wieder gemacht. Ich habe auch kaum jemals erlebt, daß TeilnehmerInnen damit wirklich Probleme hatten.

Was läßt sich aus der Arbeit mit KÖSYBE auf den Alltag übertragen?

KÖSYBE hat seinen Sinn in freien Gesellschaften, wo Menschen ein Bedürfnis haben, sich persönlich weiterzuentwickeln, zu wachsen, sich über ihren Weg, ihre Situation und Ähnliches nicht nur rational klar zu werden. Dafür ist eine körperliche Ebene, eine Rückbeziehung zu unserem Lebensquell und Seinsgrund sehr wichtig.

Meiner Ansicht nach ist es für alle Menschen in abstrakten, modernen Lebensumständen notwendig, sich in irgendeiner Form mit ihrer körperlichen Grundbedingung als konstituierendem Element des Lebens in Beziehung zu setzen.

Jenseits der speziellen Stundenkonstruktion von Körpersymbolik ist es nicht nur ein tiefes, beglückendes Erlebnis, sondern auch eine bestimmte Notwendigkeit, den Atem, das Skelett, die Muskeln, die Innenräume, die Haut, die Möglichkeiten der sinnlichen Wahrnehmung, die unwillkürliche Organisation von Stehen, Gehen und anderen Grundbewegungsarten zu erfahren.Das relativiert viele Gedanken, befreit die Gefühle und hilft, Wesentliches von Unwesentlichem zu unterscheiden. Daneben gibt es natürlich andere Inhalte des persönlichen und sozialen Lernens, die allgemein im Alltagsleben von Bedeutung sind:

Was von dem, was in KÖSYBE gelernt wird, ist im Alltagsleben wichtig?

1 In Kontakt sein

In den Stunden von KÖSYBE kommen die TeilnehmerInnen mit starken Empfindungen, Erinnerungen und Gefühlen in Kontakt, ohne sie erklären zu müssen. Das Alltagsleben ist von massiven Abspaltungen bestimmt. Ein großer Teil der täglichen Aktivitäten ist rational durchgeplant und/oder wird von bestimmten Gewohnheiten geleitet. Dabei befinden sich die Menschen oft in einem gefühls- und erlebnismäßigen Vakuum. Stärkere Gefühle lösen darum an sich schon unabhängig von ihrem Inhalt oft Angst aus. Das gleiche gilt für intensivere Körperwahrnehmungen.

Solche Ereignisse bekommen damit einen eigentümlichen Ausnahmecharakter. Sie werden manchmal verdrängt, oft rationalisiert, und emotionale Ereignisse werden, kaum daß sie geschehen wären, schon zerredet.

Dabei brauchen Erlebnisgestalten eine bestimmte Zeit, um sich zu formen. Im Kurs gibt es einen Rahmen von Sicherheit, eine Erwartung, daß das, was ausgelöst wird, sich auch im Laufe des Unterrichtes wieder fängt.

Dadurch lernen die TeilnehmerInnen, **mit ihren Wahrnehmungen in Kontakt zu bleiben, ohne sie direkt ausdrücken, erklären, analysieren oder in ihrer Intensität oder der Zeit, die sie brauchen, manipulieren zu müssen.**

Das ist ein sehr wichtiges Erlebnis für den Alltag. Man kann so lernen, gelassener mit dem, was geschieht, umzugehen und zu merken, was es eigentlich auf einer gefühlmäßigen Ebene bedeutet.

2 Sinnlich inspirierte Intuition

Der nächste Punkt, der hier von Bedeutung ist, ist die Regulation von Gefühlen durch eine bestimmte Art Intuition. Wegen der emotionalen Verarmung des modernen Lebens werden Gefühle mythologisiert. Ihnen wird eine finale Entscheidungsqualität zugesprochen. Viele Menschen scheinen durch die Tatsache, daß sie als Kinder in ihren Gefühlen beschnitten wurden, völlig vergessen zu haben, daß Gefühle konditionierbar sind, daß geschickte oder gerissene Personen die Gefühle anderer hervorragend manipulieren können, ja daß auf eine gewisse Art und Weise das Spiel mit Gefühlen auch zum Leben gehört.

Wenn diese Menschen mit starken Verdrängungen aus der Kindheit es endlich schaffen, mehr zu fühlen, liefern sie sich ihren Gefühlen oft auf eine ungute Art und Weise aus und geben ihnen einen absoluten Wahrheitsgehalt. Es ist aber im Gegenteil wichtig, eine bestimmte Übung darin zu haben, seine Gefühle und Empfindungen wahrzunehmen, ohne sich ihnen völlig auszuliefern. Das war auch schon die Botschaft von Punkt 1.

Mit der Empfindungsschulung einher geht nun eine Aufmerksamkeitsentwicklung für eine Instanz, die zwischen Gefühl und Ratio eine bestimmte Form tieferen Wissens darstellt und die wir Intuition nennen können. Intuition ist zwar auch nicht unfehlbar. Sie kann aber oft helfen, aus den Gefühlen und Gedanken zu einer Situation eine passende[3] Version der Wirklichkeit zu formen.

Diese Form von Intuition ist nicht mit Sinnesschulung und der entsprechenden Aufmerksamkeit identisch, hängt aber eng mit ihr zusammen.
In der Körpersymbolik wird eine Art von Aufmerksamkeit entwickelt, die im Alltag **hilft, eine Intuition, eine Art innerer Gewißheit für die persönliche Entwicklung und das Verhältnis zu anderen zu entwickeln.**

3 Entspannung

Jenseits normaler Entspannungstechniken entsteht mit dem Kontakt zum eigenen Körper eine Art Gelassenheit und Sicherheit. Viele Menschen sind deshalb unter ständiger Spannung, weil sie in einem Gefühl leben, nur ihr Ego, seine Absicht, Planung und Anstrengung wäre es, das ihnen durchs Leben hilft. Das bedeutet eine ziemliche Anspannung, ein Gefühl von Belastet-Sein und innerem Druck.

Kommt ein Kontakt mit der Reichhaltigkeit des eigenen Körpers dazu, verändert sich das ganze Gefüge: **Im Bewußsein wird die Dominanz des eigenen Wollens verändert zugunsten einer Gewißheit über das, was alles da ist, ohne daß irgendein Plan und irgendeine Anstrengung nötig wäre.**

Eine Verbindung mit dem Körper trägt.

Eine andere Entlastung kommt durch die Körper-Symbolik hinzu. Die vorher beschriebene Intuition relativiert und unterstützt das bewußte Wollen. Es entsteht eine innere Sicherheit, daß wichtige Ereignisse angemessen wahrgenommen werden und im Menschen eine Instanz existiert, die weiterhilft.

Welche Bedeutung hat die Gruppe?

Hier gilt das gleiche, wie schon bei TIA gesagt wurde: Die Menschen werden sehr mit sich selbst konfrontiert, sind mit ihren Erlebnissen, Konflikten und ganz persönlichen Erfahrungen beschäftigt. Die Gruppe bildet den selbstverständlichen Hintergrund der eigenen Erfahrung. Eine schöne Erfahrung besteht darin, ohne gruppendynamische Thematisierung mit seinen Erfahrungen und dem, was man von den anderen mitbekommt, in einem intensi-

---

[3] nicht im Sinne der eigenen Bequemlichkeit, sondern im Sinne von konstruktiv, angemessen, gemeint

ven Kontakt zu sein und eine nicht bemühte Form von Gemeinsamkeit zu haben. Normalerweise ist es auch bei PartnerInnen und/oder Gruppenübungen leicht, die eigenen Erfahrungen in der konkreten Situation mit anderen von den Projektionen, die oft bei solchen Übungen entstehen, zu unterscheiden.

Auch hier gilt jedoch, daß in dem Fall, wo Probleme und Konflikte entstehen, die die Beschäftigung mit sich selbst und dem Thema der Stunde überlagern, die Störung Vorrang hat und in den Mittelpunkt rücken muß.

Das kann passieren, wenn jemand mit dieser Arbeitsweise, mit intensiven Erfahrungen in Kontakt zu sein, ohne sie auf das konkrete Gegenüber zu richten, überfordert ist und sich in dessen Geschichte einmischt.
Praktisch kommt das jedoch in den Stunden höchst selten vor.

Für welche Personengruppen ist dieses Konzept gedacht?

Das KÖSYBE-Konzept ist sehr weitgehend anwendbar. Schwierig ist es nur mit Menschen, die innerlich so instabil sind, daß schon bei kleinen Anregungen innere Konflikte in psychotischer Art nach außen drängen und zu einem Ausbruch führen. Das ist aber im Vorfeld erkennbar. Bei den ersten Übungen müßte der/die KursleiterIn eingreifen und dem/der Betroffenen ein anderes Angebot außerhalb des Kurses machen.

Ansonsten wären Anpassungen an viele spezielle Gruppen denkbar und sind auch schon geschehen. Entscheidend ist die inhaltliche Kenntnis des Konzeptes und ein wirkliches Verstehen aufgrund von ausführlicher eigener Erfahrung in Verbindung mit einem guten Gefühl für die Bedürfnisse der jeweiligen Gruppe.

Ist das Konzept starr oder variabel?

Das Konzept hat sich als sehr variabel erwiesen. Man kann neben dem hier vorgestellten Schwerpunkt einer Ästhetischen Bildung durch den Körper eher von Entspannungstechniken ausgehen und das durch Innere Bilder und Empfindungsschulung erweitern.

Auch psychotherapeutisch orientierte Gruppen haben sehr durch die Einführung von Übungen aus dem KÖSYBE-Konzept profitiert, vor allem als inhaltlicher Orientierung und Strukturierung, aber auch als evokative[4] oder stabilisierendem Mittel .

Umgekehrt können Kurse, die mit Empfindungsschulung als Thema arbeiten, eine interessante Erweiterung durch den KÖSYBE-Anteil erfahren.

---

[4] evokativ wird hier im Sinne von „psychische Prozesse auslösend, persönliche Reaktionen provozierend“ benutzt

Außerdem kann man KÖSYBE-Elemente in die unterschiedlichsten Tanzkonzepte einfügen, um von dort in die Improvisation oder die Gestaltung zu gehen. Dazu wird im Kapitel Tanztheater mehr gesagt.
Wichtig sind, wie schon im vorigen Abschnitt gesagt, das innere Verstehen des Konzeptes und seiner Ebenen sowie ein solides handwerkliches Wissen über die Übungen.

Wie wichtig ist praktisch/psychologisches Wissen für den Fall, daß doch jemand Schwierigkeiten mit einer Übung bekommt?

Auch wenn das selten vorkommt, ist es unbedingt nötig, daß KursleiterInnen mit psychischen Krisen umgehen können. Das heißt nicht, daß sie immer bereit sein müßten, eine psychotherapeutische Intervention zu starten. Wie oben schon ausgeführt, bin ich so gut wie nie in diese Situation gekommen.

Wenn ich mit persönlich bedeutsamen, erlebnisintensiven Übungen arbeite, muß ich dazu aber prinzipiell in der Lage sein, und wenn es nur deshalb wäre, einem/r TeilnehmerIn, die über bestimmte Erfahrungen und das Ausmaß, in dem sie sich darauf einlassen sollte, unsicher ist, das nötige Gefühl von Sicherheit und Kompetenz geben zu können. Allein dafür ist ein grundsätzliches Verständnis der psychodynamischer Prozesse nötig.
Dazu müssen KursleiterInnen aber weder Psychologie studiert noch ein Psychotherapieausbildung durchlaufen haben.

Sie müssen aber persönlich in sich, mit ihren Übungen und im Kontakt mit anderen Menschen sicher sein, Erfahrungen haben und über eine gute Intuition für den emotionalen Stellenwert und die Dynamik von Erlebnissen verfügen.

Wie schon in der Einleitung gesagt ist das Curriculum zu KÖSYBE in dem Buch „Tanz zwischen Kunst & Therapie“, Brandes & Apsel, Frankfurt 1993 abgedruckt.*

---

* Tanz zwischen Kunst & Therapie, 2., überarbeitete und erweiterte Auflage 2010, Essen 2010, Verlag für Ästhetische Bildung, ISBN 978-3-00-031150-5

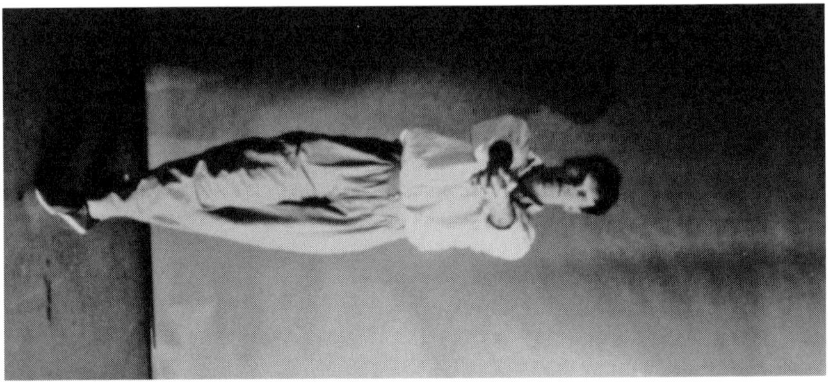

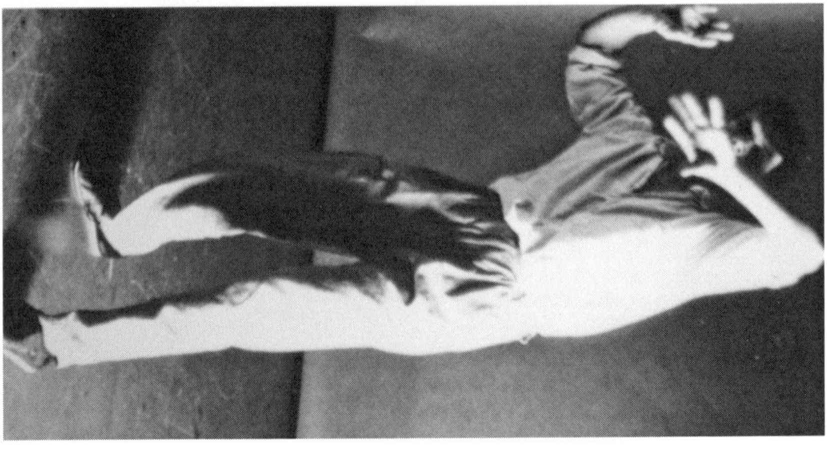

5 Unterrichtsphilosophie EXTATE

Wie ist das Konzept von „Experimentellem Tanztheater“ (EXTATHE) aufgebaut?

Die folgenden Überlegungen sind für alle Ansätze interessant, die Tanztheaterthemen über Improvisationen zur Gestaltung führen. Ausgangspunkt dieser Erörterung ist das „EXTATHE“-Konzept. Dabei werden Tanztheaterthemen auf eine Art aus inneren Zugängen, der Umsetzung von Phantasien, aber auch formalen Kompositionskriterien entwickelt, daß TänzerInnen das Handwerkszeug vermittelt wird, eigene Improvisationschoreographien gestalten zu können.

Die Besonderheiten von EXTATHE sind:

- Es werden verschiedene Möglichkeiten eröffnet, Themen über den Weg innerer Bilder, bestimmter Szenarios oder aber formaler Konstruktionen zu finden und zu entwickeln.
- Diese Themen werden durch choreographische Mittel, die auf den Improvisationstechniken gründen, zu differenzierteren und bewußteren Gestaltungen entwickelt.
- Das Ziel ist nicht eine genaue Festlegung der Bewegung, sondern eine Improvisationschoreographie.
- Wir arbeiten mit bestimmten Performancetechniken, sowohl in die Themen und Darstellungen hineinzugehen und sich zu identifizieren als auch zugleich damit eine Rollendistanz, einen Abstand vom und zum eigenen Tun zu bewahren.
- Der Schwerpunkt liegt nicht so sehr darauf, ein Stück zu Ende zu bringen, sondern Zugänge und Wege, Techniken des Findens, Gestaltens und Vorführens zu entwickeln.

Die Stunden haben meist folgenden Ablauf:

- Ausführliches Tanztraining (Warm up)
- Thema finden und entwickeln
- Gestaltung
- Performance

Im Unterschied zu TIA und KÖSYBE müssen für EXTATHE die von den einzelnen Themen unabhängigen Arbeitsmittel

*Tanztraining – Warm up,
*Choreographie – Gestaltung,
*Performance – Darstellung

geübt werden.

Tanztheaterthemen, die als Ausgangspunkte für Gestaltungen dienen, sind Tisch-Stuhl, Stimme-Töne, Innere Bilder, Sprache-Tanz, Eng-Weit-Alltag (Gruppe);
Eigendrehung-Werbung, Ja-Nein, Anziehen-Abstoßen, Körpersymbolik: Angst (Paar);
Impuls-Fluß-Selbstbestimmung (Trio).

ARBEITSMITTEL

Das **Warm up** für Tanztheater ist nicht wie bei TIA je nach Thema verschieden, sondern bleibt immer das gleiche. Es geht nicht mehr darum, auf eine bestimmte Bewegungsdimension einzustimmen, sondern um eine allgemeine Vorbereitung für das Tanzen. Das Training mit einer Länge von circa 40 Minuten steigert in drei Zyklen die Anforderungen an Dehnung, Kräftigung und Koordination. Das Training ist so intensiv und ausführlich bemessen, daß die TänzerInnen danach warm und gut präpariert, aber nicht schon erschöpft sind.

Beim **Bewegungsqualitäts- und Choreographietraining** geht es darum, ein Gestaltungsmittel zu entwickeln, das es ermöglicht, ohne professionelle Choreographie gemeinsam an einem Stück zu arbeiten. Die TänzerInnen werden dabei nicht als formbares Material der Choreographie betrachtet, die mit ihnen als Marionetten ihre Vision ausprobiert und gestaltet. Sie behalten vielmehr ihre Eigenart und ihren persönlichen Bewegungsstil und arbeiten mit einem Wechsel zwischen den Rollen des/r TänzerIn und des/r ChoreographeIn gemeinsam an der Gestaltung. Dafür wird eine Technik geübt, mit Hilfe der Bewegungsdimensionen aus dem Tanzimprovisationstraining zu differenzierten Improvisationschoreographien zu kommen.

Bei den **Performancetechniken** wird das alte Thema aus manchen KÖSYBE- (u.a. „Ich und die Gruppe“) und TIA-Stunden (u.a. „Polyrhythmik“) wieder aufgegriffen: Die TänzerInnen versuchen dabei, zugleich mit sich und ihren inneren Vorgängen einerseits sowie der Situation und den anderen Menschen andererseits in Kontakt zu sein.

Sie sollen an ihrer Präsenz arbeiten und lernen, wach und aufmerksam zu agieren. Ein wichtiges Ziel ist, persönlich und körperlich ganz „da“ zu sein und Performances in ständigem Bewußtsein über den Adressaten der Aktion und den Focus der Aufmerksamkeit zu gestalten. Wird diese Präsenz falsch verstanden und demonstrativ und vordergründig aufgebaut, können die TänzerInnen nicht auf Überraschendes reagieren. Alles wirkt zu ernsthaft und schwer oder prätentiös und gekünzelt. Präsenz bedeutet daher auch, trotz Rollenvorgaben wirklich in der Situation zu bleiben und darin spontan reagieren zu können.

THEMEN

Tisch-Stuhl wird oft als erstes Thema behandelt. Es hat eine Eisbrecherfunktion, weil das Szenario unkompliziert ist. Die TänzerInnen machen ein kleines Stück mit Tisch und Stühlen als Ausgangspunkt und Requisiten. Nach all den anderen Stunden (die Gruppen haben vorher meistens mit TIA/KÖSYBE gearbeitet) geht das ziemlich leicht, so daß man nach der Performance eine zweite Phase anschließen kann, in der mit der vorher geübten Choreographietechnik das Stück verändert und weiter gestaltet wird.

Eigendrehung-Werbung geht von der Körpersymbolik der Improvisationstechnik „Fluß" aus. „Fluß" hat in der spiralig gestalteten Form etwas Raumvergessenes, Zeitloses und Selbstgenügsames. Die TänzerInnen drehen sich um sich selbst. Wie jetzt einE andereR TänzerIn Kontakt aufzunehmen versucht, ob es ihm/ihr überhaupt gelingt usw., ist Thema einer Improvisation, die dann festgelegt und bewußter mit Hilfe der Choreographietechnik gestaltet werden soll.

Stimme-Töne ist zugleich ein Performancetraining. Die TänzerInnen üben zuerst, ihre Stimme auf die unterschiedlichsten Arten möglichst spontan in Improvisationen zu gebrauchen. Das ist dann Thema einer ansonsten nicht festgelegten Performance. Die eigene Stimme kann ohne weitere Vorgabe nur dann in einer Performance eingesetzt werden, wenn man in Kontakt zu der spontanen inneren Reaktions- und Gestaltungsfähigkeit ist. Diesen Prozeß muß man auf der Bühne „präsentieren" können, wenn die Situation vor Publikum nicht zu einem „Kloß im Hals" führen soll.

Innere Bilder benutzt das Katathyme Bilderleben, um der vielleicht stärksten kreativen Kraft – dem Traum – einen Weg in die Bewegung zu bahnen. Nach einigen vorbereitenden Übungen werden die TänzerInnen mit einer Fremdentspannung in ein inneres Bild geleitet, wie es auch in den KÖSYBE-Stunden verwandt wird. Nach einem Gespräch über die Bilder setzen die TänzerInnen ein Bild, das erzählt wird, möglichst direkt um. Dabei entsteht der verblüffende Effekt, daß sich der ursprüngliche Traum in der analogen Umsetzung durch die TänzerInnen in ein kollektives Bild von manchmal magischer Ausstrahlung transformiert, das natürlich nicht mit dem Bild des/r ErzählersIn identisch ist, es aber auf eigentümliche Art berührt.

Bei **Ja-Nein** ist der Ausgangspunkt ein Theatertraining, in dem mit der Stimme und den zwei einfachen Worten „Ja" und „Nein" eine Gegenspannung aufgebaut wird. Von der bewegungslosen Situation des ständigen, direkten Widerspruchs aus werden immer mehr Möglichkeiten des theatralen und schließlich tänzerischen Ausdrucks zugelassen. Da die PartnerInnen nicht bei ihrer anfänglichen Aussage der Bejahung oder Verneinung bleiben müssen, sondern wechseln können, haben wir es mit einer Urform des Dialogs zu tun, die – da inhaltlich auf ein Minimum reduziert – eine starke stimmliche und persönliche Präsenz erfordert. Spannend ist der Schluß, wenn dieser Gegensatz ohne Worte getanzt werden soll. Das Kategorische der Sprache ändert sich zu einer vielschichtig-überraschenden Gegenspannung des Tanzes.

In **Körpersymbolik: Angst** wird die psychologische Methode der Verbalisierung mit Ausdruckstanz kombiniert. Während einE TänzerIn eine Situation erfindet und genau beschreibt, die er/sie mit Angst verbindet, drückt der/die andere TänzerIn das Gehörte direkt tänzerisch/mimisch aus. Nachdem beide eine Zeit an diesem Ausdruck gearbeitet haben, machen die TänzerInnen eine Performance zum Thema ohne Verbalisierung, aber mit einer entsprechenden Musik als Hintergrund.

In **Sprache-Tanz** wird in zwei Unterrichtseinheiten ein Stück nach einer formalen Kompositionsregel gestaltet.

In der ersten Stunde entwickelt jedeR TänzerIn eine kurze Bewegungsfolge und bringt sie den anderen bei.

Mit dem Feedback der abschließenden Performance werden in der zweiten Stunde mit Hilfe der Improvisationschoreographie die Bewegungsfolgen so verändert, daß sie prägnanter, witziger, überraschender, origineller und eigentümlicher werden.

In dieses Tanzstück werden scheinbar zufällig typische Sätze der TänzerInnen eingefügt. Als Schlußperformance werden oft Stücke gezeigt, die mehr Sinn, Gliederung und Gestaltung zeigen, als nach zwei Stunden vermutet würde.

Selbstbestimmung-Impuls-Fluß kombiniert ein Training der Bewegungsqualitäten „Fluß" und „Impuls" mit der Gruppenkonstellation des Trios. Zuerst wird in einer Paarkonstellation eine Improvisationstechnik geübt, mit plötzlichen, „impulsiven" Richtungsänderungen auf Impulse des/r PartnerIn zu reagieren. Das Improvisationsszenario sieht dann vor, daß in einem Trio einE SolistIn mit fließenden Bewegungen tanzt. Die beiden MittänzerInnen aber versuchen, ihn/sie durch Impulse zu beeinflussen. Es entsteht ein Konflikt zwischen der Aufforderung durch die Impulse und dem Bewegungsfluß, welcher sich der plötzlichen Reaktion widersetzt. Diese Improvisation gibt die Grundlage für die bewußte Gestaltung des Themas Selbstbestimmung-Fluß-Impuls ab.

Bei **Anziehen-Abstoßen** werden ein bestimmtes Verhältnis und eine bestimmte Absicht zwischen zwei Menschen auf den Ebenen von Raum und Dynamik inszeniert. Beim „Anziehen" muß der/die TänzerIn, der/die angelockt werden soll, Abstand halten und widerstreben. So kann man das

Spiel von Locken, Folgen, Desinteresse, Verweigerung etc. üben und damit spielen. Beim „Abstoßen" ist es umgekehrt interessant, wenn der/die abgestoßene TänzerIn immer wieder eine Annäherung versucht. Sonst entsteht keine echte Spannung. Das Thema legt eine klassisch-naturalistische Gestaltung nahe. Zum Teil werden aber bei den Performances ungewöhnliche Stilmittel eingesetzt, welche der scheinbar so klaren Situation ein Element von Verfremdung und Überraschung zufügen.

Das Thema **Eng-Weit-Alltag** führt von der Körpersymbolik über die Tanzimprovisation zur Gestaltung. Man beginnt mit einer ausführlichen Empfindungsschulung zum Thema, aus dem sich dann eine längere Improvisation entwickelt. Beide Begriffe werden direkt von der sinnlichen Ebene aus angegangen. In der Improvisation sind die Gegensätze zwischen „offenen" versus „geschlossenen Formen" sowie der „geballten Spannung mit schnellen Bewegungen" gegenüber „leichten, durchlässigen Bewegungen im allmählichen Tempo" bestimmend. Im Gegensatz zu „Anziehen-Abstoßen" ist die Gestaltung abstrakter, eher ein Spiel mit den Dimensionen des Tanzes, als mit persönlichen Beziehungen. Ein spannendes Moment entsteht manchmal dadurch, daß die TänzerInnen persönliche Identifikationen oder Beziehungselemente in dieses Thema hineinnehmen und ihm so eine andere Qualität geben.

Was ist die Besonderheit an dieser Kombination von Inhalt (die Geschichte, die erzählt und die Gefühle die dargestellt werden) und Form (Theater und Tanz)?

Es hört sich sinnvoll an zu sagen: Ich mache ein Tanztheaterstück. Aber was kann man an Tanztheater unterrichten?

Tatsächlich gibt es kein Curriculum wie bei TIA oder KÖSYBE. Der zentrale Teil besteht darin, daß die TänzerInnen möglichst oft die Gelegenheit haben, Stücke zu machen. Das ist ein kreativer Vorgang, den man nicht unterrichten kann, bei dem aber Übung wichtig ist. Trotzdem kann man einige sehr wesentliche Dinge lernen:

- A Wie entwickle ich ein Thema?
- B Wie gestalte ich mein Stück?
- C Wie stelle ich es dar?[1]

ad A Zum Beispiel kann ich ein Traumbild nehmen. So etwas ist häufig, denn Visionen, die Menschen gerne darstellen wollen, haben viel von Traumbildern.

---

[1] Auf die mit den Buchstaben A, B und C bezeichneten Themen werde ich mich auch im folgenden unter diesen Buchstabenkürzeln beziehen.

Wir arbeiten also zuerst damit, wie so ein Bild umgesetzt werden kann. Die eigentliche Arbeit besteht dann aber darin, diese erste Szene tänzerisch zu entwickeln.

ad B Dazu lernen die TänzerInnen eine Technik, die es ihnen erlaubt, das Material tänzerisch zu differenzieren. Das heißt, daß sie ohne detaillierte Choreographie, in denen die einzelnen Bewegungen exakt festgeschrieben wären, Abläufe gestalten und in den Dimensionen Raum, Fluß, Form, etc. formen können.

ad A und B Dann gibt es Elemente, von denen ausgehend man zu Stücken kommen kann und die auch in Stücken, die man sich sonstwie überlegt, immer vorkommen:

- die Gegensatzspannung zwischen einem Paar,
- die Situation in einem Trio,
- der Ausdruck von Gefühlen,
- der Unterschied zwischen Tanz- und Alltagsbewegungen,
- der Einsatz der Stimme,
- das gesprochene Wort und der Tanz,
- die Musikwahl
- und anderes mehr.

Wir setzen uns praktisch und theoretisch mit diesen Themen auseinander, um bestimmte Klischees zu vermeiden und Zugang zu wesentlichen körpersymbolischen und theatralen Elementen zu bekommen.

ad B Sehr wichtig ist dann der Aspekt, wie die Improvisationstechniken eingesetzt werden. Mit ihrer Hilfe kann man den tänzerischen Anteil jedes Stückes gestalten, Bewegungen akzentuieren, ihnen etwas Besonderes geben, sich über den Charakter einer Sequenz klar werden und anderes mehr.

ad C Von großer Bedeutung ist auch die Performancetechnik. Alle Formen von Theater haben als eine **der** Grundlagen die Spielfreude, das sinnliche Vergnügen und Kribbeln, etwas vor anderen zu machen, es für sie zu machen, es ihnen vorzuführen. Das ist auch beim Tanztheater so und stellt einen großen Unterschied zum „Nur"-Tanz, dem reinen Tanz dar, in dem die Eigenart einer Person sich überwiegend durch die Bewegung ausdrückt und ihr Gesicht etc. dahinter zurücktritt.

Dafür ist etwas wichtig, was schon Thema der TIA und der KÖSYBE war:

die Fähigkeit, gleichzeitig bei sich, seinen inneren Prozessen **und** den anderen zu sein. Wege, innen und außen zusammenzubringen, ohne daß sie sich gegenseitig stören, sind grundlegend für die Darstellungskunst.

Dazu kommt ein fürs Theater typisches expressives Element zusammen mit einer Bewußtheit für den Focus, die Aufmerksamkeit in bezug auf das Publikum. Dafür gibt es Übungen, die die Präsenz stärken und regelrechte Performancetrainings, in denen die Selbsterfahrung und das eigene Verhalten in der Darstellung sowie der Kontakt zum Publikum, die eigene Wirkung auf andere, im Mittelpunkt stehen.

Ist es so, daß die TänzerInnen mehrere kleine Stücke machen anstelle von einer Produktion?

Ja, tatsächlich machen die Studierenden in dem Kurs zwischen acht und zwölf kleine Stücke. EXTATHE (Experimentelles Tanztheater) heißt ja deshalb so, weil es in erster Linie nicht um das **Resultat** „Stück" geht, sondern um den **Weg** dahin und um „ad hoc"-Stücke, also eher Alltags- als Bühnenkunst: Für die einzelnen TeilnehmerInnen ist damit der Weg das Ziel. Sie verhalten sich experimentell, nicht so sehr zielorientiert.

Natürlich kann man sehr viel lernen, wenn man ein Stück fertigmacht. Bei den meisten kann ich aber beobachten, daß sie viele Erfahrungen in den Gebieten

- inhaltlicher Zugang, (A)
- Möglichkeiten der Gestaltung (B) und
- Darstellung/Performance (C)

machen müssen, um ihren Weg, ein Stück zu gestalten, zu finden.

Diese „Weiterung" des Horizontes für die Möglichkeiten, Themen zu entwickeln und zu gestalten, halte ich für sehr wichtig.

Leider sieht man bei Stücken von Laiengruppen immer wieder einen ziemlichen Krampf: Aufführungen, bei denen vor allem die Bemühtheit auffällt. Das, von dem die Leute **denken**, das es so sein müßte im Theater, oder was sie **denken**, ausdrücken zu wollen, verstellt ihnen die Sicht für das Verhältnis von Form und Inhalt, behindert den Sinn für das Experimentieren, welches Raum für die Intuition, die überraschende Lösung, die ungewöhnliche, spezifische Darstellung gibt.

Genau das ist aber als Erfahrungsgrundlage wichtig: Experimenteller Umgang mit Themen und viele Erfahrungen damit, warum was wie gewirkt hat, bilden den Nährboden dafür, ein Thema zu finden und zu einem Stück zu entwickeln.

Ich halte diesen Weg für ausgesprochen vielversprechend, wenn es darum geht, daß Nicht-Profis ohne feste Choreographie dazu kommen sollen, handwerklich angemessen und persönlich authentisch zu agieren.

Was also macht die Besonderheit dieses Unterrichtskonzeptes für Tanztheater aus?

Die Besonderheiten dieses Ansatzes liegen in dem Bemühen, die „Hemmung der Phantasie durch innere Vorgaben" und den „Zwang des bewußten Planens" auszugleichen und sinnliche und intellektuelle Erfahrungsmöglichkeiten herzustellen:

- **Gestaltungen** werden oft **auf Umwegen** aus der Improvisation, der Empfindungsschulung oder zum Beispiel einer formalen Konstruktion gefunden, um die typischen Klischees zu umgehen. (A)
- Bei der weiteren Arbeit an Gestaltungen wird das bewußte Wollen immer wieder durch Empfindungsschulung und **Awareness-Übungen irritiert** und aufgelöst, um zu einer guten Mischung aus Authentizität und gestalterischer Klarheit zu kommen. (B)
- Es gibt einen wesentlichen Übungsteil der Performancetechnik, in eine Situation, einen Ausdruck sowohl **wirklich hineinzugehen** als auch eine gewisse **Rollendistanz** zu behalten. Diese Balance wird für wichtig gehalten, da ein zu peripheres Spiel oberflächlich, albern und langweilig wird, ein zu extremes Hineingehen jedoch ein Sich-Ausliefern an einen nicht mehr steuerbaren Prozeß bedeuten kann. (C)

Für diese Dinge ist es gut, viele kleine Stücke zu machen und so Erfahrungen zu sammeln,

- wie es ist, ein Thema zu finden, (A)
- welche Elemente oft in Tanztheaterstücken vorkommen und wie man ein Thema gestalten kann (B) sowie
- was bei Aufführungen geschieht. (C)

Worauf kommt es an, wenn man in diesem Sinn EXTATHE-Stunden planen und durchführen will?

Eigentlich geht es immer darum, nach einem gründlichen Warm up ein Thema einzuführen, mit dem die TänzerInnen arbeiten können. Besonders gut ist es, wenn es dafür zwei Phasen gibt:

- Einen **ersten** Teil, der einen indirekten, unmerklichen Zugang zu dem Thema schafft, so daß der spontanen Kreativität und unwillkürlichen Gestaltungskraft ein Weg geöffnet wird.
  Das können körpersymbolische Zugänge über Empfindungsschulung und innere Bilder sein. Gut sind aber auch Tanztechniken, die in eine bestimmte Aufgabe oder Konstellation münden. Es sind auch andere Wege möglich, in denen die TänzerInnen in bestimmte Szenarios gestellt werden.
  Ist der darstellerische Aspekt bedeutsam, so würden Performance- und Awareness-Übungen einen größeren Raum einnehmen.
  Dieser Teil endet mit der Aufführung eines „ad-hoc"-Stückes, welches ausführlich kommentiert würde.
- Im **zweiten** Teil bekämen die TänzerInnen dann die Aufgabe, die Anregungen, die sie aus der Kritik erhalten haben, umzusetzen – also das Stück bewußter zu gestalten – und im Aufbau, der tänzerischen Raffinesse, den darstellerischen Aspekten usw. zu differenzieren und zu entwickeln.

Besonders der zweite Teil ist dabei wenig vorhersehbar. Auch bei einem identischen ersten Teil entstehen je nach Persönlichkeit der TänzerInnen völlig unterschiedliche Stücke, und der weitere Ablauf ist damit auch ganz verschieden. Aber auch die Hinführung im ersten Teil wird immer etwas anders aussehen: je nach Gruppe und Reaktion sollte der/die LehrerIn immer in der Lage sein, die Elemente zu erkennen und einzuführen, die nötig für eine wache und konzentrierte Stimmung und eine klare Anregung des Themas sind.

Bedeutet das, daß es kein festes Curriculum mehr gibt wie bei TIA, sondern das Ganze eher prozeßorientiert abläuft?

Ja, es gibt zwar bestimmte Themen, die in dem Kurs vorkommen sollen; einE DozentIn muß aber ständig neu herausfinden, was nötig ist, damit die TänzerInnen technisch und inhaltlich mit dem Thema zurechtkommen. Es gibt Vorbereitungen, die für ein Thema günstig sind, weil sie die Phantasie in eine bestimmte Richtung lenken, oder auf der tänzerischen Ebene entsprechendes Material produziert wird.

Das ist auch in den Unterrichtsanregungen beschrieben. Ein Curriculum wie bei TIA oder KÖSYBE kann es aber aus den besprochenen Gründen nicht geben.

Aus dem eigentlichen Gestaltungsprozeß hält sich der/die LehrerIn mehr oder weniger heraus?

Die LehrerInnen sind hier nicht die ChoreographInnen, ProduzentInnen oder Regisseure. Der kreative Prozeß, das Stück, wird von den TänzerInnen gemacht. Das Thema dieses Kurses ist ja gerade, Zugänge zu Gestaltungen zu finden, der Phantasie Wege zu eröffnen, Handwerkszeug für die Umsetzung der Kreativität zu entwickeln und die Aufmerksamkeit für das Verhältnis von Form und Inhalt zu schulen. Die Vorbereitungen (Warm up, thematische Einstimmung, Präsenzübungen, etc., die der/die LehrerIn durchführen muß) sind ja sowieso ziemlich umfangreich. Es ist wahnsinnig interessant und vielfältig, was entsteht, wenn man als LehrerIn eine ausführliche und gute Vorbereitung macht und dann wirklich ausschließlich die TänzerInnen zum Zuge kommen läßt, also das fördert und hervorlockt, was in ihnen steckt.

Ist der/die LehrerIn dann beim letzten Teil, der Gestaltung und Performance überflüssig?

Überflüssig nun auch wieder nicht; er/sie soll nur Raum geben und nicht vermitteln, daß er/sie bestimmte ästhetische oder inhaltliche Vorgaben im Hinterkopf hat, auf die die TänzerInnen hinarbeiten müßten.

Ansonsten gibt es auch bei der Gestaltung der Stücke meist mehrere Arbeitsschritte, die begleitet werden wollen. Außerdem stocken die Gestaltungsprozesse immer mal wieder, was neue Anregungen oder Übungen erforderlich macht. Der/Die LehrerIn muß also in engem Kontakt mit dem Gestaltungsprozeß der TänzerInnen bleiben. Er/sie soll sich eben nur nichtdirektiv verhalten.

Aber es muß doch irgend eine Form von Bewertung des Stückes geben?!

Es gibt nach den Performances eine ausführliche Diskussion zwischen Akteuren und Publikum, und der/die LehrerIn ist sogar besonders verpflichtet, ein detailliertes Feedback zu geben. Das soll aber nicht bewertend im Sinne des Stils oder anderer Kategorien, die die Art und Weise der Gestaltung betreffen, sein. Es soll den tänzerisch/darstellerisch/handwerklichen Aspekt kommentieren und die eingesetzten Stilmittel möglichst ausführlich reflektieren. Diese werden manchmal erst dadurch allen Akteuren bewußt.

Natürlich ist in diesem LehrerInnen-Feedback auch eine Bewertung enthalten. Ohne eine Rückmeldung über die Prägnanz des Aufbaus und der Gestaltung, der darstellerischen Klarheit, der Authentizität der TänzerInnen und der Originalität der Stilmittel würden sich die Akteure zu Recht darüber beklagen, allein gelassen zu werden.

Trotzdem sollte die Bewertung sachlich sein und jede erkennbare Eigenart in der Wahl von Themen und Stilmitteln akzeptieren. Die Rückmeldung sollte also wenig bewertend und möglichst konkret und informativ sein.

Oft macht man ja auch ein „ad hoc"-Stück, gibt die oben ausgeführte Kritik und studiert dann, was die TänzerInnen daraus für Schlüsse gezogen, wie sie ihr Stück weiterentwickelt haben. Der Aspekt der Rückmeldung ist also durchaus konkret und handfest.

Mit Nicht-Bewertung oder vielleicht besser non-direktivem Feedback ist lediglich gemeint, daß, um es etwas platt zu sagen, einE LehrerIn nicht in die Richtung Butoh, Deutsches Tanztheater, grotesk, abstrakt, naturalistisch, dramatisierend, leicht oder ähnliches beeinflussen sollte.

Sind eigentlich TIA und KÖSYBE notwendig als Voraussetzungen für eine sinnvolle Arbeit mit diesem Ansatz?

Zwingend notwendig sind sie nicht. Ohne diese beiden Fächer als Hintergrund und Arbeitsmittel muß man nur wesentlich mehr Vorbereitungen im eigentlichen EXTATHE-Programm selbst leisten, und einige Stunden-Designs sind auch gar nicht möglich. Ist eine Gruppe dazu noch relativ ungeübt im Umgang mit Gestaltung und Tanz allgemein, würde ich dieses Konzept auch nicht für sinnvoll halten. Die ganze Gruppenverständigung bei der Gestaltungsphase hat mit einer gewissen Geläufigkeit mit tänzerischen Bewegungen zu tun, benutzt die Bedeutungsschulung aus der Körpersymbolik und die Gestaltungsbegriffe und Techniken aus der Tanzimprovisation.

Wie sieht es aus, wenn ein Gruppe nach diesem Training in EXTATHE ein Stück aufführungsreif machen will? Gibt es da noch einmal einen großen Sprung?

Ich glaube, ja. Will man ein richtiges, längeres Stück machen, müssen sowohl die tänzerisch-schauspielerisch-technischen Mittel in einem ganz anderen Maß perfektioniert werden als auch der Aufbau – die Gestaltung – viel ausführlicher durchdacht und immer wieder geprobt und verändert werden müßte. Wenn dieser Kurs dafür auch eine sehr günstige Voraussetzung schafft, so ist die Bühne aber trotzdem nicht das erste Ziel. Vielmehr geht es wirklich um Alltagskunst, um das normale und bei uns leider häufig verschüttete Bedürfnis, sich tänzerisch, mimisch und gestisch auszudrücken, seinen Visionen, Gefühlen, Wünschen und Träumen Gestalt zu geben, zu dramatisieren, persiflieren, sich selbst in Szene zu setzen und anderen vorzuspielen.

Also zielt das Ganze vorwiegend auf Alltagskunst?

Ja, obwohl ich keinen unauflösbaren Gegensatz zwischen richtig ausgearbeiteten Stücken (der Bühne) und den „ad-hoc"-Stücken konstruieren möchte. Das kann (im Falle von Performances) recht fließend ineinander übergehen, und auch sonst gibt es eine Menge Überführungsmöglichkeiten des einen in das andere. Bloß muß man nicht immer auf das Endergebnis „Stück" schielen, um Tanztheater zu machen. Längere, endgültigere und auf Wiederholung und allgemeine Vorführung angelegte Stücke können sich meiner Ansicht nach ganz natürlich aus der Erfahrung mit der Gestaltung und Vorführung vieler kleiner Stücke entwickeln.

Was sind die Übertragungen vom Tanztheater auf den persönlichen und sozialen Bereich?

Dieser Ansatz von Tanztheater hat mit Selbstverwirklichung, mit Partizipation zu tun. Das hier vorgestellte Konzept gibt allen TänzerInnen die Chance, selbst zu gestalten, den Prozeß mitzubestimmen, sich auszudrücken. Sie sind nicht nur Ausführende des/r ChoreographIn.

Das heißt aber nicht: Alles ist Kunst und jedeR kann alles! Wie in der ausführlichen Diskussion über den Stellenwert des Feedbacks gesagt, steht eine ästhetische Bildung durch viel Übung und detaillierte Rückmeldung im Mittelpunkt der Arbeit, weil gerade nicht jeder Mensch den Zugang zu seiner Kreativität hat und über die Mittel verfügt, seinen Phantasien Ausdruck zu verleihen.

Ich glaube aber, daß die Wege, auf denen Menschen die eigene Kreativität und Expressivität in einem Medium wie Tanztheater entwickeln können, durchaus vermittelbar und erlernbar sind, so daß jedeR (bei entsprechender Ausbildung) KünstlerIn sein kann, Kunst also nicht notwendigerweise exklusiv und elitär sein muß. Sie kann meiner Überzeugung nach ein fundamentales demokratisches Element haben, wenn man dafür und daran arbeitet.

Das, glaube ich, hat viel mit dem Alltagsleben zu tun. In den meisten demokratischen Gesellschaften können wir zum einen plebiszitäre Tendenzen in der politischen Diskussion beobachten; scheinbar ohne Verständigungsmöglichkeit, einigt man sich zum anderen über strittige Fragen des Zusammenlebens und der Gestaltung der Gesellschaft auf dem niedrigen Niveau des kleinsten gemeinsamen Nenners. Diese (Nicht)-Diskussion wiederum dient als Rechtfertigung für den Ruf nach neuen Eliten. Meiner Ansicht nach sind aber die Chancen der Partizipation durch öffentliche Bildung (und damit meine ich besonders die ästhetische Bildung) nicht ernsthaft auszuschöpfen versucht worden.

So bin ich der Überzeugung, daß durch ein kunstvolleres Umgehen mit dem Leben und seinen Äußerungsformen mehr Selbstverwirklichung und Gerechtigkeit im kleinen wie im großen möglich wären.

Aber abgesehen von den Übertragungsmöglichkeiten auf das allgemeine Leben hängt das Kreative, das Schöpferische, um das es hier geht, ganz eng mit dem Geheimnis des Mensch-Seins überhaupt zusammen und hat damit einen Wert an sich. Wir spulen eben nicht nur in uns angelegte Programme ab, sondern formen die Welt selbst und begreifen uns darin.

Es ist immer wieder ein Wunder und eine große Freude, zu gestalten oder Gestaltung bei anderen mitzuerleben, und ich halte dieses Element des Selber-Schaffens und Formens gerade im künstlerischen Bereich für eines der wichtigsten Grundbedürfnisse des Menschen überhaupt.

Neben dieser tiefen Befriedigung über die eigene Gestaltung gibt es den Spaß des Ausdrucks, des Spielens, das Kribbeln, etwas auszuprobieren und anderen etwas vorzuspielen. Ich glaube, daß alle Menschen dieses Bedürfnis in sich spüren zu dramatisieren, sich mit künstlerischen Mitteln anderen mitzuteilen, sich auf die eine oder andere Art zu inszenieren.

Die Aufregung des Schöpferischen verbindet sich in diesem Falle mit dem Lampenfieber, das Geschaffene zu präsentieren, und diese „Alltagskunst" ist zutiefst menschlich, heilsam und wichtig.

Was läßt sich direkt übertragen, gibt es direktere Lerneffekte?

– Es gibt einmal einen enormen Übungseffekt in der Selbstdarstellung analog einem Selbstsicherheitstraining. Nur daß das Performancetraining mit mehr Witz und Charme, eben mit der künstlerischen Komponente, arbeitet. Den Akteuren wird auch nichts übergestülpt. Sie lernen eher, ihre Eigenart anders und gekonnter zu inszenieren und auch in Situationen, die ihnen sonst peinlich wären (wie bei dem Einsatz extremerer Stilmittel), cool zu bleiben und ihren Part gut und mit Spaß zu spielen.

- Das hat auch mit Rollendistanz zu tun. Rollendistanz bedeutet hier, sich nicht in der direkten sozialen Aktion zu verlieren, sondern in Kontakt zu bleiben mit seinen tieferen Gefühlen, mit einer inneren Stimme, die einem in der Situation schon einiges von dem sagen kann, was einem sonst erst nachher einfällt.
- Was einfach auch direkt übertragbar und wichtig ist, ist die Erfahrung der eigenen Kreativität. Wie schon bei der Tanzimprovisation ensteht auch hier ein Effekt der Reintegration der eigenen genuinen Gestaltungsfreude und -kraft, die oft von der Übermacht entfremdeter Lebensbedingungen überlagert ist.
- Schließlich findet hier eine wichtige geschmackliche Bildung statt, die durchaus von direkter Bedeutung ist. Unser Alltag ist ja immer weniger durch soziale Kontakte bestimmt, die uns (mit den Vorteilen der Sicherheit und den Nachteilen der Kontrolle) führen und tragen. Gerade da wird eine Schulung der eigenen Intuition darin, was wie wirkt, ankommt, empfunden wird, was wir wie rüberbringen und ausdrücken können, wichtig für die persönliche und soziale Selbstverwirklichung. Wer nicht in einer bestimmten Szene seine Sicherheit finden kann oder will, muß lernen, wie er/sie sich ausdrückt, um unterschiedliche Menschen erreichen zu können.

Durch die Individualisierung und den Druck, in einer anonymen Gesellschaft die richtigen Freunde, eineN PartnerIn, den angemessenen beruflichen Weg etc. zu finden, gibt es eine – nennen wir es „Professionalisierung" – von etwas eigentlich ganz Privatem und für einen Menschen Typischem: der Art, sich zu geben, sich auszudrücken, sich zu verhalten. Um sich durchsetzen zu können, einen guten Eindruck zu machen, sicher zu sein, das rüberzubringen, was man wirklich sagen will, vor allem aber, um attraktiv zu wirken, unterziehen sich Menschen allen möglichen Arten von Schulungen. Das reicht von Psychotherapien bis zu Rhetorikseminaren, vom NLP bis zum Flirt-Kurs. All das ist bereichernd und interessant. Unter dem Aspekt authentischer Kommunikation muß aber vieles als übergestülpt bezeichnet werden.

Ein Konzept wie Extathe nun ist auf diesem Gebiet sehr praktisch. Es läßt den Menschen ihre Probleme und ihre Eigenarten. Sie lernen aber, Freude daran zu haben, sich mit ihren Eigenarten zu inszenieren, das heißt, sich ihrer selbst bewußter zu werden, die Angst vor der Peinlichkeit zu verlieren und dafür Selbstironie und ein „Savoir-faire", eine Art kommunikativer und sozialer Gebrauchsanleitung für sich selbst zu entwickeln. Sie kommen auf den Geschmack, wie es ist, den Reiz des Spannenden in der Lösung schwieriger Situation zu genießen und spielerisch mit Dingen umzugehen, die sie vorher vielleicht verbissen angegangen wären.

Das kann helfen, sich mit seinen Eigenarten im Alltag etwas origineller, witziger und charmanter darzustellen.

Umgekehrt muß in einer Gesellschaft, in der der Alltag so sehr durch Sprachregelungen und soziale Strategien bestimmt ist, auch das eigene Urteil darüber, was neben der gewollten Message gesagt wird, geschult werden.

In einer solchen Welt, in der einerseits verschiedene Gruppen wie sprachlos nebeneinanderstehen und in der Kommunikationswissen vielleicht die entscheidende Komponente des Herrschaftswissens darstellt, stellt die Souveränität im Umgang mit Ausdruck und Gestaltung einen nicht zu unterschätzenden Beitrag dar, mündig und Mitspieler, nicht Objekt zu sein.

Welche Rolle spielt bei EXTATHE die Gruppe?

Bei EXTATHE ist, mehr als bei TIA oder KÖSYBE, die Gruppe wichtig. Schon das Choreographietraining stellt die TänzerInnen vor die Herausforderung, sich gegenseitig zu supervisieren, sich untereinander möglichst konkret und zielgerichtet beeinflussen zu lernen und eine Klarheit der Kommunikation über ihre Realisierung der Bewegungsdimensionen zu erzielen.

Auch viele Gestaltungen werden zusammen gemacht. Der/Die Einzelne ist mehr mit den anderen konfrontiert und lernt durch den Austausch über die Gestaltungen, Vorlieben und Eigenarten die anderen ganz gut kennen. Dafür ist es natürlich günstig, wenn eine Gruppe sich schon kennt und das KÖSYBE/TIA-Training zusammen durchlaufen oder bereits anderwärtig zusammengearbeitet hat. Im EXTATHE-Kurs können die TänzerInnen lernen, sich mit ihren persönlichen Vorstellungen in eine Gruppe, ein Paar oder ein Trio einzubringen. In vielen Designs haben alle die Möglichkeit, einen eigenen Part zu gestalten, der dann von den anderen in einem zweiten Gang reflektiert wird. Es gibt also genug Gelegenheit dafür, eine Balance zu finden zwischen dem Durchsetzen der eigenen Ideen und dem Mitwirken an etwas, das andere stärker formen.

Die TänzerInnen demonstrieren gewöhnlich eine intuitive Sicherheit, diese Prozesse gegenseitiger Beeinflussung in einer Art Fließgleichgewicht zu halten.

Es gibt dabei also nicht viele Konflikte?

Eigenartigerweise hat es in den EXTATHE-Kursen kaum je gruppendynamische Konflikte gegeben. Man sollte eigentlich denken, daß es Kämpfe gäbe, wer seine/ihre Ideen durchbringt, etc.; gibt es aber nicht.

Die TänzerInnen scheinen in der Lage zu sein, eine gute Balance zu halten.

Ist das Konzept starr oder variabel?

Auf eine Art ist es starr, auf eine Art variabel: Starr ist es insofern, als man hier bestimmte Standards voraussetzen könnte, ohne die die Realisierung des Konzepts zumindestens stark verändert werden müßte. Eigentlich ist es aber außerordentlich variabel. Die Themenauswahl ist praktisch unbegrenzt. Wichtig ist ja nur,

- daß es Übungen gibt, die die Präsenz stärken, die Originalität fördern und zu authentischerem Verhalten ermutigen;
- daß es einen indirekten, witzigen „Einstieg mit Trick" in das Thema gibt
- und dann natürlich vor allem der Feedback-Prozeß.

Man kann auf diese Weise mit kleinen Änderungen von so gut wie jeder TIA- oder KÖSYBE-Stunde ein EXTATHE-Thema starten.

Entsprechend bedarf es wohl etwas mehr Mut und Anfangsgeschick, EXTATHE-Stunden in speziellen Gruppen durchzuführen. Es wird aber, wenn mit der nötigen Sachkenntnis inszeniert, immer möglich sein, das Konzept auf spezielle Zielgruppen abzustimmen.

Entscheidend bei solchen Abwandlungen ist die Freude des/r DozentenIn an kreativen Prozessen, ein gutes Gefühl für die Besonderheit der jeweiligen Gruppe, fachliche Kompetenz für die Tanztheater-Übungen, die er/sie durchführen will und echtes Interesse an den Gestaltungen der TeilnehmerInnen. Kommt ein Talent zu nicht-bewertend und non-direktiven, aber dafür um so konkreteren und detaillierteren Rückmeldungen hinzu, gibt das den Stunden etwas Besonderes, ein Gefühl von Gemeinsamkeit in einem kreativen Prozeß, das die TeilnehmerInnen in ihrer persönlichen und künstlerischen Entwicklung wirklich weiterbringt.

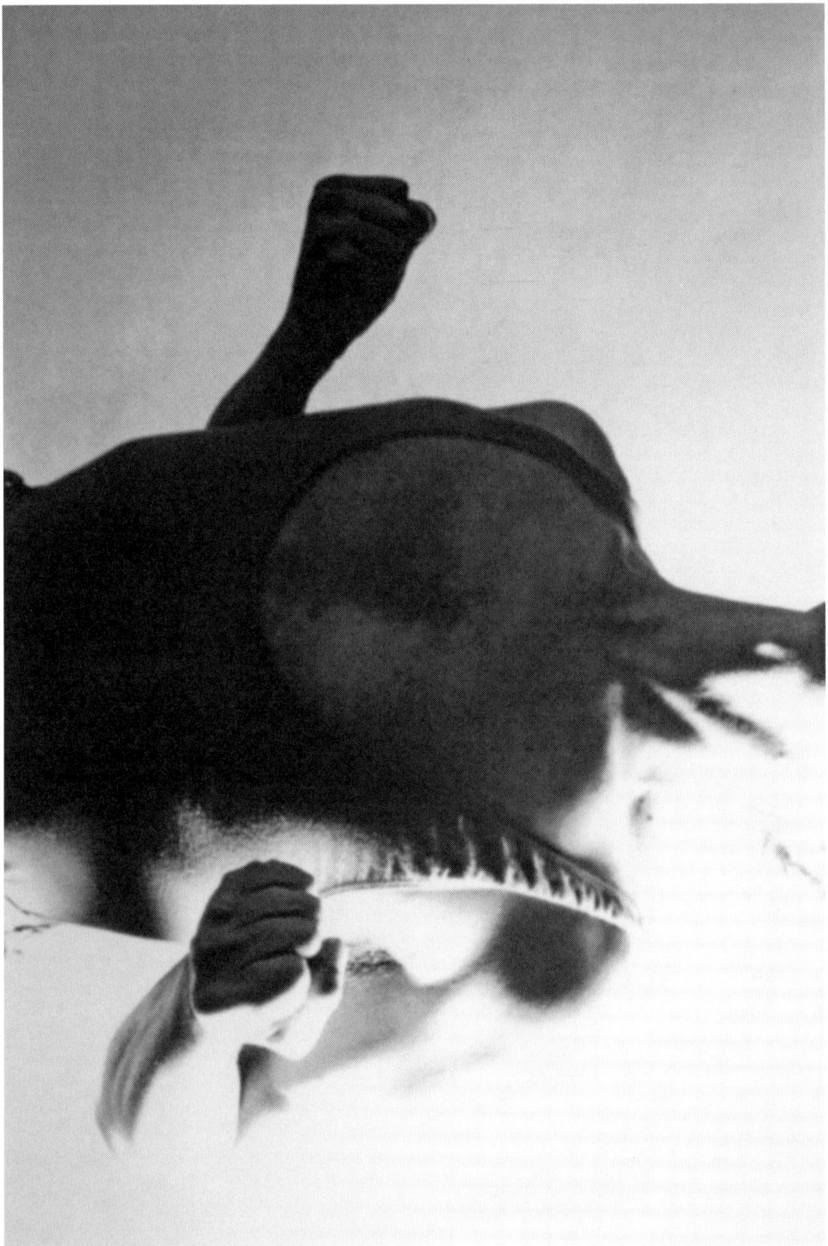

6 Curriculum für „Experimentelles Tanztheater“ (EXTATHE)

Vorgehensweise und Arbeitsmittel:

WARM UP:

Zum Warm up ist in dieser Form nicht viel zu sagen. Als Tanztraining muß es praktisch geübt werden. Anders als in den TIA-Stunden bleibt das Warm up hier immer das gleiche. Es bereitet nicht mehr speziell auf bestimmte Themen vor, sondern soll Klarheit und Koordination der Bewegung trainieren, das Herz/Kreislauf-System in Schwung bringen, Durchblutung, Kraft und Dehnbarkeit der Muskeln steigern und die TänzerInnen allgemein auf Tanz vorbereiten.

Interessant anzumerken ist noch, daß sich das Training wie vergleichbare andere auch vom Anfang bis zum Ende in seiner Intensität und Anforderung steigert, außerdem aber so aufgebaut ist, daß man an drei verschiedenen Stellen aufhören könnte.

Für eine Weiterbildung ist ein solcher Aufbau günstig, da die TänzerInnen später mit körperlich sehr unterschiedlich belastbaren Menschen arbeiten werden. Die drei Zyklen sind daher so aufgebaut, daß Kraft, Dehnung und Koordination schon im ersten Durchgang gefordert werden aber eben auf einem Niveau, auf dem viele Menschen arbeiten können. Die Anforderungen steigern sich dann relativ gleichmäßig in den beiden weiteren Durchgängen.

BEWEGUNGSQUALITÄTS- UND CHOREOGRAPHIETRAINING:

Das Choreographietraining ist zugleich der

1 **Abschluß von TIA** und
2 ein wichtiges Mittel, **ohne festeN Choreographe(i)n** an Gestaltungen zu arbeiten, die
3 nicht genau festgelegt werden, sondern den Charakter von **Improvisationschoreographien** haben.

Ad 1 (Abschluß von TIA):

Die TänzerInnen werden zu einer neutralen Musik durch das gesamte Spektrum der Dimensionen von TIA und der Verbindungen dieser Ebenen untereinander geführt, mit denen in der Tanzimprovisation gearbeitet wird. Dafür ist es von großer Bedeutung, daß der/die LehrerIn sehr klare Anweisungen gibt und über die Bewegungsebene, die er/sie gerade anspricht, genau Bescheid weiß.

Das Training wird meist so aussehen, daß man von einer Dimension wie z.B. Raum oder Fluß ausgehend Verbindungen zu anderen Ebenen wie Dynamik oder Form aufnimmt, dann auch den Schwerpunkt, die Ausgangsbasis wechselt, zu Dynamik oder Form übergeht, usw.

Kurz skizziert könnte man etwa wie folgt vorgehen:

„– Komme von innen her in Fluß,
– laß die Flußbewegungen im Rumpf größer werden,
– laß sich die Bewegungen vom Rumpf aus in die Gliedmaßen entwickeln,
– wechsle den Bewegungsschwerpunkt zwischen Rumpf und Gliedmaßen,
– achte darauf, daß der Rhythmus von Ein- und Ausatmen mit dem Bewegungsfluß harmoniert,
– setze den Bewegungsfluß in Drehungen und spiralige Bewegungen um,
– wechsle die Ebenen, beziehe auch den Boden mit ein,
– achte darauf, daß sich die Übergänge zwischen Boden und Stand organisch aus dem Bewegungsfluß entwickeln
– halte bitte zwischendurch in Deinem Bewegungsfluß kurz inne, komme von da wieder in Fluß, halte wieder an einem Punkt inne usw.,
– versuche, so zu tanzen, daß <<Innehalten-Fließen-Innehalten>> als Bewegungsphrasierung eine sinnvolle Gestalt ergibt,
– betone jetzt bitte beim Innehalten das Formelement etwas mehr,
– verschiebe bitte die Aufmerksamkeit vom Bewegungsfluß auf die klare Gestaltung der Formen,
– versuche, die Formen zwischen groß-klein, geschlossen-geöffnet usw. zu wechseln,
– versuche, einen Spannungsbogen aufzubauen, indem Du die Körperspannung vom Beginn einer Form bis zu ihrem Ende steigerst, so daß die Auflösung der Form explosiv ist,
– steigere das Tempo der Folge:
  *Form mit Spannungsaufbau,
  *impulsive Lösung,
  *fließende Weiterführung des Bewegungsimpulses,
  *<<auslaufen>> und <<einfrieren zu einer neuen Form>>,
– laß die Impulse so deutlich werden, daß sich mit den Impulsen die Raumrichtung Deiner Bewegung ändert,
– bleibe jetzt mehr auf dem Platz und laß die Impulse so schnell hauptsächlich vom Rumpf ausgehen, daß Form und Fluß unwichtig werden,
– spiele auch mit den Möglichkeiten des ungebundenen Impulses und der Stakkato-Bewegungen,
– steigere die Heftigkeit der ungebundenen Impulse so sehr, daß Deine Zentrierung aufgelöst wird und Du zwischen <<Fallen>> und <<Dich-Selbst-Auffangen>> wechselst, bringe mehr und klarere Spannungsbögen in Dein

Fallen, so daß Du Deinem Gewicht nachgibst bis zu einem bestimmten Punkt, von dem aus Du mit einem Impuls wieder hochkommst,

- lasse jetzt bitte schwingend/fließende Bewegungen vom <<Stand>> über das <<Dem-Gewicht-Nachgeben>> zum <<Stand>> zu, achte mehr auf die anderen und bereite Dich darauf vor, Dein Gewicht nicht allein tragen zu müssen, sondern es abgeben zu können und auch anderen eine Stütze zu sein,
- versucht bitte, eine allgemeine Aufmerksamkeit füreinander herzustellen und mit Gewicht allein und mit der Lehnung zu tanzen,
- nimm jetzt bitte den Raum in Deine Wahrnehmung und gehe aus dem Kontakt zwischendurch ganz heraus in den Raum, tanze Deine eigenen Formen, und komme wieder zurück in den Kontakt,
- verlaßt alle das Thema <<Gewicht>> und konzentriert Euch auf das <<Gehen im Raum>>,
- gehe auf geraden Linien, entscheide bewußt, wann Du wohin drehen willst, und gehe weiter! Achte darauf, wie Du die anderen wahrnimmst,
- wechsle zu einer indirekten Raumorientierung, gehe Schlängellinien und Kurven. Achte darauf, wie Du jetzt die anderen wahrnimmst,
- bleibe beim Gehen, verlangsame dabei das Tempo, bleibe aber mit der Aufmerksamkeit im Raum,
- nimm Armbewegungen mit dazu, bleibe aber beim langsamen Gehen,
- tanze in sehr langsamem Tempo,
- bleibe in dem langsamen Grundtempo, beschleunige aber zwischendurch, wechsle die Dynamik Deiner Bewegungen,
- gehe jetzt sehr schnell, achte auf die Bahnen und Linien; ist es für Dich selbstverständlich, Deinen Weg zwischen den anderen zu finden, oder hast Du damit Probleme,
- ändere den Schwerpunkt Deiner Aktivität jetzt vom <<Gehen>> auf das <<Tanzen>>, bleibe aber schnell, achte auf die Tendenzen zur Rhythmisierung,
- löse jetzt die zentrale Kontrolle der Bewegung mehr und mehr auf zugunsten der Eigenrhythmik der Bewegung in den Gliedmaßen,
- entwickle für Dich einen Wechsel von <<organischen Verbindungen von Formen und Schwüngen der Bewegung>> zu <<überraschenden Impulsen von den Gliedmaßen oder aus dem Rumpf in einen anderen Rhythmus oder ein anderes Tempo>> und zurück,
- achte jetzt bitte bewußt auf Deinen Bewegungsansatz und beginne, ohne Polyrhythmik den Bewegungsansatz systematisch zu wechseln,
- verbinde diese Wechsel im Ansatz mit Fluß, Impuls und Form zu Phrasierungen,
- versuche, Dich mit diesen Phrasierungen durch den Raum zu bewegen, also Deine Raumwege mit Form, Fluß und Impuls zu gestalten,

- beginne, mit der Dynamik zu spielen, löse die Form einmal mit viel Energie auf, tanze mit Gewicht weiter und zentriere Dich mit hoher Spannung in die nächste Form, tanze dann ganz leicht, spiele mit dem Tempo,usw..“

Diese Darstellung ist ein grobes Gerüst. Je nach der Reaktion der Gruppe müssen die Anweisungen verdeutlicht, ergänzt oder abgeändert werden. Außerdem gibt es mehrere gleichwertige andere Möglichkeiten, von einem in ein anderes Thema zu wechseln oder den Aufbau ganz anders zu beginnen, etwa mit Raum.

Das oben vorgestellte „Bewegungsqualitätstraining“ schließt den ganzen Kanon spezifischer Tanzimprovisationstechniken ab. Am Ende von „TIA“ sollte eine Gruppe in der Lage sein, Anweisungen der Art, wie sie oben dargestellt wurden, zu verstehen und deutlich sichtbar umzusetzen. Dabei gestaltet jedeR TänzerIn die angesagte Qualität anders, je nach seinem/ihrem persönlichem Tanzstil und Temperament. Trotzdem sind die gerade in den Mittelpunkt gerückten Änderungen in den Schwerpunkten der Improvisationstechnik bei jedemR TänzerIn deutlich zu erkennen.

Das Bewegungsqualitätstraining zeigt somit, wie selbstverständlich der Gruppe die Dimensionen der Improvisationstechnik durch das „TIA“-Training geworden sind.

Dieses Bewegungsqualitätstraining ist aber zugleich die Basis des folgenden Choreographietrainings.

Ad 2 (Arbeit an Gestaltungen ohne festeN ChoreographIn):
Wollen freie Gruppen ein Stück machen, stellt sich meistens das Problem der Choreographie. Gibt es keineN festeN ChoreographIn, klafft eine Lücke zwischen der Verständigungsmöglichkeit über konkrete Bewegungsdetails und der großen Gestaltungsidee.

Meist sind die TänzerInnen in der Lage, sich gegenseitig konkrete Bewegungsideen beizubringen und auch über die Grundideen für ein Stück zu diskutieren. Gewöhnlich fehlen aber die Mittel, den Charakter dieser konkreten Bewegungen zu verändern, um eine bessere Gestalt zu finden, sie zu pointieren, mit ihnen zu experimentieren und einen speziellen Dreh zu finden oder ihren Witz zu vestärken. Vor allem aber fehlen Zeit und Kompetenz, die Ideen in dem großen Feld jenseits konkreter Einzelideen weiter umzusetzen, da man keine detaillierte Festschreibung für alle (traditionelle Choreographie) leisten kann und will. Dieses Problem hat das professionelle Tanztheater nicht:
Professionelle ChoreographInnen zeichnen sich gewöhnlich durch eine klare und typische Bewegungshandschrift aus und sind in der Lage, ihren TänzerInnen sowohl konkrete Bewegungen als auch szenische Zusammenhänge

und die entsprechenden „Tönungen“ einer Bewegungssequenz sowie den großen Rahmen der Gestaltung zu vermitteln. Die TänzerInnen ihrerseits sind darauf trainiert, solche Anweisungen möglichst schnell zu begreifen und umzusetzen. TänzerInnen wie ChoreographInnen können dabei außerdem auf das gleiche oder ein ähnliches Bewegungsvokabular aus den professionellen Tanzausbildungen zurückgreifen, um sich zu verständigen. Zusätzlich gibt es meistens eine Choreographieassistenz, die dann Gestaltungsideen konkret einübt.

Freie, nicht-professionelle Gruppen stehen nun vor speziellen, typischen Problemen, die aus den Erfahrungen des herkömmlichen professionellen Tanzbetriebes nicht gelöst werden können.

Bei den freien Gruppen gibt es oft vom Bewegungsvokabular her keinen allen gemeinsamen Hintergrund. Das hat zuerst einmal den Nachteil mangelnder Verständigungsmöglichkeit und in der Folge den Nachteil einer geringerer Prägnanz und Klarheit der Gestaltung. Arbeitet man aber angemessen und systematisch an einer Verständigungsmöglichkeit, kann aus diesen Nachteilen eine Stärke entstehen. Freie Gruppen können dann eine große Authentizität und Originalität entwickeln.

Im Falle der hier vorgestellten Arbeit geht es außerdem gar nicht in erster Linie um die Produktion eines Stückes, sondern mehr um die Erfahrung bei der Entwicklung eines Themas und bei der Performance. Es geht eben nicht nur um freie, sondern um freie und nicht-professionelle Gruppen. Diese haben tatsächlich nicht nur kein gemeinsames Bewegungsvokabular. Sie arbeiten meist auch ohne festeN ChoreographIn. Wenn es ihnen nun gelingt, ihr Kommunikationsproblem zu lösen und eine gemeinsame Sprache zu entwickeln, bietet die Arbeit ohne festeN ChoreographeIn aber noch zusätzliche andere Herausforderungen:
Die Entwicklung von Themen ohne eindeutige Rollenverteilung und ohne eine klare Hierarchie zwischen Choreographie und TänzerInnen hat oft Schwierigkeiten bei der Einordnung und dem Stellenwert von Ideen und daher (unabhängig von den Kommunikationsproblemen) bei der Gestaltungskraft und der Effektivität der Arbeit zur Folge. Gelingt es jedoch, einen Weg der Zusammenarbeit zu finden, gewinnt man durch die größere Beteiligung der TänzerInnen eine Pluralität der Ideen, eine enorme Vielgestaltigkeit und - als Wert an sich jenseits der Kunst - Ansätze von Demokratie in der künstlerischen Auseinandersetzung.

Für beides, die direkte Kommunikation über Bewegungen wie die Diskussion von Ideen, ist es notwendig, an einem Instrument zu arbeiten, das die Arbeit in einem solchen freien Rahmen ohne festeN ChoreographIn an Gestaltungen ermöglicht.

Die Kommunikationsmöglichkeit über konkrete Bewegungen ist die Voraussetzung dafür, sich über Ideen austauschen zu können.

Ein günstiges und angemessenes Kommunikationsmittel für freie Gruppen und das Mittel der Wahl im EXTATHE-Konzept stellen genaue Anweisungen der Improvisationstechniken, wie sie im Choreographietraining entwickelt und geübt werden, dar. Es baut direkt auf dem Bewegungsqualitätstraining auf und schafft eine nicht-hierarchische Verständigungsmöglichkeit zwischen den TänzerInnen. In dem Choreographietraining kann man also eine Verständigungsmöglichkeit, wie sie weiter oben gefordert wurde, üben. Im weiteren Verlauf der Arbeit mit Improvisationschoreographien an verschiedenen Stücken entwickelt sich dann ein produktiver Arbeitsstil, der es erlaubt, über Ideen verschiedener TänzerInnen ohne ChoreographIn zu diskutieren und Entscheidungen zu fällen.

Dabei wird in Dreiergruppen gearbeitet. EineR übernimmt den Choreographieteil, die anderen beiden setzen seine/ihre Anweisungen um. Das Training besteht darin, nach möglichst detaillierten Anweisungen seitens der Choreographie zu tanzen und so eine Verständigung zwischen TänzerInnen und Choreographie zu trainieren. Die Anweisungen bestehen aus möglichst differenziert angeleiteten Improvisationstechniken, nicht so sehr aus Stimmungen oder gar konkreten Bewegungen. Die Umsetzung dieser speziellen und detaillierten Anweisungen des/r ChoreographIn verlangt von den TänzerInnen gezielte und spezifische, aber kreative und individuelle Lösungen.

Der/Die ChoreographIn übt, seine/ihre Vorstellungen schneller und deutlicher zu entwickeln und zu formulieren, genauer zu beobachten, ob die Gestaltung seitens der TänzerInnen seinen/ihren Vorstellungen entspricht sowie gegebenenfalls zu intervenieren.

Die TänzerInnen üben, eine Paarimprovisation möglichst authentisch zu gestalten, darin jedoch die sehr spezifischen Anweisungen der Choreographie umzusetzen. Das setzt eine gewisse Selbstverständlichkeit im Umgang mit den Improvisationstechniken und Bewegungsqualitäten aus dem „TIA"-Training voraus.

Dabei werden Musiken benutzt mit Stücken von Komponisten wie Schönberg, Messaien, Weiss, Brouwer, Scelsi, Pendericki, Cage und Monk, die (außer für sehr wenige Insider) die Hörgewohnheiten sprengen. Das macht es möglich, von ChoreographIn und TänzerInnen zu verlangen, „unabhängig" von der Musik frei zu gestalten. All das ist ungewohnt und sehr beanspruchend. Bei der Tanzimprovisationstechnik sind die Musiken ja immer gezielt so eingesetzt worden, daß sie der Bewegungsqualität möglichst entsprachen und die Improvisation optimal unterstützten. Das hat wenig mit der Freiheit der Gestaltung zu tun, um die es beim Tanztheater geht. Ein wichtiges Lernziel für die TänzerInnen besteht daher jetzt darin zu lernen, frei zu gestalten, ohne die Musiken zwangsweise als Vorlage zu benutzen.

Choreographie und TänzerInnen sollen aber natürlich auch nicht ignorant an der Musik vorbei tanzen. Vielmehr sollen sie – die Eigenart der Musik voll wahrnehmend - mit ihr als Hintergrund den Tanz frei gestalten. Sie können dabei alle Schrägheiten und Widersprüche zwischen Musik und Tanz zulassen, müssen sich aber dessen, was sie tun, bewußt sein.

Im Endeffekt geht es ja um eine freie Entfaltung der Kreativität mit Musik als Mittel, nicht um einen Ausdruckstanz, der die Musik interpretiert.
Für dieses Training bedeutet das: Überwinden Choreographie und TänzerInnen ihre Befremdung, arbeiten sie sich durch die Verunsicherung hindurch, dann entwickeln sie eine Möglichkeit, sich über die Beziehung zwischen der Anweisung durch das gesprochene Wort und der tänzerischen Umsetzung ins Einvernehmen zu setzen. Damit verfügen sie über ein effektives Kommunikationsinstrument, welches ermöglicht, mit dem Charakter einzelner Bewegungssequenzen zu experimentieren, aber auch über größere improvisierte Sequenzen zu diskutieren und ihren Ort im Rahmen einer „Improvisationschoreographie“ festzulegen.

Ad 3 (Improvisationschoreographie):
Damit eröffnen sie sich einen Weg, gemeinsam Improvisationschoreographien zu entwickeln.

Professionelle Gruppen mit fester Rollenverteilung zwischen Choreographie und TänzerInnen arbeiten meist auf eine detailliert festgelegte Choreographie hin, die in genau der gleichen Form relativ oft vor zahlendem Publikum wiederholt werden soll.

Freie Gruppen fahren, besonders wenn sie nicht in einem professionellen Kontext immer auf die jeweils nächste Premiere hinarbeiten, gut mit Improvisationschoreographien. Darin können in unterschiedlichem Ausmaß Szenen, Kombinationen oder bestimmte Abfolgen und Wechsel genau festgelegt sein. Entscheidend ist aber, daß um diese Inseln fester Absprache herum Improvisationstechniken verwandt werden. Dadurch werden die TänzerInnen nicht mit einer zu monströsen Planungs- und Festlegungsarbeit überfordert. JedeR kann eigene Teile leicht gestalten; man benötigt nicht in einem solchen Maße eine zentrale Entscheidungsinstanz wie bei einer komplett festgeschriebenen Choreographie. Die Stücke haben eine feste Grundstruktur, bleiben aber lebendig und vielseitig.

Sie sind freilich nicht in einem Rahmen kalkulierbar, wie es für die Bühne nötig wäre.

Sie stellen daher die optimale Lösung für den ganzen Bereich eines experimentellen Tanztheaters dar, das mehr an den Wegen und der eigenen Erfahrung als an einer klar intendierten Aussage auf professionellem Niveau, mehr an Alltagskunst füreinander als an Unterhaltung für ein zahlendes Publikum orientiert ist.

Zusätzlich zu dem Bewegungsqualitätstraining wird ein Stimmungs- und Ausdruckstraining benutzt. Die TänzerInnen tanzen direkt hintereinander zu zwölf Stücken mit extremem musikalischen Ausdruck von Gefühlen. Eine allen gemeinsame Erfahrung ist die Fähigkeit, sowohl stark in einen Ausdruck hineingehen als auch schnell die Stimmung mit dem nächsten Stück wechseln zu können.

Die Übung wird außerdem in zwei Gruppen durchgeführt. JedeR TänzerIn wird beobachtet und bekommt Rückmeldung. Jeweils nach drei Stücken in Folge werden die Rollen gewechselt. So entsteht die Möglichkeit, sich über die eigenen Erlebnisse beim Improvisieren und die Wirkung auf andere auszutauschen. Außerdem kann man die Erfahrungen beim Ausdruck sehr verschiedener Gefühle und Stimmungen reflektieren.

In einer neuen Phase wird eine Neuauflage des Choreographietrainings unter Einschluß von Stimmungs- und Gefühlshinweisen für die TänzerInnen unternommen. Dabei kann es interessante Wechselwirkungen, Ergänzungen oder Widersprüche zwischen den Anweisungen der Bewegungsqualitäten und den Stimmungen geben, die eine reichhaltige Erfahrung über die Möglichkeiten der Beeinflussung beim Tanzen beinhalten.
Das alles zusammen bildet den Grundstock für die Arbeit mit Improvisationschoreographien, der dann an den verschiedenen Stücken ausprobiert und differenziert wird.

PERFORMANCETRAINING

Unter dem Oberbegriff „Performancetraining“ subsummiere ich Übungen aus den Bereichen:

1 „Awareness“,
2 „Präsenz“ und das eigentliche
3 „Performance“-Element.

- „Awareness“ ist eine wichtige Voraussetzung dafür, präsent zu sein. „Awareness“ meint eine allgemeine Aufmerksamkeit für die Situation und für sich selbst.
- Geht diese Aufmerksamkeit nicht im Kontakt mit anderen verloren, kann im Gegenteil ein Mensch dieses Bewußtsein seiner selbst im Kontakt mit anderen halten und nach außen demonstrieren, ist er „präsent“.
- In Verbindung mit der Fähigkeit, zugleich eins mit dem Tanz, in seiner Rolle und in Kontakt mit dem Adressaten, dem Publikum, zu sein, sind „Awareness“ und „Präsenz“ Grundlagen der Tanztheater-“Performance“.

1 Günstig für die Verbesserung der **Aufmerksamkeit für sich und die Situation** (awareness) sind bestimmte Übungen (8–15, vor allem 15) aus „Dynamik des Raumes“ und aus „Raum und Form“ (alle Übungen, beson-

ders aber 12 und 13) aus „TIA“. Spezielle Awarenessübungen arbeiten mit lösenden Techniken, um die Fähigkeit zu einer permanenten Selbstregulation bei der anschließenden Tanzimprovisation zu steigern wie zum Beispiel:

A In einer Paarübung liegt eineR auf dem Boden. Der/Die andere löst erst grobe Verspannungen, indem er/sie unter relativ kräftigem Zug an Armen und Beinen (Griff jeweils oberhalb des Hand-, bzw. Fußgelenkes) aktive Vibrationen macht.

Die eigentliche Übung besteht darin, von verschiedenen Ansatzpunkten aus den Körper oder Teile des Körpers in Schwingungen zu versetzen. Im Unterschied zu den Vibrationen werden diese Schwingungen nicht unter Zug erzeugt und sind sanft. Sie können sich, je nach Ansatzpunkt, durch den ganzen Körper fortpflanzen oder lokal begrenzt bleiben.
Sie haben eine eminent lösende Wirkung auf alle beweglichen Verbindungen des Körpers. Vor allem lösen und befreien sie die Atembewegung.
Nach ca. einer Viertelstunde sollen die Behandelten allmählich mit geschlossenen Augen in den Stand kommen, mit ihrer Balance experimentieren und schließlich – mit geschlossenen Augen, der verstärkten Selbstwahrnehmung des Zusammenspiels aller Körperteile, der veränderten Balance und dem freieren Atem – tanzen.

B Die folgende Übung (SELBSTWAHRNEHMUNG UND KONTAKT) geht nicht so sehr von der Selbstwahrnehmung aus, sondern trainiert die Verbindung von Aufmerksamkeit-für-sich-Selbst mit einem Sich-der-anderen-Gewahr-Sein:
Alle gehen im Raum umher. Nach einiger Zeit wird die Aufmerksamkeit auf die Anatomie und das Abrollen der Füße gelenkt und im gleichen Atemzug darauf, wo sich einE bestimmteR TeilnehmerIn gerade im Raum befindet, dann auf die Bewegung in den Fußgelenken und auf den Weg der/s nächsten Teilnehmer(s)in, auf die Knie, auf die Arbeit der Hüftgelenke, auf die Beckenkonstruktion mit der Verteilung der Last auf die beiden Beine, die LWS, die BWS, Rippen-Brustbein-Schlüsselbein-Schulterblatt-Arme, HWS, Kopf, das Gehen und den Atem, das Gesicht, die Balance beim Lastwechsel und zwischendurch immer jeweils die Position eines/r TeilnehmersIn.

Ad B Es entsteht eine Aufmerksamkeit für den Mechanismus des Gehens, der gewöhnlich zwar in hohem Maße typisch für Individuen, jedoch unbewußt ist. Zusätzlich werden alle TeilnehmerInnen in die Aufmerksamkeit gerufen. Interessant ist der Wechsel der Aufmerksamkeit zwischen dem unwillkürlich Körperlichen der „Alltagsbewegung“ des Gehens und dem eher bewußten Gewahrsein anderer Menschen. Für die meisten Menschen ist es mehr oder weniger unmöglich, ihr Innen zu fühlen, wenn sie in Kontakt mit dem Außen sind. Bei Performances ist das aber gerade wichtig. In dieser Übung können die TänzerInnen mit der Balance zwischen der Innenwahrnehmung, der Aufmerksamkeit für den Raum und den anderen spielen. Das Ziel der Übung ist, durch permanenten Wechsel zwischen Empfindungsschulung und Aufmerksamkeit für die anderen eine gewisse Routine und Gelassenheit darin zu entwickeln, sich selbst und die eigene spontan reagierende Befindlichkeit in einem sozialen Interaktionsfeld wahrzunehmen.

2 Bei **Präsenz-Übungen** wird nicht die Aufmerksamkeit für innere Vorgänge angeregt, sondern es geht darum, mit einer bestimmten (nicht zu komplexen) Aufgabe in einer direkten und ungewöhnlich eindringlichen Kontaktsituation zu sein. Würde die Aufgabe zu komplex sein und in den Mittelpunkt rücken, ginge die Übung in den Performance-Bereich. Im Mittelpunkt steht eindeutig die Kontaktsituation, wie folgende Beispiele demonstrieren:

A Alle stehen auf einem Haufen, und je eine(r) geht einen Halbkreis vor der Gruppe. Wenn er/sie am Ende der Bahn wieder bei der Gruppe ankommt, klatschen alle.

Ad A Dieses GEHEN UNTER BEOBACHTUNG ist eine typische Präsenzübung. Die Aufgabe an sich ist nicht schwer. Im Gegenteil ist es so selbstverständlich, daß es normalerweise keine bewußte Aufmerksamkeit in Anspruch nimmt. Der Focus liegt eindeutig auf der sozialen Situation. Das Gehen wird dabei zu etwas sehr Persönlichem; vor einer Gruppe unter deren konzentrierter Beobachtung zu gehen, sollte nicht die Ignoranz der Beobachtung zum Ziel haben. Die TänzerInnen sollen lernen, ihre unwillkürliche Reaktion bewußt zu präsentieren.

Das Klatschen am Schluß unterstreicht noch einmal den Charakter dieser Präsenzübung als Brücke zu Performancetrainings.

B Die TänzerInnen gehen im Raum umher. Auf ein Klatschen hin stellen sich die zwei, die sich gerade am nächsten sind, auf doppelte Armlängendistanz gegenüber.

- Sie sollen sich dann gegenseitig jeweils einige Zeit auf die Füße, auf den Bauch und schließlich auf die Nase gucken. Dabei können sie lachen, weinen, ruhig bleiben oder alle anderen Reaktionen zulassen. Sie dürfen aber nicht reden, grimassieren oder sonstwie dem Gegenüber vermitteln, was sie tun. Es geht darum, die PURE PRÄSENZ auszuhalten und sich dabei zu beobachten.

  Die Übung wird beendet, indem beide TänzerInnen Rücken an Rücken stehen, die Berührung, ihren Atem und den des/r anderen spüren und so ein selbstverständliches Kontakterlebnis haben.

- Nachdem alle wieder einige Zeit im Raum gegangen sind, wird die Übung mit Konzentration auf Hände, Brust und Mund durchgeführt.
  Es ist wichtig, zwischendurch die Aufmerksamkeit auf den Atem zu lenken, den Bodenkontakt anzusprechen oder zu fragen, ob das Gesicht entspannt ist.
- Im dritten und letzten Durchgang wird der Blick erst auf die eigenen Füße und dann auf die Augen des Gegenübers gerichtet.

Ad B Diese Übung ist eine sehr starke Präsenzübung. Je nach Stimmung ist es schön, beim zweiten Durchgang leise eine Musik in der Art von Laurie Anderson einzublenden. Dadurch wird die Fähigkeit, sich auch in Situationen sozialer Konfrontation vom unwillkürlich Körperlichen tragen zu lassen, unterstützt.

C Einer hebt langsam die Hände, bringt sie plötzlich mit einem Klatschen zusammen, wobei die Energie in den Händen konzentriert wird, geht ZENTRIERT UND ENTSCHLOSSEN (mit Konzentration auf deren/dessen Mitte) auf die/den andere(n) zu (wobei die Hände zusammen in der Vorhalte bleiben), dreht direkt vor ihr/ihm mit einem Fingerschnipsen um und geht gelassen und konzentriert zurück.

Ad C Es ist möglich, zu sehen, ob jemand in der Lage ist, die Energie in sich aufzubauen, sie durch den Körper bis in die Hände kommen zu lassen (viele sind entweder allgemein schlaff oder halten in den Schultern fest) und sich damit so im Raum zu bewegen, daß eine deutliche Orientierung nach vorwärts da ist. Das plötzliche Umdrehen bedeutet dann eine dramatische Änderung in der räumlichen, energetischen und sozialen Orientierung, deren Nicht-Gelingen oft mit einem Sich-Festhalten am Gegenüber, einer Fixierung auf eine Raumrichtung oder mangelnder Zentrierung/Bodenkontakt zu tun haben.

Die Aufgaben dieser Übung sind auch nicht sehr kompliziert, setzen aber schon deutlich mehr Körperbewußtsein und Fähigkeit zur Zentrierung voraus als die Übungen A und B.

Die besondere Anforderung liegt darin, mit dieser starken Konzentration auf das Gegenüber nicht die unwillkürliche Regulation des Gehens und der Zentrierung aufzulösen. Die TänzerInnen müssen ganz bei sich, aber trotzdem sehr präsent im Kontakt und der Ausrichtung auf das Gegenüber sein.

3 Wie bei „Awareness“-Übungen müssen die TänzerInnen auch bei den **„Performance“-Übungen** ein hohes Maß an Aufmerksamkeit für innere Prozesse beweisen. Sie sollen in Kontakt mit ihrer inneren Führung sein. Nur sind die Aufgaben komplexer als beim Awareness-Training. Bei Performances geht es nicht mehr darum, eine Tanzimprovisation durch ein Sich-Gewahr-Sein eines unwillkürlichen inneren Vorgangs (wie zum Beispiel des

Atems) zu steuern. Die TänzerInnen stehen vor der Herausforderung, ein Stück, eine Rolle, eine Improvisationstechnik oder gar eine ganze Improvisationschoreographie zu spielen und zu tanzen und dabei in Kontakt mit dieser inneren Regulation zu stehen. Sie sollen auch bei komplexen Aufgaben nicht die Aufmerksamkeit für ihre innere Stimme verlieren.

Entsprechend höher sind auch die Anforderungen im Präsenz-Bereich. Ging es vorher darum, in einer Kontaktsituation mit besonderer Aufmerksamkeit, bzw. unter ungewöhnlicher Beobachtung „da" zu sein, müssen die TänzerInnen jetzt bei der Vorführung einer vielfältigen Aufgabe präsent sein. Die Herausforderung besteht darin, einen mehr oder weniger anspruchsvollen Performancepart, der Aufmerksamkeit für die inneren Prozesse erfordert, so zu spielen und zu tanzen, daß sich das Publikum gemeint fühlt, daß der Focus bewußt und klar ist und die Darstellung beseelt wirkt.

Dafür gibt es drei Sorten von Übungen:

A Übungen, die speziell als Performance-Trainings konzipiert sind.

B Übungen, die schon im Rahmen von „TIA" benutzt wurden, hier aber mit bewußter Adresse an das Publikum als Performancetechnik eingesetzt werden.

C Übungen, die zwar als Tanztheaterthemen laufen, jedoch keine Planungsphasen haben. Sie werden direkt improvisiert. Im Unterschied zu den Tanzimprovisationstechniken aus TIA gibt es jedoch ein starkes theatrales Element, so daß sie sowohl ein eigenes Gewicht als Tanztheaterthema haben als auch durch ihren „ad-hoc"-Charakter und die starke Präsenzleistung einen besonderen Übungseffekt als Performancetechnik besitzen.

A Als Beispiel für spezielle Performancetrainings möchte ich eine typische VORSTELLUNGSÜBUNG nehmen. EinE TänzerIn kommt zur Tür herein und sagt: „Ich bin Sowieso Sowieso, und ich bin wirklich gut. Sie sollten sich meinen Namen merken" usw.

Solche Übungen sind sowohl in Theater- wie auch Selbstsicherheitstrainings beliebt. Ich bin ihnen gegenüber insofern kritisch eingestellt, als oft eine Karikatur guter Performance herauskommt. Eine gute Performance ist lässig, sie wird durch eine allgemeine Awareness und Präsenz getragen. In diesem Falle müßten die TänzerInnen in der Lage sein, die notwendige Spannung für diese Szene in sich aufzubauen und sich selbst glauben zu können. Tanztheaterstudenten sind oft „sophisticated" genug, um dabei die notwendige Prise Selbstironie in diese absichtlich so dick aufgetragene Performanceübung hineinzudosieren.

B Als Beispiel für den Einsatz von „TIA"-Übungen sei hier die Übung „5" aus der Stunde „Impuls 2" angeführt. Der ganze Verlauf, in dem die TänzerInnen immer mehr von imaginären Kräften aus der Balance gezogen werden, hat schon in der ursprünglichen Version viel von einer Performance. Die TänzerInnen sind aber noch zu ungeübt. Die Improvisationstechnik steht im Vordergrund. Jetzt ist es jedoch möglich, mit der Erfahrung der bisherigen Stunden und mit der notwendigen Awareness in dem schon bekannten Ablauf bewußt für das Publikum präsent zu sein.

C Die Stunden zu „Stimme“ und „Gefühl“ sind zugleich normale Tanztheatereinheiten und Performancetrainings:

Bei „STIMME“ werden nach dem normalen Warm up Übungen gemacht, die die Stimme vorbereiten.

Zuerst sitzen sich die TänzerInnen im Schneidersitz leicht schräg versetzt so gegenüber, daß sie gegenseitig den Kopf auf die Schulter des/r PartnerIn legen können. Sie warten etwas ab, achten auf ihren Atem und den des/r PartnerIn und beginnen dann, die Vokalfolge AEIOUM ertönen zu lassen.

Diese Übung löst Atmung und Stimme im Kontakt. Die TänzerInnen sind danach sehr ruhig. Um mehr in Aktion zu kommen, sitzen die TänzerInnen danach Rücken an Rücken im Langsitz. EineR schiebt sich langsam nach hinten, der/die andere gibt soviel nach, wie er/sie kann. In der Endposition, in der eineR über dem anderen hängt, verharren beide. Dann geht das Ganze andersherum. Dabei lassen beide alles erklingen, was aus ihnen heraus will.

Dann folgen geformtere Übungen, die Ganzkörper-Tanzbewegungen mit einfachen Vokal-Konsonant-Kombinationen zusammenbringen. Die zweite Phase wird von Übungen dominiert, die den unwillkürlichen stimmlichen Ausdruck befreien sollen. Die Konstruktion ist immer einfach. So stehen sich zum Beispiel zwei TänzerInnen gegenüber. Immer abwechselnd läßt eineR einen einfachen Ton (nur Vokal, Vokal-Konsonant oder höchstens drei Laute) erklingen, begleitet von einer „spontanen“ Ausdrucksbewegung. Die Bewegung soll den Ton quasi körpersymbolisch vom Leib in Richtung auf den/die gegenüberstehendeN TänzerIn mit herausbringen helfen. So einfach diese Übung auch angelegt ist, sie trägt viele Lernmöglichkeiten in sich. Zuerst geht es vor allem darum, nicht „den Clown zu spielen“. Die TänzerInnen sollen nicht darauf achten, besonders lustige, effektvolle, schöne oder vor allem komische Dinge zu tun, sondern versuchen, kommen zu lassen, was kommt. Ein häufiger Fehler besteht auch darin, sich zum Sklaven einer Interaktion mit Frage-Antwort zu machen. Das Ergebnis ist fast immer Bemühtheit, nicht authentische Kommunikation. Es ist wichtig zu üben, eine Zeitlang Töne nur „kommen zu lassen“. Allmählich erst wird die Phase überwunden, sich ständig zu überlegen, was als nächstes kommt. Schließlich stellt sich eine gewisse Gewöhnung an den ungezielten, spontanen stimmlichen Ausdruck ein.

Nach dieser oder ähnlichen Übungen (zum Beispiel die gleiche Übung als Protagonist-Gruppen-Spiel) kommt die Performance, die die freie Kombination von Stimme und Bewegung zum Thema hat. Die TänzerInnen üben, ihren unwillkürlich/spontanen Umgang mit Stimme und Bewegung beizubehalten, wenn sie vor Publikum agieren. Wenn das gelingt, soll mit dieser Präsenz gespielt werden, und die Improvisation kann in Richtung auf eine bewußtere Performance von „Tanz mit Stimme“ ausgebaut werden.

Die Unterrichtseinheit „Gefühle“ nimmt das Thema „Angst“ zum Ausgangspunkt. Nach dem normalen Warm up arbeiten die TänzerInnen eine Zeitlang paarweise zusammen. EineR verbalisiert das Gefühl Angst, wie er/sie es erlebt und beschreibt die Situationen, den körperlichen Zustand usw. möglichst detailliert und genau. Der/Die andere versucht, sich in das Gehörte hineinzuversetzen und es tänzerisch auszudrücken.

In einer zweiten Phase nach dem PartnerInnenwechsel machen die TänzerInnen in zwei Gruppen zu einer sehr angstorientierten und angstinduzierenden Musik von der Platte „Haus der Lüge“ der Gruppe „Einstürzende Neubauten“ jedeR für sich eine Performance zum Thema.

Dabei soll auf die Erfahrung der Arbeit zu zweit zurückgegriffen werden. Die Gestaltung ist jedoch frei. Diese Art von Gefühlsausdruckstanz ist für die ZuschauerInnen sehr beeindruckend emotional. Die TänzerInnen dagegen kommen mit ihrer Fähigkeit zur Präsenz in dem Thema zu einer gelungenen Performance einer Art, wie sie Martha Graham mit dem Wort vom „Tanz als Mathematik der Gefühle“ bezeichnet hat: Sie sind auf das Publikum beeindruckende Art eins mit dem Ausdruck, der Emotion und der Situation, ohne selbst Angst zu haben.

THEMEN:

JA/NEIN, UNTERRICHTSEINHEIT 1

1 Bei „Ja/Nein“ machen die TänzerInnen nach dem Warm up die gleichen geformten Übungen, um Ganzkörpertanzbewegungen mit einfachen Vokal-Konsonant-Kombinationen zusammenbringen, wie in der Stunde zu Stimme. Sie sitzen sich dann im Schneidersitz gegenüber und lassen das „AEIOUM“ ertönen, wie in der Stunde „Stimme“. Entsprechend folgt auch die gleiche Rücken-an-Rücken Übung.

Ad 1 Die Übungen bereiten den Körper und die Stimme gut für die folgende Stunde vor. Wichtig ist, daß die letzten Übungen zentrierenden Charakter haben. Es gibt sonst bei den nächsten Übungen leicht eine Tendenz, zu überdrehen und die innere Regulation und die Rollendistanz zu verlieren.

2 Beide TänzerInnen setzen sich wieder in den Schneidersitz, etwa eine Armlänge auseinander.

EinE TänzerIn sagt: „Ja“, der/die andere antwortet mit: „Nein“.

Beide fahren so lange fort, bis eineR seine/ihre Antwort wechselt, worauf das gleiche mit umgekehrter Rollenverteilung weitergeht.

Ad 2 In dieser Übung sind die Aktionsmöglichkeiten bewußt reduziert, damit eine allmähliche Entwicklung ermöglicht wird.

3 Jetzt erst stellen sich die TänzerInnen und dürfen sowohl Mimik und Gestik benutzen als sich auch im Raum bewegen.

Ad 3 Auch dabei soll darauf geachtet werden, nicht vordergründig und klischiert zu spielen, sondern den Ausdruck mit einer gewissen Achtsamkeit aus der Situation heraus entstehen zu lassen.

4 Die TänzerInnen setzen sich in einen Kreis. Ein Paar improvisiert in der Mitte die „Ja/Nein“-Performance. Der Wechsel geschieht dadurch, daß einE TänzerIn ausscheidet und durch eineN andereN ersetzt wird oder einE andereR TänzerIn von sich aus den/die eineN PartnerIn ersetzt.

Ad 4 Wie schon sprachlich angedeutet, handelt es sich um eine Mischung aus Improvisation und Performance. Der Stoff ist noch zu frisch, um bewußt in einer Performance dargestellt zu werden. Durch die Art der Darstellung vor Publikum hat es aber etwas von einer Performance. Um so wichtiger ist es, darauf hinzuweisen, daß die TänzerInnen ihrer Selbstwahrnehmung Priorität vor darstellerischen Effekten einräumen sollen.

JA/NEIN, UNTERRICHTSEINHEIT 2

Nach einem identischen Warm up wiederholen die TänzerInnen in kürzerer Form die Übungen 2 und 3.

1 Die erste neue Übung besteht darin, daß sich Gruppen à 5 Personen bilden. EineR tritt vor die anderen und spielt als ProtagonistIn den „Ja“- oder „Nein“-Part. Die Gruppe antwortet in der gleichen Stimmqualität, Mimik und Gestik als Chorus.

Ad 1 Mit dieser Übung wird der sprachlich-theatrale Teil abgeschlossen. Durch die Form ProtagonistIn-Chorus steigert sich die Prägnanz und Klarheit der Darbietung. Die Ausdrucksformen kommen so schnell, deutlich und authentisch, daß sich der Eindruck präformierter, im Menschen angelegter Ausdrucksmuster anbietet.

2 Jetzt kommt ein sehr interessanter Wechsel der Ebenen: Zu einer leisen Hintergrundmusik von Astor Piazzola sollen die TänzerInnen die „Ja-Nein“-Polarität tanzen. Am besten funktioniert die Verbindung, wenn das „Ja“ oder „Nein“ jeweils nach der Tanzsequenz kommt, es quasi untermalt.

Ad 2 Unerfahrene TänzerInnen haben zum Teil Probleme, von der theatralen auf die tänzerische Ebene zu wechseln. Wenn dies gelingt, entsteht jedoch eine eindrucksvolle und stimmige Paarimprovisation. Erreichen die

TänzerInnen dieses Level selbstverständlichen Tanztheaters, gibt es unendliche Variationsmöglichkeiten, im „Gegen-/Miteinander" zu tanzen.

3 Spannend ist auch der nächste Wechsel. Die gleiche Musik wie in „2" wird jetzt in normaler Lautstärke gespielt. Die TänzerInnen sollen den Gegensatz – jetzt ohne Worte – nur noch tanzen.

Ad 3 Nach den Vorübungen ist es leicht, eine klare Gegenspannung zu halten. Die Improvisation ist dadurch klar und spannend. Für die TänzerInnen ist die Erfahrung sehr interessant, ob sie „mit" oder „ohne Stimme" bevorzugen. Sie können für sich herausfinden, ob die Stimme etwas, das durch die Bewegung eigentlich schon klar ist, noch einmal ausdrückt oder ob sie einen stärkeren Eigencharakter – vielleicht gar einen überraschenden Gegensatz – darstellen soll.

JA/NEIN, UNTERRICHTSEINHEIT 3

Nach dem Warm up wird in Kurzform die Entwicklung des Themas wiederholt. Die Wiederholung mündet in eine Performance der einzelnen Paare. Diese ist nicht geplant, sondern fungiert als Werkschau.

1 Nach einer ausführlicheren Evaluation der Erfahrungen wird als zusätzliches Element „Anziehen-Abstoßen" eingeführt. In zwei Gruppen – also mit ZuschauerInnen – lockt zu einer entsprechenden Musik einE TänzerIn, der/die andere widerstrebt. Dann stößt der/die Enttäuschte den/die vorher UmworbeneN weg.

Ad 1 Der Ja-Nein-Gegensatz kann sich tänzerisch sehr unterschiedlich ausdrücken. Ein wichtiges Element ist die Raum-Form-Dynamik, die in dieser speziellen Form gut geübt und demonstriert werden kann.

2 Jetzt kann man die Stunde gut mit einer abschließenden Performance beenden. Ist die Gruppe daran interessiert, dieses Thema weiter zu gestalten, würde in einer vierten Unterrichtseinheit ein bewußter Gestaltungsprozeß mit dem Ergebnis eines kurzen – im Sinne der Improvisationschoreographie – festgelegten Stückes folgen.

Ad 2 Da man mit dem „Ja-Nein"-Thema meist am Anfang des Curriculums arbeitet, steht der Aspekt, Erfahrungen zu sammeln, gegenüber der bewußten Gestaltung im Vordergrund. Die TänzerInnen müssen in die Situationen hineingehen, dürfen in dieser Phase ihre Rollendistanz verlieren und können mit den Formen des Tanzes und ihrem emotionalem Engagement spielen. Erst wenn ein gutes Gefühl für die eigene Authentizität entwickelt wurde, macht es Sinn, mit bewußter Gestaltung zu arbeiten.

EIGENDREHUNG-WERBUNG

Das Thema Eigendrehung-Werbung kann sich – je nach Vorbildung und Anspruch der Gruppe – über 1, 2 oder 3 Unterrichtseinheiten erstrecken. Basis für die Gestaltung ist die Körpersymbolik der Improvisationstechnik „Fluß". Der/Die TänzerIn, der/die den Part mit der Eigendrehung spielt, muß einen Tanz entwickeln können, der sich auf sich selbst bezieht und um sich selbst dreht. Existiert keine derartige Vorerfahrung, müssen die Techniken aus Stunde zwei, Übung drei und Stunde drei, Übung sechs zu Fluß-Ausdrehen-Spirale aus „TIA" ausführlich trainiert werden. Hat eine Gruppe eine derartige oder ähnliche Vorerfahrung, genügt eine kurze Wiederholung oder Ansprache dieser oder einer ähnlichen Technik, bevor man mit den Improvisationstechniken aus Stunde eins, Übung fünf und Stunde drei, Üungen acht bis zehn „Fluß-durch-Ball-Rollen-auf-dem-Rücken" und „Fluß-durch-Linien-Zeichnen-auf-dem-Rücken" arbeitet. Als technische Grundlage ist außerdem Übung fünf b: „spiralig-fließende" Bewegung aus der Stunde Dynamik zwei interessant. Die TänzerInnen sind danach in der Lage, mit einer spiralig-fließenden, auf sich selbst bezogenen, sich um sich selbst drehenden Bewegung zu improvisieren.

Nach der technisch-körpersymbolischen Einführung folgt eine längere Phase der freien Improvisation, aus der die TänzerInnen den Stoff für entweder ein „ad-hoc"-Stück oder aber eine bewußte Gestaltung nach der Performance gewinnen.

Dabei kann es nötig sein, spezielle Übungen für die Werbenden einzufügen. Um die Aufmerksamkeit zu erregen, haben diese eine Fülle unterschiedlichster Möglichkeiten. Sie können verbal, theatral oder tänzerisch sein, ohne oder mit Körperkontakt ablaufen, emphatisch-einfühlsam oder fordernd-aggressiv sein.

Eine Möglichkeit, jedes Duo mit verschiedenen Varianten vertraut zu machen, stellt eine Improvisationschoreographie dar. Dabei tanzt einE TänzerIn elegisch und fließend. Die PartnerInnen versuchen, Kontakt aufzunehmen. Bei der Art der Kontaktaufnahme sollen die Mittel, die oben angeführt wurden, einer möglichst konkreten Ansage folgend systematisch ausprobiert werden.

Danach können die TänzerInnen wieder frei improvisieren und Material und Erfahrung für die Performance sammeln.

Das Szenario für das Duo besteht aus der Polarität: Eigendrehung-Kontaktversuch. Der Ausgang ist offen. Es kann sein, daß der/die selbstbezogene TänzerIn sich dem Werben öffnet und eine Kontaktimprovisation oder ein harmonisches Duett entsteht. Genauso gut wäre es möglich, daß er/sie sich den Bemühungen um Kontakt beharrlich widersetzt oder nach einem kurzen Techtelmechtel in die eigenen Kreise zurückflieht.

Eine interessante Erweiterung und Variation des Themas stellt die Paarimprovisationstechnik „KOPF/GEWICHT“ dar. Sie bietet eine Gestaltungsmöglichkeit des Ausgangsthemas für den Fall, daß sich die PartnerInnen treffen:

1 In einer PartnerInnenübung liegt einE TänzerIn auf dem Rücken. Der/Die andere sitzt am Kopfende und wiegt dessen/deren Kopf auf seinen/ihren gefalteten Händen, die ihrerseits auf dem Boden ruhen.

Ad 1 Für die folgenden Improvisationen mit Gewicht und Kopf müssen der Nacken und die Balancierung des Kopfes möglichst entspannt und gelöst sein. Dafür ist diese einfache Übung ausgesprochen günstig. Die Bewegungen sollen langsam und behutsam ausgeführt werden. Weniger ist mehr. Der Kopf wird am ehesten losgelassen, wenn die Hände des/r BehandlerIn vom Boden getragen werden. Da es den meisten schwer fällt, den Kopf wirklich einmal ganz loszulassen, kommt dieser scheinbaren Kleinigkeit große Bedeutung zu: Sobald die „Klienten“ die Anstrengung des/r BehandlerIn spüren, den Kopf, der ja schwer ist, zu heben, werden sie unwillkürlich versuchen mitzuhelfen. Den Kopf zu heben, ist daher erst dann sinnvoll, wenn diese Übung oft durchgeführt wurde und eine entsprechend große Sensibilität für die beginnende Verspannung des Kopf-Nackenbereiches besteht.

Außerdem soll zusätzlich zur Behutsamkeit und Langsamkeit der Bewegungen darauf geachtet werden, daß die Bewegungen etwas Unvorhersehbares haben, um die Antizipation durch den/die KlientIn auszumanövrieren und ihm/ihr so die Möglichkeit zu geben, ein Gefühl für die unwillkürlichen Mitbewegungen zu entwickeln.

2 Die TänzerInnen sollen dann langsam mit geschlossenen Augen aufstehen und beginnen zu tanzen. Dabei werden sie von der Hand des/r BehandlerIn im Nacken begleitet. Sie werden zusätzlich auch noch aufgefordert, der Nackenregion besondere Aufmerksamkeit zu schenken. Nach einiger Zeit sollen die TänzerInnen die Augen öffnen und größere Bewegungen im Raum, Drehungen etc. machen. Später soll die Führung auf den/die BehandlerIn wechseln, der/die nun mit der Hand die Bewegung initiiert.

Ad 2 Durch die Festlegung dieser ungewöhnlichen direkten körperlichen Verbindung von Hand und Kopf entsteht eine Improvisation von besonderer Achtsamkeit und Eleganz. Ursprung und Fortführung der Bewegungen sowie der Umgang mit Gewicht werden klarer.

3 Die TänzerInnen arbeiten für sich mit wenigen festgelegten Bewegungen aus den Stunden „Umgang mit Gewicht allein“. Vor allem experimentieren sie damit, aus dem Stand oder einem speziellen Spannungsaufbau heraus Körperteile fallenzulassen und ihren Schwung für Fluß, Drehung, das Wiederhochschnellen, ein Aus-der-Balance-Kommen und ähnliches zu nutzen.

Ad 3 Die TänzerInnen benötigen einige Zeit zum Experimentieren, bevor sie einen persönlichen Tanzstil innerhalb des Themas „Tanz mit dem eigenen Gewicht“ finden.

4 Die TänzerInnen tun sich wieder zu zweit zusammen und improvisieren frei in einer Position direkten Kopf-Kopf-Kontaktes.

Ad 4 Auch hier ist Zeit wichtig. Trotz Einschränkung gibt es viele Möglichkeiten zu tanzen, die die TänzerInnen in Ruhe ausprobieren sollen.

5 Die Hauptimprovisation besteht in der Kombination der beiden letzten Tanztechniken: Jedes Paar soll den Wechsel und die Spannung zwischen dem intimen tete-à-tete und dem individualistischen Tanz-mit-dem-eigenen-Gewicht-allein entwickeln und mit dieser Polarität improvisieren.

Ad 5 Diese Improvisation ist gut für eine Performance. Der Gegensatz zwischen dem engen – auf inniges Einvernehmen oder direkte Konfrontation angelegten – „Kopf-Kopf-Kontakttanz“ und dem raumgreifenden zentrifugalen „Fallen und Schwingen allein“ ist beeindruckend und körpersymbolisch bedeutsam. Der Zwang zur Nähe mit dem Tanz um den gemeinsamen Mittelpunkt und die Flucht aus der Nähe heraus mit dem Tanz um den eigenen Mittelpunkt lassen sich gut inszenieren.

Wollen die TänzerInnen ein Stück daraus machen, kann man beide Improvisationstechniken (Eigendrehung/Werbung und Kopf-Kopf/Gewicht-allein) kombinieren. Es kann sich eine Geschichte von Werbung, Ablehnung, Sich Kennenlernen, Gemeinsamkeit, Auseinandergehen, Sich Wiedertreffen usw. entwickeln.

Will man dabei über eine direkte Performance hinausgehen, liegt es nahe, zwei Zweiergruppen zusammenarbeiten zu lassen. Ein Paar kann jeweils improvisieren, das andere kann über das Feedback hinaus auch mit Hilfe der Improvisationschoreographietechnik direkt an der Gestaltung mitwirken.

INNERE BILDER

Die Unterrichtseinheit „Innere Bilder“ stellt den Aspekt: „Wie entsteht ein Thema?“ in den Mittelpunkt. Die künstlerische Inspiration hat vielleicht immer auf eine Art den Charakter eines inneren Bildes im weiteren Sinne. Vor dem inneren Auge eines Menschen, der einen Einfall hat, entsteht ein Bild, eine Vision.

Diesen sonst eher spontanen Moment der Inspiration kann man mit der Technik des Katathymen Bilderlebens bewußt hervorrufen. Dabei werden die TänzerInnen per Fremdentspannung in eine leichte Trance versetzt. Dann wird ihnen ein Bild vorgestellt. Dieses Bild ist der Anlaß für die in der Entspannung leicht erregbare Tätigkeit unbewußter Gestaltung.

Da die TänzerInnen aber nicht wirklich schlafen, können sie die Entwicklung dieser Vision quasi wachen Auges verfolgen.

Als Beispiel möchte ich hier das Bild der Statue nehmen. Um das Thema anzuregen, sind formbetonte Tanztechniken günstig.

Wir beginnen mit einem etwas kürzeren Bewegungsqualitätstraining (s. auch S. 134), welches sich immer wieder dem Thema Form nähert, und entwickeln das Bewußtsein für die eigene Körperform mit Übungen wie „8“ (Fließen und Innehalten dicht bei der Form des/r PartnerIn) aus der Unterrichtseinheit „Form“ und „14“ und „15“ aus „Raum und Form“. Darin nehmen die TänzerInnen auf verschiedenen Raumpositionen Formen ein und improvisieren mit der Beziehung zwischen Form und Raum. Man kann auch Übung 12 aus „Impuls/Fluß/Raum/Form“ benutzen, wo ein Teil der TänzerInnen von den anderen nach einem bestimmten Schema in Formen gebracht und darin – wie Marionetten bewegt werden – verändert wird.

Als Abschluß ist das Exercise „Form und Fluß“ besonders geeignet, den Formsinn anzuregen.

Es folgt die Fremdentspannung, die zuerst über die Wahrnehmung der Haut laufen kann, die als Körperhülle die Form unterstreicht.

Dann wird das Bild der Statue eingeführt. Die TänzerInnen werden erst ausführlich mit der Statue, ihrer Form, Eigenart, ihrem Ausdruck, dem Platz, an dem sie steht, und ihrer Beziehung zur Umgebung vertraut gemacht. All diese Dinge werden aber nicht von außen festgelegt, sondern in offener Form angesprochen, so daß die innere Gestaltung angeregt wird.

Die TänzerInnen sollen sich dann mit den Statuen identifizieren, sich in sie hineinversetzen usw.

Nach diesem Bilderleben werden die TänzerInnen ermutigt, ihr Bild mit den anderen als Akteuren zu inszenieren.

Eigentlich passiert in dieser Art Bild nicht besonders viel.

Zwar endet die Bildvorstellung mit der Aufforderung, sich nochmal zu überlegen, was die „Message“ der Statue sei, und sich das Bild dann so verändern zu lassen, wie es spontan geschieht. Trotzdem bleibt es mehr Bild und Szene als Geschichte. Auch getanzt im eigentlichen Sinne wird nicht oder wenig. Eine Statue ist eben statisch, und die anderen Figuren der Bilder ergehen sich meistens in Alltagsbewegungen.

Die TänzerInnen sind aber bei der Inszenierung der Bilder fasziniert. Es ist erst schwer, jemanden zu motivieren, sein/ihr Bild zu inszenieren, weil alle etwa in der oben beschriebenen Art denken: Da passiert ja gar nichts; das ist für die anderen doch langweilig.

Die Faszination dieser Inszenierungen liegt aber nicht in der Action oder gar im tänzerischen Gehalt, sondern in der Magie des Traumähnlichen. Das sonst oft unbestimmte oder vordergründig festgelegte von Gestaltungsversuchen kommt nie auch nur ansatzweise auf. Den RegisseurInnen ist jedes

Detail und seine Gewichtung klar. Sie haben es ja soeben erst selbst erlebt. Träume sind immer eindringlich und spannend. Das alles überträgt sich auf diese Gestaltung. Man verbringt viel mehr Zeit in jedem Bild als erwartet, weil es eine genaue Vision gibt und es immer Zeit kostet, die zu treffen.

Zwar ist, was sich dann entwickelt, nochmal von dem Bild verschieden. Es hat aber die gleiche Plastizität und Originalität.

Diese Stunde halte ich für besonders wichtig, weil neben dem Üben eher handwerklicher Aspekte wie dem Gestalten nach formalen Kriterien oder der Entfaltung der Paardynamik die künstlerische Vision das eigentlich Entscheidende ist. Die anderen Dinge sind als handwerkliches Können oder Spielfreude von fundamentaler Bedeutung, und tatsächlich entsteht vieles aus dem spielerischen Umgehen mit diesen Formen und Techniken. Auch darim liegt ein genuin kreatives Moment. Den Kern für eine Idee stellt meiner Ansicht nach aber eine solche traumähnliche Vision dar. Das kann man natürlich nicht üben. Mir ist wichtig, auch in einem begrenzten Rahmen das Erlebnis zu ermöglichen, wie das Vorhandensein einer Vision Details regelt und einen qualitativen Umschlag für die Gestaltung bedeutet.

Die TänzerInnen erleben als Akteure, wie genau sie plötzlich bestimmte Stimmungen und Haltungen treffen sollen und wie lange die RegisseurInnen insistieren.

In der Rolle des/r RegisseurIn wird ihnen auf dramatische Art und Weise deutlich, wie viel Arbeit darin steckt, eine bestimmte Szene, die einem/r klar vor Augen und im Gefühl ist, umzusetzen.

Die ganze Gruppe erfährt neben der Freude, an den Visionen der anderen teilhaben zu können, viel über den Unterschied zwischen der Improvisation, dem Spielen, dem Ausprobieren und der bewußten Gestaltung einer Vision, die genau so sein soll, wie sie in der Vorstellung ist, oder um die zumindestens im Detail gerungen werden muß.

ENG-WEIT/ALLTAG

Bei „eng-weit“ entwickelt sich aus der Empfindungsschulung eine Improvisationstechnik, deren körpersymbolischer Gehalt interessant zu gestalten ist.

Der Aufbau ist klar und einfach.

1 Die TänzerInnen werden in einer Paarübung mit den sehr großen und leichten, luftgefüllten „Pezzi“bällen massiert. Dafür wird viel Zeit gelassen, und die MasseurInnen sind schon während der Behandlung insofern an dem Behandlungserlebnis beteiligt, als sie sich einen großen Teil der Zeit mit dem ganzen oder einem Teil ihres Körpergewichtes auf den Ball legen, den sie über den/die KlientIn schieben oder rollen.

Ad 1 Schon bei anderen Übungen kamen Behandlungen mit Bällen vor, und auch hier ist das Runde, Fließende ein wichtiger Teil der Erfahrung. Verblüffend ist, daß so viel Druck möglich ist, ohne daß er als bedrückend erlebt würde. Durch die große elastische Auflagefläche verteilt er sich so günstig, daß auch großer Druck (bis zum vollen Körpergewicht) als erlösend und beeindruckend, fast nie aber unangenehm empfunden wird. Vor allem aber entsteht durch die Größe des Balles ein Gefühl für den Umraum.

2 Das sollen die TänzerInnen bei der Tanzimprovisation nutzen. In der 15–25minütigen Übung, in der Musiken wie „Pink Floyd: Medal“ gespielt werden, sollen sie mit Fluß, Öffnung, dem Gefühl von Weite und Gelöstheit tanzen.

Ad 2 Der Übergang von „1“ zu „2“ ist einfach. Da das Gefühl für die Bälle und den Umraum bleibt, entwickelt sich der Zustand einer gelösten Verbindung vom Körper zum Raum mit den entsprechenden Bewegungsqualitäten. Die Formen sind offen, und eins der typischen Charakteristika offener Formen ist die offene Armstellung. Die Arme modellieren und streicheln ständig den offenen umgebenden Raum. Bei der Länge der Übung kommt es (meist nach dem ersten Drittel) zu einem Gefühl von Erschöpfung in Armkugeln und Schultern, das aber verschwindet und einem rauschhaften Gefühl von Durchströmung weichen kann.

3 Die Empfindungsschulung für „Enge“ benötigt pro TänzerIn zwei BehandlerInnen. Diese beginnen nach einer leichten Massage im Stehen,

* von entgegengesetzten Seiten am gleichen Körperteil möglichst fest zu drücken, wobei der/die TänzerIn nur standhält (passiv/statisch);
* an verschiedenen Stellen zugleich fest zu drücken, wobei der/die TänzerIn versucht, standzuhalten und sich nicht bewegen zu lassen (passiv/dynamisch).
* Dann befreit sich der/die TänzerIn durch kraftvolle kleine impulsartige Bewegungen, wobei die BehandlerInnen versuchen, mit ihren Händen immer an den Stellen des (schnell wechselnden) Bewegungsansatzes gegenzuhalten (aktiv/dynamisch).

Ad 3 Der statische Druck hat ein Gefühl von großer Festigkeit, Eindrücklichkeit und eigener Kraft zur Folge. In der dynamisch/passiven Phase brauchen die TänzerInnen alle Kraft, um gegenzuhalten; in der letzen dynamisch/aktiven Phase befreien sie sich. Auch bei hoher Einsatzbereitschaft gelingt es den BehandlerInnen nicht, die kräftigen Impulse ernsthaft zu behindern.

4 Zur weiterhin laufenden Funk- und Soulmusik (u.a. James Brown) tanzen die TänzerInnen mit einer elektrisierend kraftvollen Energie.

Ad 4 Trotz der vorhergehenden Anstrengung sind die TänzerInnen dazu in der Lage, sehr kraftvoll zu tanzen. Was ich mit dem Gefühl von Enge bezeichnet habe, ist nicht im negativen Sinne „eingeengt“, sondern nur von einer sehr komprimierten Energie, die schnell und kraftvoll auf engem Raum agiert, geprägt.

5 Die TänzerInnen stellen eine typische Alltagsszene wie „Das Nachhausekommen“ pantomimisch dar.

Ad 5 ...Eine Übung, die die Vorstellungkraft und das Körpergedächtnis für Bewegungsroutinen fordert. Wenn die TänzerInnen sich konzentrieren, entsteht vor den Augen der BetrachterInnen ein imaginärer Raum.

6 Die TänzerInnen bringen in diese Szene des Nachhausekommens die Qualitäten des Engen, Kompakten, energetisch Aufgeladenen und des ozeanisch Weiten, Gelösten und spielen mit den Dimensionen eng-weit und Alltagsbewegung-Tanz.

Ad 6 „Phantastische“ Theater spielen damit, den Alltag zu verzaubern und in das Alltägliche eine magische Dimension hineinzubringen. Das geschieht oft durch den Einsatz bestimmter Musiken und indem diese Bewegungen mit bestimmten „tänzerischen“ Qualitäten ausgeführt werden. Auch hier ist die Verbindung Tanz und Alltag faszinierend, und gerade die Idee, Alltagsbewegungen energetisch/rhythmisch aufzuladen oder sie mit poetischer Weite zu verändern, ergibt neben dem hohen Selbsterfahrungswert ein interessantes, theatrales Moment.

TANZ, SPRACHE UND ALLTAGSBEWEGUNG

Dieses Thema kann zwei bis vier Unterrichtseinheiten einnehmen.

1 Den Anfang bildet ein ausführliches Tanz- und Bewegungsqualitätstraining, das, ähnlich wie anfangs in dem Beispiel auf S. 134 dargestellt, mit Fluß und Phrasierung enden sollte. Die TänzerInnen haben danach Zeit, für sich ganz frei mit Bewegungen zu experimentieren, und beginnen dann damit, diese mehr festzulegen.

Bei normalem Tempo kann die erste Stunde hier beendet sein. In diesem Falle wäre eine Schlußperformance schön, in der die TänzerInnen in zwei Gruppen frei improvisierten und in die Improvisationen ihre persönliche festgelegte Sequenz einfließen ließen. Die TänzerInnen würden dann aufgefordert, sich ihre Folge zu merken.

(Bei einem sehr zügigen Verlauf könnte sich der nächste Part aber auch direkt anschließen.)

Darin sollen die TänzerInnen sich in Dreier-, Vierer- oder Fünfergruppen zusammenschließen und sich gegenseitig ihre Bewegungsfolgen so genau wie möglich beibringen. Das dauert ziemlich lange, so daß (bei normalem Tempo in der zweiten Unterrichtseinheit nach Tanztraining und Awarenessübungen) diese Stunde mit einer Performance endet, in der die Gruppen innerhalb einer Improvisation die Gesamtfolge der zusammengefügten individuellen Combinations zeigen.

Ad 1 Die TänzerInnen kreieren oft sehr unterschiedliche und originelle Sequenzen, die den anderen schwierig beizubringen sind. Dieser Part ist an sich von großem Interesse. Alle sind dabei gezwungen, sich in die Bewegungshandschrift der MittänzerInnen sehr hineinzufühlen und zu denken. Bei der Performance, für die sich die Gruppen eine Musik aussuchen sollen, spürt man bei den meisten Gruppen das Zusammengesetzte. Die Brüche und Wechsel machen das Werk spannend zu sehen. Trotz offensichtlicher Eigentümlichkeiten ist es jedoch nicht immer möglich herauszufinden, welcheR TänzerIn welchen Tanzteil geschaffen hat.

2 Der nächste Gang ist besonders interessant. Die TänzerInnen werden hierin aufgefordert, diese zusammengesetzte Folge mit Hilfe des Bewegungsqualitätstrainings zu einem integrierten Tanzstück zu straffen und den Einzelteilen (wo nötig) mehr Würze, Witz, Pfiff und Eigentümlichkeit zu geben.

Ad 2 Dabei ist es möglich, den Charakter der Bewegungen völlig zu verändern. Sie sollen jetzt nur ein Ausgangspunkt sein.

Das Zusammengesetzte verschwindet dabei meist völlig zugunsten eines tänzerisch witzigen, originellen und in seiner Eigenart überraschenden Stückes, das anzuschauen Spaß macht.

3 JedeR TänzerIn soll sich einen Satz überlegen und ihn mit der Intonation und Eigenart, die ihm/ihr zu eigen ist, den anderen der Gruppe beibringen. Dieser Part dauert nicht lange. Er endet mit einer Performance, in der die TänzerInnen sich langsam auf der Bühne installieren, herumgehen und die Sätze, die ihnen einfallen, sprechen.

Ad 3 Auch hier ist es nicht einfach, die Sätze den TänzerInnen zuzuordnen. Gerade die Absurdität der Sätze in der Situation schafft etwas Eindringliches. Der Gestus der Vortragenden bewirkt, daß es spannend ist und die ZuschauerInnen sich dem Eindruck, an etwas Sinnhaftem teilzuhaben, nicht entziehen können.

4 Die TänzerInnen gestalten mit den Elementen „Improvisation“, „Alltagsbewegung“, „Satz“ und „Gesamtcombination“ eine Schlußperformance.

Ad 4 Ihre Geschlossenheit und relative formale Ausgereiftheit macht die Combination zum zentralen Teil der Improvisationschoreographie. Das Stück wird aber besonders durch die Verbindung mit den freien Teilen, den Alltagsbewegungen und dem gesprochenen Wort interessant.

Diese Art, zu einem Stück zu kommen, fällt ein bißchen aus dem Rahmen, weil es zuerst gar keine Geschichte, keinen Inhalt gibt und alles zufällig zusammenkommt. Tatsächlich entsteht aber eine durchaus sinnhafte Situation. Unterschiedliche Menschen kommen mit ihren eigenen, aus verschie

denen Situationen erwachsenen Ausdrucksformen zufällig zusammen und spielen in dieser quasi-existentialistischen Situation so gut sie können sowohl ihren Part, als auch den der anderen und das Gemeinsame.

IMPULS-FLUß-SELBSTBESTIMMUNG

„Impuls-Fluß-Selbstbestimmung" ist, mehr noch als „Eigendrehung-Werbung", in Aufbau und Dauer von der Vorerfahrung der Gruppe abhängig. Verwandt werden nämlich die Improvisationstechniken aus „Fluß" und „Impuls".

1 Nach dem normalen Warm up werden einige Techniken (z.B. aus Stunde zwei, Übung drei und Stunde drei, Übung sechs zu Fluß-Ausdrehen-Spirale) aus den Unterrichtseinheiten von „TIA: Bewegungsfluß" geübt.

Wichtigster Übungsteil sind die Kontaktimprovisationstechniken aus „Impuls". Die Übungen 2 und 3 aus der Stunde 1 (Grundtraining: Impuls/Drücken oder -/Nachgeben) werden so lang wie nötig wiederholt. Längere Zeit wird auf die Übung 6b „Kontaktimprovisation mit dynamischen Impulsen im Raum" verwandt.

Die Technik, daß einE TänzerIn Impulse gibt, die der/die andere umsetzt, wird zuerst zu zweit, dann zu dritt geübt. Bei der Dreierformation haben die ImpulsgeberInnen (da zu zweit) die Möglichkeit, dicht bei dem/der TänzerIn zu bleiben.

Dieser Übungspart sollte so lange dauern, bis es in unterschiedlichen Formationen gelingt, die Elemente „Kontakt", „Impuls von außen" und die Umsetzung mit „Impuls", „Fluß" und „Abstoppen/Auslaufenlassen der Bewegung" zu einer für die versammelten Temperamente typischen Kombination und einer gewissen Harmonie zu bringen.

Ad 1 Die Kontakttechnik zu dritt mit Impulsen von zweien ist ziemlich anspruchsvoll. Sie ist aber auch ungewöhnlich reizvoll, da sich Temperament und Eigenart sowohl der ImpulsgeberInnen als auch der TänzerInnen in der Art, Impulse zu geben und Impulse umzusetzen, direkt ausdrücken. Impulse stellen einen massiven Einfluß von außen dar, die den selbstbestimmten Fluß ganz erheblich stören oder gar zerstören können. In manchen Formationen kommt es allerdings zu keinem Gegensatz: Die ImpulsgeberInnen stellen sich ziemlich auf den/die TänzerIn ein; dieseR nimmt die Impulse als Anregung und versucht, sie phantasievoll umzusetzen.

Umgekehrt kann es zu einem regelrechten Kampf kommen, wenn mutwillige, energische ImpulsgeberInnen auf eigenwillige, sensible TänzerInnen stoßen. Die Eigenimpulse des/der auf Selbstbestimmung bedachten TänzerIn prallen mit den massiven Enflußnahmen der ImpulsgeberInnen zusammen.

Zwischen diesen beiden Extremen erstreckt sich das Spannungsfeld der Trios. Alle Beteiligten lernen tänzerisch und persönlich viel.

2 Jede Formation, die Lust hat, macht eine Demonstration ihres Stils.

Ad 2 Für Akteure und ZuschauerInnen ist es informativ und spannend, die verschiedenartigen Realisationen des Fluß-Impuls-Selbstbestimmungsthemas zu beobachten. Da sich – wollte man das Thema erschöpfend demonstrieren – für jede Dreiergruppe drei Performances, also für die Gesamtgruppe so viele Performances wie TänzerInnen ergäben, sollte man sich mit einer Auswahl begnügen.

Der bisherige Übungsstoff läßt sich gut auf zwei Unterrichtseinheiten verteilen, so daß es jeweils am Ende der Stunden genügend Möglichkeiten für Performances gibt.

3 In einer Evaluationsphase – eventuell mit Fremdentspannung und Assoziationsübung zum Thema – machen sich die TänzerInnen – nach kürzerer allgemein tänzerischer Vorbereitung – die körpersymbolisch/persönliche Bedeutung des Geschehens bewußt und entwickeln daraus ein Stück.

Ad 3 Dieses Stück ist insofern besonders, als es über die körpersymbolische Bedeutung einer Tanzimprovisationstechnik zu einer Verbindung von Form und Inhalt kommt. Das war bei „Eigendrehung-Werbung“ ähnlich. Nicht für jedeN TänzerIn ergibt sich eine unmittelbare persönliche Bedeutung aus der Situation, mit unterschiedlichen Anforderungen durch andere seine/ihre Eigenart zu finden, verteidigen oder gerade darin zu erlangen. Besteht aber eine solche innere Verbindung zum Thema, ist die Chance, eine enge Verbindung von Inhalt, Geschichte, Gefühlen und den eingesetzten Stilmitteln zu sehen, groß.

TISCH-STUHL

Zum Aufbau von „Tisch-Stuhl“ gibt es kaum etwas zu sagen, da das Setting sehr einfach ist.

1 Nach einem Bewegungsqualitäts- und Choreographietraining bekommen die TänzerInnen Zeit, in Fünfergruppen mit einem Tisch und Stühlen als Requisiten zu improvisieren und aus dieser Improvisation eine lockere Improvisationschoreographie zu entwerfen.

Gruppen, die vorher das TIA-KÖSYBE-Konzept durchlaufen haben, sind sehr gestaltungsfreudig, so daß außer diesen Zutaten und der Aufforderung, damit ein Stück zu improvisieren, nichts weiter geschehen muß, um interessante Performances sehen zu können.

Ad 1 Alle möglichen Gruppen arbeiten bekannterweise gerne mit solchen Settings. Ob eine Absprache möglich ist, ob die Performance lebendig ist usw., hängt im allgemeinen von den Einzelpersonen, ihrer Vorbildung und ihrem Talent ab.

Spannend wird es, wenn die Gruppen aus diesem „Spontanstück“ eine bewußtere Gestaltung machen sollen:

2 Die TänzerInnen bekommen die Aufgabe, mit Hilfe der Choreographietechnik das „ad-hoc“-Stück zu verfeinern und mehr festzulegen.

Ad 2 Ich nehme das Thema Tisch-Stuhl oft als erstes Tanztheaterthema, weil es keine technischen Festlegungen enthält.

Das Ergebnis sind Performances, die – in unterschiedlicher Qualität – für alle überraschend sind: Durch den gemeinsamen Hintergrund in Körpersymbolik und dem vorhergehenden Training in Improvisationstechnik gelingt es den TänzerInnen oft innerhalb kürzester Zeit, Absprachen zu treffen und in der Performance mit Leben zu füllen und überhaupt so zu spielen und zu tanzen, daß alle überrascht sind und denken: Das wirkt überhaupt nicht wie ein schnell und spontan improvisiertes Stück. Viele Performances vermitteln einen Eindruck, als ob die Gruppe länger daran gearbeitet hätte und viele Teile oft geprobt und festgelegt worden wären.

Sollen die TänzerInnen das Stück aber raffinieren und in eine festere Form bringen, entsteht ein Bruch, vor dem alle zurückschrecken. Die lockere Absprache, die Improvisationsfähigkeit, Spielfreude und Unbefangenheit führen zu einer Fülle von Material, die zu sichten und zu gewichten die TänzerInnen überfordern würde. Die meisten Performances sind außerdem in der Form gar nicht wiederholbar, so daß es bis jetzt immer bei dem Vorschlag, einen zweiten „bewußten“ Gestaltungsgang zu machen geblieben ist.

Anders verhält es sich, wird dieses Thema noch einmal am Ende des EXTATHE-Kurses angeboten. Mit der Erfahrung von Performances und Festlegungen im Rücken haben die TänzerInnen Lust und Ideen, wie sie vorgehen könnten. Sie werden dafür aufgefordert, sich an alle verwandten Tanztheatertechniken zu erinnern, um dann mit genügend Zeit eine bewußtere Gestaltung mit den Mitteln, die sie aus dem EXTATHE-Fundus wählen, zu versuchen.

7 Unterrichtsphilosophie der Gastdozenten

Das Unterrichtskonzept, was ich bis jetzt beschrieben habe, wird ergänzt durch mehrere „Gastdozenten“. Einige von ihnen sind sehr bekannt und stehen sozusagen stellvertretend für einen ganzen Ansatz, den darzustellen ich wichtig finde. Wie schon in der Einleitung gesagt, ist dieser Teil „Unterrichtsphilosophie der Gastdozenten“ in seinem Zustandekommen und der Art der Darstellung speziell:

Es ist einigermaßen schwierig, über Bewegung zu schreiben. Deshalb gibt es kaum Literatur, die das Besondere von LehrerInnen, die für viele TanzstudentInnen von Bedeutung sind, sie berührt und inspiriert haben, darzustellen versucht. Als ich dieses Buch schrieb, habe ich Anna Borreda, Christine Brunel, Sayonara Pereira, Simonne Rorato, Howard Sonenklar und Patricia Bardi gebeten, Beiträge über das Spezielle ihres Unterrichtes anhand bestimmter Fragen, die ich gestellt hatte, zu schreiben. Schnell wurde jedoch klar, daß es sich mit dem Unterrichten wie mit (Tanz)theaterstücken verhält. Wenn die KünstlerInnen beschreiben könnten, was sie tun, wie sie es tun und warum sie es tun, brauchten sie das Stück nicht zu spielen (tanzen/unterrichten).

Vieles ist nicht sagbar, und was gesagt werden kann, ist nicht immer einfach auszudrücken.

Das Schreiben hat genauso einen handwerklichen Aspekt wie die Tanzperformance oder der Unterricht. LehrerInnen, die innerhalb ihres Unterrichtes dafür bekannt sind, die Dinge, die sie tun und vermitteln, auch beim Namen nennen zu können, können nicht unbedingt ohne Übungszeit die Dinge so hintereinanderbringen, wie es für das Aufschreiben nötig ist, und das noch in einer für sie fremden Sprache.

So wären wiederum viele Fragen, die für alle die Menschen, die in irgendeiner Form in ihrem Bereich mit Tanz arbeiten, interessant sind, nicht gestellt worden.

Die Lösung fiel Christine Brunel ein, die mich fragte: „Warum machst Du meinen Beitrag nicht als Interview?“

Das hat dann sehr gut funktioniert. Bestimmte Fragen wurden so immer auf ähnliche Art gestellt und nachgefragt. Durch meine Aufarbeitung sind sie stilistisch ähnlich und dadurch für die LeserInnen vergleichbarer, was es erleichtert, sich über die eigene Position klarzuwerden.

Die Interviews mit Anna Borreda in Göttingen sowie mit Christine Brunel, Sayonara Pereira und Simonne Rorato in Essen wurden auf deutsch, mit Howard Sonenklar in Göttingen und Berlin sowie mit Patricia Bardi in Amsterdam auf englisch geführt und dann von mir gekürzt, z. T. übersetzt und überarbeitet.

8 Unterrichtsphilosophie Anna Borredà, Körper- und Bewegungstheater

Was ist das Besondere an Deinem Ansatz, mit den TänzerInnen zu arbeiten?

Das Besondere meiner Arbeit ist die Ausrichtung auf die Bühne; Menschen sind auf der Bühne nicht nur für sich da, sondern machen etwas für andere. Sie müssen dabei nicht nur intensiv und authentisch sein, sondern eine Präsenz ausstrahlen, die bei den anderen ankommt.

Macht ihr im Kurs Performances, um das zu üben?

Ja, auf jeden Fall. Die gegenseitige Beobachtung hat großes Gewicht in meiner Arbeit; ...die TänzerInnen lernen, zu sehen, wann rutscht jemand aus der Rolle raus, verliert sein Gefühl und seine Emotionen, ist nicht mehr greifbar, sondern agiert wie sein eigener Schatten...

Ist für diese Arbeit ein bestimmter Aufbau der Übungen wichtig, oder ist es eher Deine persönliche Art zu arbeiten, die entscheidend ist?

Ich arbeite schon sehr prozeßorientiert. Zwar werden viele Übungen aus dem klassischen Theater oder zu Präsenz, Raumerfahrung benutzt, die an sich wichtig sind. Für jede Gruppe gibt es aber einen ganz bestimmten Prozeß und spezielle Probleme, die ich intuitiv erfasse und an denen ich auf unterschiedliche Art und Weise arbeite.

Wie fängst Du eine Stunde an?

Am Anfang arbeiten wir mit einer Öffnung in den Raum, der Raum ist wichtig für meine Arbeit. Es ist der Raum, den man mit seiner Ausstrahlung, seinem Körper, seiner Präsenz verändert, und damit beginne ich gewöhnlich.

Machst Du dafür spezielle Übungen?

Ja, ich beginne natürlich auch mit Aufwärmübungen, um körperlich warm zu werden.

Dann geht es aber ganz stark um Aufmerksamkeit und Sensibilität. Wir machen Übungen, um offen zu werden und miteinander spielen zu können. Das ist noch einmal etwas anderes als die körperliche Biegsamkeit oder das Bewegungsgefühl.

Das ist dann auch ein wichtiger Unterschied zum normalen Tanz? Da gibt es ja viele Leute, die körperlich und technisch gut sind, aber nicht so eine Präsenz haben und nicht offen sind für die anderen.

Ja, man muß ein Gefühl dafür kriegen, sich in den Raum zu öffnen und auch für das Miteinander-Spielen. Das ist auch die Grundlage der Bühnenpräsenz, und darum geht es im Unterricht.

Das ist, wie wenn eine Glühbirne angeschaltet ist. Es ist in dem Fall egal, was jemand macht, aber wie er das macht, diese Präsenz, das ist wichtig in meiner Arbeit.

Ist das etwas, was man auf das Alltagsleben übertragen kann?

Es gibt ja Trainings wie „Klassisches Ballett", die klar für die Bühne sind. Im übertragenen Sinn lernt man vielleicht so etwas wie Disziplin oder bestimmte körperliche Fertigkeiten, aber direkt übertragbar ist nichts. Was Du gesagt hast, scheint mir aber direkter übertragbar zu sein.

Ja, einmal beeinflußt es direkt das Selbstbewußtsein. Wenn es im Unterricht immer darum geht, sich seiner selbst und seiner Bewegung bewußt zu sein und damit in Kontakt zu anderen zu stehen, hat man auch ein anderes Selbstbewußtsein im Alltag.

Die Präsenz, von der Du gesprochen hast, wäre demnach auch im alltäglichen Leben, im Umgang mit anderen bedeutsam?

Ja, aber man wächst dabei auch allgemein in seiner Persönlichkeit und erkennt Schwächen von sich selbst. Das ist ja bekannt im Theater.

Kann man es so sagen, daß man mehr von den anderen mitkriegt und mehr Möglichkeiten in einem Kontakt, in einer Interaktion hat?

Ja, man ist auf jeden Fall stärker und direkter im Kontakt.

Arbeitest Du an einem Thema, sollen die TänzerInnen ein Stück machen, oder gibt es mehrere kleine Themen?

Wir arbeiten mit mehreren kleinen Themen. Es gibt auch immer wieder Breaks, in denen die Leute aus diesem direkten Kontakt mit den anderen herausgehen und Abstand von der Arbeit mit den Emotionen bekommen können. Wenn man sich zwischendurch mit Wahrnehmungsübungen auf sich selbst konzentriert, ist das wie eine Erfrischung. Wenn man viel mit der Wahrnehmung arbeitet und damit, die anderen zu beobachten, zu sehen, was auf der Bühne passiert, wird man müde. Dann schaue ich, was als Auflockerung gebraucht wird. Das kann etwas sein für die Augen oder etwas anderes, was ich sonst sehe.

Das heißt also, Du bleibst länger an einem Thema?

Ja, wir haben zum Beispiel einen Nachmittag an der Darstellung des Elementes Wasser gearbeitet. Das haben wir auf verschiedene Arten bearbeitet und ausgedrückt. Ein anderes Thema wäre „Härte und Weichheit des Körperausdruckes", „Spannung und Entspanung".

Sollen sich die TänzerInnen dann eigene Darstellungen – Performances – dazu überlegen, oder wie geht das?

Ich gebe ein Thema, und zwischendurch wird das immer mal beobachtet. Wir arbeiten an dem Konzept, und ich gebe Hilfen.

Wenn man vier Tage Zeit hat, gibt es ja die Meinungen:
Wir machen eine kleine Produktion, die Leute arbeiten an einem Stück, was die dann am Abend des vierten Tages vorführen, oder:
Wir machen viele kleine Stücke. Laien lernen mehr durch viele kleine Zugänge und Themen. Wie stehst du dazu?

Also ich bevorzuge verschiedene kleine Stücke und damit auch unterschiedliche Aspekte von Bewegungstheater. Das ist eine gründlichere Erforschung als die Arbeit an einem Stück. Man könnte auch lange an einem Thema bleiben. Das würde aber eher ermüdend werden und ist mehr eine Sache für Profis, denen der Umgang mit Müdigkeit oder Langeweile in Phasen, in denen es nicht weitergeht, selbstverständlich ist.

Für Laien scheint mir auch die Erfahrung mehrerer unterschiedlicher Aspekte in der Arbeit wichtig zu sein?

Ja. Wenn mein Ziel die Bühnenpräsenz ist, muß ich mit unterschiedlichen Emotionen und Situationen arbeiten und unterschiedliche theatralische Elemente einführen.

Du bleibst also schon mal länger an einem Thema, baust Deine Arbeit aber grundsätzlich über mehrere Zugänge und verschiedene Themen auf?

Ja, genau.

Wie wichtig ist für Dich Sprache?

Es ist ein Bewegungstheater, in dem die Stimme ein Element des Körpers ist, kein literarischer Ausdruck. Das Wort kann sehr wichtig sein, ich kann damit spielen, aber es ist nicht wie im Sprechtheater. Das ist in meiner Arbeit nicht wichtig. Der körperliche Ausdruck ist zentral und die Stimme ein Teil davon.

Wie wichtig ist die Gruppe?

Man macht einerseits seine Erfahrungen in der Arbeit für sich alleine. Das geht aber andererseits nicht ohne die Gruppe. Die Gruppe wirkt wie eine Reflexion für den einzelnen, er erfährt sich ja gerade auch in der Wirkung auf die anderen.

Was passiert bei Konflikten? Künstler ignorieren in ihrer direkten Arbeit ja oft betont die psychologische Ebene von Konflikten. Man sagt, Probleme lösen sich in der Arbeit oder beflügeln gar die Intensität der Auseinandersetzung.

Also im Prinzip gehe ich durchaus auf Konflikte ein, schon aus persönlichem Interesse. Ich kann natürlich keine therapeutische Hilfe geben, dafür bin ich nicht zuständig. Ich kann nur rein menschlich meine Hand reichen und über die Sache sprechen.

Von den Gruppen aus ist das ja auch ambivalent. Die werden manchmal durch Konflikte sehr behindert, wollen aber meist keine Zeit dafür vergeuden, sich mit ihnen auseinanderzusetzen.

Ich würde das auch nicht an die Gruppe zurückgeben und da Zeit nehmen, sondern das nebenbei einzeln besprechen. Ich würde darauf hinarbeiten, zu trennen: Das ist mein Problem, das ist dessen Sache, das ist die Arbeit in der Gruppe, wo muß ich mich anpassen.

Du thematisierst Konflikte demnach eher nicht?

Nein, ich kann – glaube ich – vermitteln, daß es weitergeht, daß etwas im Augenblick schlimm sein kann, aber daß es sich ändert, wenn man weitermacht. Ich denke, es ist ein Fehler, Probleme groß zu machen, indem man sie thematisiert.

Das ist interessant, weil diese Einstellung bestimmte Lehrer, die über Körper und Kunst arbeiten, zu verbinden scheint. Im Gegensatz zu „reinen" Künstlern ohne pädagogisches Interesse werden dort Probleme und Konflikte nicht ignoriert. Sie werden aber auch nicht zum Thema gemacht wie in der Therapie. Man nimmt an, daß sie sich im Rahmen der Arbeit in einer Art lösen, wie Du sie beschrieben hast.

Und es löst sich meistens auch. Das habe ich für mich gemacht, und das sehe ich auch bei anderen. Zuerst komme ich durch etwas nicht durch, da kann ich mit etwas nicht umgehen. Und am nächsten Tag ist das schon ganz anders, da gibt es einen Weg. Es gibt natürlich gravierendere Sachen. Da muß man in die Therapie. Aber meist ist es ein Fehler, Sachen aufzubauschen.

Ich halte das für eine wichtige Erfahrung, in persönliche Probleme auf eine Art durch die körperlich/künstlerische Arbeit hineinzugehen, aber damit auch da durchzugehen und so Erfahrungen zu gewinnen, wie sich die Dinge im Kontakt und in der inhaltlichen Arbeit klären können. Gerade das fehlt den Menschen oft im Alltag.

Ja, das geht meist wirklich ganz leicht, es ist einfach ein tiefer Punkt, eine starke Erfahrung, die man macht, und dann geht das weiter.

Wie variabel ist die Arbeit? *Kann man das mit allen machen, oder gibt es günstige Voraussetzungen, bzw. Ausschließungen?*

Natürlich ist eine bestimmte Offenheit gut, ein Interesse am Körper und an seinem Ausdruck. Es ist gut, wenn Leute Interesse daran haben, wie körperlicher Ausdruck funktioniert, oder wenn sie das gar für die Bühne lernen wollen.

Gibt es Einschränkungen, wo Du sagen würdest, daß es dann nicht soviel Sinn macht, mit Deinem Ansatz zu arbeiten?

Also es hat immer Sinn, es ist immer gut. Mir macht es natürlich mehr Spaß, wenn ich weiß, es gibt jetzt zwölf oder sechzehn Menschen, die großes Interesse haben, und es gibt eine gute Energie, weil sie bereit sind, sich einzulassen. Das ist für mich sehr wichtig. Wenn die sich einlassen, wird es einfach gut.

TeilnehmerInnen von Weiterbildungen arbeiten hinterher oft mit speziellen Gruppen, zum Beispiel im Kindergarten, mit Jugendlichen in Schulen, mit Alten, in Volkshochschulen, mit sozial auffälligen Personen. Gibt es da Einschränkungen, oder können die Deinen Ansatz allgemein gut verwenden?

Der Ansatz ist im Prinzip sehr variabel. Es muß sich dann nur jeder sein Konzept machen. Nicht alles, was ich heute (in der Weiterbildung, D.K.) gemacht habe, kann man mit Jugendlichen machen. Deren Ausdauer ist viel geringer. Man muß die Sachen anders kombinieren.

Also man muß Details verändern, das Grundlegende ist aber anwendbar?

Ja, das Theatralische, das direkt dramatische Element ist natürlich begrenzter anwendbar. Ich muß erst über die Körperarbeit kommen; das ist die allgemeine Grundlage.

Eine Anpassung Deines Ansatzes für speziellere Gruppen wäre etwa in der Art möglich, anfangs mehr allgemeine Körperarbeit zu machen und dann erst die eigentlichen Übungen zu Körpertheater einzuführen?

Ja, das kann man so sagen.

Anna, vielen Dank für das Gespräch.

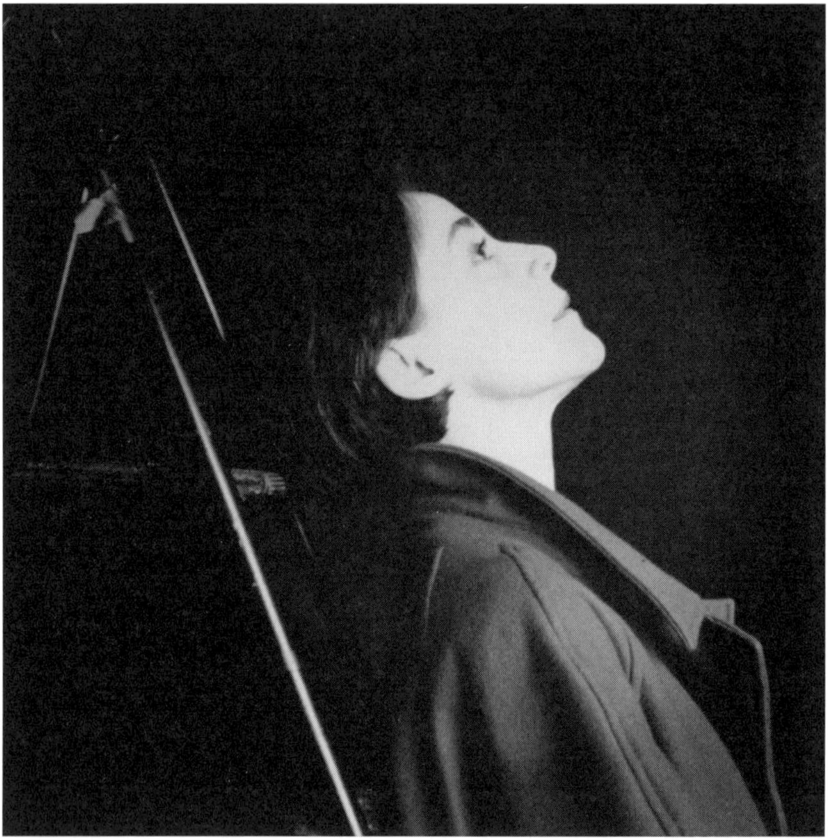

9 Unterrichtsphilosophie Christine Brunel, Tanztechnik und Gestaltung

Was ist das Besondere an Deinem Ansatz, mit den Tänzer/innen zu arbeiten?

Ich möchte, daß die Menschen ein Gefühl für den Tanz bekommen, daß sie berührt werden. Es ist nicht möglich, innerhalb einer kurzen Zeit eine Technik zu lehren. Ich möchte aber einen inneren Zugang über den Körper vermitteln, etwas, das die Schranke alltäglicher Gewohnheit durchbricht.

Geht es um einen Kontakt zu sich selbst?

Ja, das kann mich im traurigsten Augenblick glücklich machen. Es läßt mich aber auch ganz einfache kleine Dinge, wie das Gehen, bewußter erleben.

Dann ist die Empfindungsschulung, die Sensibilisierung, genauso wichtig wie die Tanztechnik?

Das kann man gar nicht trennen.

Ist für Dich ein bestimmter Aufbau wichtig, oder arbeitest Du eher prozeßorientiert?

Es gibt Grundübungen, die ich immer mache, und den freien Teil.
Wenn die Menschen mit ihrem Streß kommen, ist es wichtig, daß sie sich erst einmal mit einer Meditationsübung leermachen. Es folgt ein einfaches, grundlegendes technisches Training.

Du hast also einen bestimmten Aufbau, mit dem Du beginnst.

Das sind Techniken, Körper und Seele vorzubereiten. Ich habe dafür feste Übungen, von denen ich denke, daß sie so grundlegend sind, daß auch Leute ohne Vorerfahrung sie machen können. Sie sollen den Körper erwärmen und ihn als Instrument für den Ausdruck mit Tanz bewußt machen. Dabei gehe ich vom Boden zum Stand und in den Raum.

Besteht der freie Teil aus Gestaltung?

Der zweite Teil ist dann Improvisation. Ich habe einen ganzen Themenkatalog für die Improvisation. Dazu greife ich meistens, wenn ich sehe, daß die Leute von sich aus nichts geben können.
Sonst beginne ich mit reiner Improvisation: ohne Musik, ohne Thema, nur auf sich selbst gestellt. So wie man Kindern sagt: „Zeichne mir mal was“,

sage ich hier: „Tanz für mich, tanz mir mal was vor!" Die Musik kommt vielleicht später dazu, ist aber nicht so wichtig. Von dieser freien Improvisation aus baue ich auf. Ich mache den TänzerInnen klar, was sie gemacht haben. Aus einem Zeichenkurs nimmt man sein Werk mit nach Hause. Ich versuche, den Kurs so zu geben, daß die Menschen auch hier das Gefühl haben, etwas mitzunehmen. Das hat für mich auch mit Ehrlichkeit zu tun. Es geht weder darum, möglichst viele Bewegungen zu machen, noch die Augen zu schließen und sich nur vorzustellen, was man alles fühlt, dabei aber gar nichts zu bringen.

Du gibst den TänzerInnen also ein ziemlich direktes Feedback über die Authentizität ihres Tanzes.

Eigentlich funktioniert das genauso, wie wenn man ein Tanztheaterstück macht. Beim Unterricht lasse ich auch viel gegenseitig zugucken und frage dann: „Was hast Du gesehen, zeig es mir!" Die TänzerInnen sind die ganze Zeit voll darauf konzentriert, was passiert. Ich frage oft auch am nächsten Tag: „Was hast Du gestern gemacht? Kannst Du mir das noch mal zeigen?" Mich interessiert es, den Spuren nachzuforschen, die in uns zurückbleiben.

Also werden die TänzerInnen aufmerksamer für das, was sie tun.
Machst Du mehrere kleine Performances, oder arbeitest Du an einem Thema weiter?

Ich habe gemerkt, daß es eigentlich am besten läuft, wenn ich mich thematisch ganz auf die Gruppe einstelle. Für mich sind schon bestimmte Grundthemen wichtig: Ich als Tänzer; der Mensch; dann in Kontakt zu den anderen; aufeinander zugehen; oder ich sage: „Komm, mach etwas aus mir!" Ich würde nicht sagen: „Laß uns zusammen tanzen!" JedeR muß erstmal bei sich ankommen. Wenn jemand weiß, was er tut, dann kann man sagen: „Mach das für jemanden, in Bezug auf jemanden!" oder: „Das ist ein Tonkloß, forme ihn, gebe ihm Leben ein!"

Auch wenn man etwas mit jemand anderem macht, muß man demnach als erstes zu sich kommen und von sich selbst ausgehen.
Bleibst Du denn nun konkret an einem Thema, oder gibt es mehrere Zugänge?

Eigentlich ist es wirklich ein Thema mit mehreren Aspekten. Was ich alles aufgezählt habe, gehört zusammen, aber ob wir tatsächlich an einem Thema arbeiten, das hängt auch von den Leuten ab.

Also wenn Du die richtigen Leute hast, würdest Du auch z.B. vier Tage an einem Thema bleiben?

Ja, als ich das letzte Mal in Göttingen war, habe ich ein Stück immer weiter aufgebaut. Man muß bei so einer intensiven Arbeit Pausen machen. Dann lasse ich aufschreiben, was sie getanzt haben.

Du machst ja wirklich alles sehr bewußt!

Es sollte absolut bewußt sein; so verstehe ich Tanzgestaltung.
Das geht von der Technik über die Improvisation zur bewußten Gestaltung. Ich möchte, daß die TänzerInnen behalten, was sie empfunden und gemacht haben.

Für Dich stellen Kunst und Gestaltung also einen wichtigen Bestandteil des Unterrichtes dar?

Ja, es hat alles immer mit Kunst und Gestaltung zu tun. Ich frage sogar: „Wie würde Dein Kostüm aussehen?"

Du machst das so konkret?

Ja, ich frage außer nach dem Kostüm auch nach der Musik, die sie sich dazu aussuchen würden. Natürlich geht es dann auch direkt um die Bewegung. Ich fordere die TänzerInnen auf, die Bewegung schnell oder langsam zu machen, um sie aus ihrer Gewohnheit zu reißen und ein besseres Gefühl für den Rhythmus zu bekommen.

Es geht aber immer von den eigenen Bewegungen der TänzerInnen aus, nicht von meinen Vorgaben.

Du hast einen Weg gefunden, daß TänzerInnen mit sehr unterschiedlichem Niveau konstruktiv an ihrem eigenen Thema arbeiten können.

Ich glaube, das sollte beim Unterricht in allen Künsten so sein.

Gibt es Übertragungsmöglichkeiten auf den Alltag?

Ich kann Tanz gar nicht vom Alltag trennen. Durch Tanz an sich entsteht ein Gefühl von Glück, unabhängig von dem, was um einen herum ist. Deshalb haben die Sklaven gesungen und getanzt; das ist immer und in jeder Situation wichtig. Das gesteigerte Körperbewußtsein verändert aber auch die Wahrnehmung der Umgebung. Man nimmt nicht mehr nur mit den Ohren, den Augen oder dem Geruch auf, sondern mit dem ganzen Körper. Kunst bedeutet nicht, Ferien machen vom Alltag, sondern ist wichtiger, zentraler Teil des Alltags.

Ja, das sehe ich genauso.
Wie wichtig ist die Gruppe in Deinem Unterricht?

Nicht die Gruppe ist wichtig, sondern die Menschen. Jeder muß sich selber erfahren. Der Tanz ist bei ihnen, geht von ihnen aus, existiert nicht nur durch den Partner. In einem Tanzkurs kann es nicht um Gruppendynamik gehen. Wenn jeder erstmal bei sich ist, funktioniert das Zusammentanzen viel besser. Das ist im Tanz wie im Leben und überall. Die TänzerInnen in einer Unterrichtsgruppe bestätigen das übrigens auch. Sie sagen, allein zu tanzen sei viel intensiver, beinhalte eine ganz andere Konzentration. Erst wenn man das hat, macht das Zusammentanzen wirklich Spaß.

Die Arbeit konzentriert die TänzerInnen also sehr auf sich selbst. Was machst Du bei Konflikten?

So direkt gibt es diese Konflikte nicht. JedeR ist so konzentriert auf das Geschehen, auf den Tanz und die Kreativität, daß es richtige Konflikte eigentlich nicht gibt. Es gab einmal eine Frau, die war beleidigt, weil ich sie korrigiert habe. Ich mache keine Psychologie und lasse jeden bei sich. Also habe ich sie danach nicht mehr korrigiert.

Du arbeitest nicht mit den Widerständen?

Ich habe in dem Fall zum Beispiel die Kritiken einfach allgemein gegeben und „man" gesagt. Sie hat dann weitergemacht. Ich zwinge die Leute nicht; sie sind erwachsen und können für sich selbst entscheiden. Der Mensch muß in sich gehen, dann funktioniert es. Das ist der erste Punkt der Arbeit. Die erwähnte Frau hat z.B. auch auf diese allgemeinen Korrekturen reagiert.

Es passiert ja in den Menschen sehr viel. Wenn ich das aufschreiben lasse, bin ich jedesmal erschüttert, wieviel die TänzerInnen erleben und was da alles rauskommt. Die Frau übrigens hat mir danach ihre Aufzeichnung geschenkt. Das ist aber von mir nicht bewußt als psychologische Strategie geplant gewesen. Die Idee, die Korrektur allgemein auszudrücken, war mehr eine Intuition.

Normalerweise kommen die Leute also mit ihren Erlebnissen und Reaktionen selbst zurecht, Du mußt nicht oft intervenieren.

Wie variabel ist das Konzept, könntest Du Deine Arbeit mit unterschiedlichen Zielgruppen machen?

Das Konzept ist nicht an eine Altersgruppe gebunden. Ich kann mir das mit Kindern und alten Leuten genauso gut vorstellen. Alles, worüber wir gesprochen haben, funktioniert unabhängig von Hautfarbe, Geschlecht oder Alter. Die Konzentration ist für mich das Wichtigste. Ich weiß nicht, wie es bei körperlichen oder psychischen Behinderungen funktionieren würde. Ich denke, daß ich instinktiv die richtige Sensibilität hätte; vielleicht brauchte man auch fachliche Begleitung.

Wie steht es mit erziehungsschwierigen Jugendlichen? Glaubst Du, Du könntest mit denen arbeiten und eventuell mit Widerständen umgehen?

Es kommt darauf an, ob es wirklich eine Konfrontation geben müßte. Kunst hat immer auch etwas Geheimnisvolles, das bestimmte pädagogische Konfliktebenen überspringen kann. Es käme sicher darauf an, ob man es schafft, daß sie sich konzentrieren können.

Christine, vielen Dank für das Gespräch.

10 Unterrichtsphilosophie Sayonara Pereira/Simonne Rorato, Tanztechnik und Gestaltung

Was ist das Besondere an Deinem Ansatz, mit den TänzerInnen zu arbeiten?

Simonne: Ich muß erst einmal einen Eindruck von der Gruppe bekommen, bevor ich etwas hineingebe; das sind Laien, und ich muß meinen Ansatz der Bewegung durch ihre Körper und ihre Reaktion sehen. Das war gut in der Zusammenarbeit mit Sayo, die zuerst Technik unterrichtet hat, während ich beobachtet habe.

Sayo: Ich habe ein Techniktraining, das weiterzuvermitteln mir wichtig ist. Für mich ist Technik wichtig im Tanz. Ich setze das aber nicht absolut, sondern stelle es auf die Gruppe ab, so daß die Leute maximal davon profitieren können.

Also ist ein technisches Moment wichtig, aber Du guckst, wie und wo Du die Leute abholen kannst; es gibt eine feste Struktur, aber innerhalb dieser Struktur bist Du variabel.

Sayo: Wir haben zum Beispiel in dieser Konstellation (erster Teil Sayo: Technik, zweiter Teil Simonne: Gestaltung, D.K.) mit Profis gearbeitet; da kann man ziemlich weit gehen innerhalb des Trainings. Mit Laien arbeite ich mehr an den Grundlagen. Das (technische Grundlagen, D.K.) ist meiner Ansicht nach auch für die freie Bewegung wichtig.

Simonne: Für mich ist diese Struktur sehr günstig; ich konnte schnell und genau sehen, wo die Leute stehen und dann das entsprechende von meiner Seite geben; so kommt es zu einem produktiven Austausch.

Ihr arbeitet dann mit Einzelkorrektur?

Simonne: Korrektur ist in meinem System sehr wichtig; es ist eine Information, durch die die Leute, die sich aus ihrer persönlichen Geschichte heraus bewegen, Innen und Außen zusammenbringen können; es bringt die Klarheit und Stärke einer guten Bewegung nach innen.
Ich gebe eine Rückmeldung darüber, was jemand wirklich tut, und so gibt es immer mehr Bewußtheit über die Bewegung. Das kann wie ein Experiment sein.

Technik ist demnach nicht äußerlich, sondern so etwas wie ein inneres Gerüst für den persönlichen Ausdruck! Du siehst keinen Widerspruch zwischen dem Inhalt und Ausdruck einer Bewegung einerseits und der Technik andererseits? Das ist für viele Laien ja erstmal ein Gegensatz, wenn sie neben dem, was sie aus dem Gefühl heraus tun, mit „äußerer" Korrektur konfrontiert werden.

Sayo: Sprechen wir von Bewegung, nicht von Tanz: Das ist wie eine Sprache. Die Technik soll ein Vokabular sein, das Sicherheit und Differenzierung gibt. Das ist aber nicht äußerlich; ich habe vor kurzem bei großer Hitze unterrichtet. Es ist nicht nötig, extreme Bewegungen zu machen, sondern man muß den inneren Punkt finden, die Bewegung richtig zu machen, auch wenn man nicht viel Energie hat. Das ist für mich auch Technik. Für Laien ist Technik erstmal ein Monster, vor dem sie Angst haben, aber das ist nicht nötig.

Simonne: Für mich ist Technik in erster Linie ein Mittel, um mehr ausdrücken zu können. Man kann auch andere Mittel benutzen, aber im professionellen Kontext versuchen wir, Techniken zu vermitteln, die neue Möglichkeiten eröffnen und mehr Freiheit erlauben.

Spielt in so einem Rahmen von – sagen wir – vier Tagen, wie es in meiner Weiterbildung üblich ist, Kunst eine Rolle, oder ist das zu kurz, muß man erst mehr an den Grundlagen arbeiten?

Simonne: Wenn Kunst bedeutet, etwas zu suchen, sich auseinanderzusetzen und zu experimentieren, dann ja. Es ist dann nicht nur so, daß ich als Lehrerin gebe und gebe, sondern dann ist das ein Austausch.
Wenn Studenten und Lehrer etwas von innen geben im Unterrichtsprozeß, hat das auch etwas mit Kunst zu tun. Im professionellen Tanzbereich versucht man immer, etwas zu schaffen; darauf ist alles ausgerichtet.

Sollte man das eher als ein kreatives Moment bezeichnen?

Sayo: Kunst ist vielleicht zu früh, kreativ finde ich besser.

Kunst bedeutet für Dich wahrscheinlich, Mittel zu beherrschen und bewußt einzusetzen?

Simonne: Ja, aber für mich hat es schon durchaus mit Kunst zu tun, wenn ich eine Zeit mit einer Gruppe an einer Gestaltung arbeite. Das ist dann Kunst in einem nicht-professionellen Rahmen.
Kunst hat für mich weniger mit Schönheit und einem Ergebnis als mit einer bestimmten Art von innerem Austausch zu tun.

Wie wichtig ist die Gruppe in Deiner Arbeit?
Welchen Stellenwert haben persönliche Verarbeitungsprozesse?

Sayo: Man muß die Gruppenprozesse immer beachten. Schon weil ich Technik unterrichte und viele Leute Probleme mit Technik haben, muß ich auf Widerstände achten.

Das ist sicher wichtig, wenn Du Korrektur geben willst? Gehst Du auf Widerstände ein, oder ignorierst Du das? Laien reagieren viel empfindlicher auf Korrektur, als man das gemeinhin von Profis kennt.

Sayo: Ja, die sind oft ziemlich empfindlich.

Simonne: Moment, Profis reagieren auch empfindlich. Das Problem gibt es immer, nur daß die Profis eine Art Kodex haben, das zu akzeptieren. Wir arbeiten auch gleich mit Profis und mit Laien, machen keinen Unterschied; die Schwierigkeiten sind aber andere;

Sayo: ...und die Resultate sind auch verschieden; die meisten Profis nehmen die Tatsache, korrigiert zu werden, nicht privat; sie würden nicht sagen: Er macht eine Korrektur gegen mein plié; er haßt mich! Das ist nicht so extrem, aber bei Laien siehst Du zum Teil so etwas im Gesicht von einer Person.

Simonne: Ich denke, bei Laien ensteht dann die Frage: Warum soll ich das so machen?

Sayo: Für Profis ist klar: Du mußt das so akzeptieren; Laien fragen. Zum Beispiel habe ich in Duisburg eine Stunde gegeben und am Anfang gesagt: „Legt euch auf den Boden, schließt die Augen; achtet auf den Atem!" Dabei ging es mir darum, daß alle ruhig werden, denn man kann nicht von der Straße kommen und direkt mit dem Tanzen anfangen. Da sehe ich eine Frau mit offenen Augen; ich sage: „Bitte die Augen zu!" Da sagt sie nicht: Ich möchte das nicht aus den und den Gründen, sondern: „Erstens will ich die Augen nicht schließen, zweitens habe ich Kontaktlinsen!" Ich habe tief durchgeatmet, bin weggegangen und habe diese Frau nicht mehr angesprochen.

Das ist interessant: Alle Lehrer müssen sich mit den Themen „Widerstand" und „Projektion" auseinandersetzen. Bis jetzt hat niemand so reagiert, daß er das Thema offen angesprochen hätte; alle sind eher indirekt damit umgegangen.

Simonne: Ignorieren wäre zuviel; es geht darum, indirekt zu reagieren;

Sayo: Also bitte, ich habe viele Erfahrungen als Lehrerin auch mit Kindern, aber dieses Mal: Ich war baff! Die Stunde hat noch nicht angefangen, und ich hatte ja nichts Schwieriges oder Gefährliches verlangt. Bei einem so massiven Widerstand gegen Korrektur oder nur einfach einer Ansage habe ich mich gefragt, warum diese Frau überhaupt in meiner Stunde war.

Konkret geht es wahrscheinlich immer um indirekte, geschickte Reaktionen, die Probleme nicht zu ignorieren, aber auch nicht in eine Konfrontation zu gehen.

Ist eigentlich die Gruppe an sich wichtig, oder geht es mehr um den Einzelnen?

Simonne: Ich gehe immer vom Einzelnen zur Gruppe; eine Gruppe besteht für mich aus Einzelnen.

Sayo: Für mich hängt alles davon ab, wieviel Kraft jeder Einzelne in die Gruppe gibt. Zwar geht alles vom Einzelnen aus, aber es geht nicht darum, daß jeder nur für sich ist.

Da scheinen sich auch alle einig zu sein, daß man vom Einzelnen ausgeht, daß von da ausgehend aber eine Orientierung auf das Ganze wichtig ist. Was macht man aber, wenn es so nicht funktioniert?
Thematisiert man Konflikte, oder denkt man, daß sich das irgendwie in der Arbeit löst?

Simonne: Dazu habe ich eine Erfahrung gemacht bei meiner letzten Gruppe in Aachen. Wir haben sehr gut gearbeitet, aber nach zwei Tagen wurde klar, daß einige nicht alles geben wollten. Ich habe dann etwas gemacht, was sehr gefährlich ist: Ich habe das thematisiert: Warum passiert das hier so, und warum geschieht jenes nicht usw. Es war eine böse, aber gute Diskussion, die Leute waren sehr ehrlich. Schließlich sind diejenigen, die nicht wollten, weggegangen, und wir haben richtig toll zusammengearbeitet. Am Ende haben auch die, die gegangen waren, unsere Vorstellung gesehen und waren begeistert. Sie haben gesagt, daß sie beim nächsten Mal richtig mitmachen wollten. Ich finde es allerdings sehr gefährlich, so zu diskutieren. Ich glaube, als Lehrer darf man nicht viel erklären; man muß von den Schülern erwarten, daß sie aufmerksam sind, daß sie „awareness" haben, nicht daß man von Anfang an erklären muß, was man tun will, bevor man angefangen hat.

Ich würde das als Vertrauensvorschuß bezeichnen, ohne den Tanzunterricht wahrscheinlich nicht sinnvoll ist. Die Leute, die gegangen sind, wollten verstehen, was sie tun, bevor sie die Erfahrung gemacht haben. Die anderen haben Dir einen Vorschuß an Vertrauen gegeben, so daß sie sich erstmal auf die Erfahrung eingelassen haben.

Sayo: Letztlich läuft das darauf hinaus, daß wir Therapeuten sein müßten, aber das ist nicht unsere Aufgabe. Wir haben als Kinder angefangen, Tanz zu lernen. Da gibt es viele ungeschriebene Gesetze, wo Du nicht nachfragst. Das ist nicht undemokratisch, sondern einfach dort kein Thema: Du sollst vor dem Lehrer da sein; wenn Du zu spät kommst, kannst Du nicht alle stören usw.. In der Arbeit mit Laien bin ich manchmal völlig verloren, wenn z.B. jemand zu spät kommt und während der Stunde die anderen begrüßt und alle stört oder mitten im Unterricht anfängt, die Übungen aufzuschreiben, bevor sie auch nur ansatzweise verstanden worden sind.

Diese Probleme haben viele; sobald ernsthafte künstlerische Methoden, die früher in einem begrenzten professionellen Umfeld weitervermittelt wurden, in einem größeren Rahmen unterrichtet werden, wo es genauso auf die Selbsterfahrung, wie auf die korrekte Ausführung einer Übung ankommt, überschneiden sich bestimmte Verhaltensgewohnheiten und Einstellungen: Wir sind mitten in dem Prozeß, wo sich etwas Neues entwickelt.
Wie sieht eigentlich der Transfer aus, den es von Deinem Unterricht auf das Alltagsleben gibt?

Simonne: Ich sehe in erster Linie die Wachheit, die physische, emotionale, geistige aber auch instinktive Wachheit; das kommt mehr zu einer Einheit zusammen, wird bewußter, kommt miteinander in Kontakt;

Sayo: Ich sehe die Aufmerksamkeit für sich selbst, einfach auch körperlich, eine Fähigkeit, sich anstrengen zu können, über Grenzen alltäglicher Gewohnheit gehen zu können, auch Konzentration...

Wie variabel ist die Arbeit, *ließe sie sich auf die Schule oder auf spezielle Gruppen, zum Beispiel schwererziehbare Jugendliche übertragen?*

Simonne: Haben wir schon gemacht. Ich wollte meine Art zu arbeiten nie verleugnen, und es ist schwer; man kann arbeiten, aber es ist genausoviel psychische Arbeit wie Kunst. Der kreative Teil war für mich gut.

Sayo: Aber Du wolltest Dich nicht mit dem therapeutischen Teil beschäftigen?

Simonne: Ne, wollte ich nicht; ich bin Choreographin. Der kreative Teil ist gut gelaufen, aber ich weiß nicht, ob man damit die Menschen ändern kann...

Man muß nicht unbedingt einen so großen Anspruch haben. Eigentlich geht es um folgende Frage: Tanz hat den Bereich der reinen Bühnenkunst verlassen. Zugleich gibt es eine Krise der Aufklärung in der modernen Gesellschaft. Die eingeführten Methoden der Psychologie und der Pädagogik erreichen die Jugendlichen und auch spezielle Gruppen der Gesellschaft oft nicht mehr. Tanz als körperliches, non-verbales Medium könnte helfen, eine Ausdrucksmöglichkeit zu schaffen und Kommunikation zu ermöglichen. Ich frage daher Lehrer verschiedener Ansätze, ob sie sich vorstellen können, in diesem Sinne zu arbeiten.

Simonne: Ich glaube, es ist für mich mehr eine Frage des Lehrers als eine Frage des Ansatzes. Wenn ich etwas gelernt habe früher, war es eher ein spezieller Lehrer als eine bestimmte Methode, der mich weitergebracht hat. Die Person war das Wichtige.

Dann muß ich die Frage anders stellen: Kannst Du Dir persönlich vorstellen, mit speziellen Zielgruppen zu arbeiten?

Simonne: Ja.

Sayo: Ja, man muß es nur spezieller aufbauen und sich klarmachen, was man erreichen will. Wenn zum Beispiel Jugendliche mit Problemen sehr aggressiv sind, werden sie durch Tanz ihre Aggressivität nicht völlig abbauen. Vielleicht kriegen sie aber einen anderen Zugang zu ihrer Energie, wenn es eine powervolle Stunde gegeben hat.

Das funktioniert; wir haben in Brasilien in einem Gefängnis getanzt, und die Insassen fanden das sehr gut. Es waren alles Frauen, und als wir das nächste Mal wieder da waren, haben sie ein Stück für uns gemacht und uns vorgetanzt. Das hat also etwas angerührt. Oder wir haben in Gladbeck in einer Hauptschule einen Monat lang im Rahmen des Kunstunterrichtes Tanz und Gestaltung versucht. Das war eine sehr schöne Erfahrung. Die hatten zwar keine Trikots, und die Jungen waren grundsätzlich in Jeans, aber sie haben immer mitgemacht. Ich konnte in den technischen Teilen sehen, was sie speziell brauchen, und Simonne hat das in dem choreographischen Teil gestaltet. Es war nur leider zu kurz.

Sayo, Simonne, vielen Dank für das Gespräch.

11 Unterrichtsphilosophie Howard Sonenklar, Kontaktimprovisation

Was ist das Besondere an Deinem Ansatz, mit den TänzerInnen zu arbeiten?

In meiner Arbeit geht es vor allem darum, „präsent“ zu werden. Damit meine ich ganz physisch, in jeder Zelle des Körpers gegenwärtig zu sein und wahrzunehmen, wie dieses „Im Augenblick Sein“ das Tanzen erfüllt. Den Körper in seinem ganzen physisch zellulären Potential aufzuwecken und damit nicht mehr vom Kopf her zu tanzen, ist ein langer arbeitsreicher Prozeß, der in der gleichen Art in Meditation und östlichen Kampfkünsten stattfindet. Um diesen Waking-up-Prozeß in meinem Medium, meiner Ausdrucksweise Tanz umzusetzen, greife ich auf langjährige Erfahrungen in Body-Mind-Centering, Aikido und Craniosacraltherapie zurück. Dabei komme ich immer auf den „Support“, das Vertrauen und die Unterstützung auf die und von der Erde, zurück.

Contact ist für mich ein Mittel, die Aufmerksamkeit für die Linien der Schwerkraft im Körper und den Sinn für Zentrum und Peripherie zu entwickeln. Zentrales Element dabei ist ein Verständnis von „Release“, das nichts mit einem energielosen Kollabieren zu tun hat. Es geht vielmehr darum, den Körper von unnötiger Spannung zu befreien und diesem „Release“-Zustand eine Richtung zu geben, so daß sich der Körper in Raum und Erde frei ausdehnen kann.

Je klarer ich in meinem Körper und im Bezug zur Erde bin, desto weniger besteht die Gefahr, mich in meinem/r ParterIn zu verlieren. Es geht mir also darum, sich nicht durch andere aus der Ruhe bringen zu lassen, sondern dem Support der Erde zu vertrauen. Die Einflüsse, die von der Umgebung oder dem/r PartnerIn kommen, lasse ich geschehen und kann sie als Impulse im Tanz nutzen. Der Tanz ist also nicht das, was ich mir vorstelle, was er sein könnte, sondern er entsteht jeden Augenblick neu!

Also ist auch im Kontakttanz das Solo wichtig?

Die Grundlage für Bewegung ist immer das Solo, obwohl man eigentlich nie allein, sondern immer in Beziehung zur Schwerkraft tanzt.

Hast Du einen bestimmten Aufbau in Deinen Stunden, oder arbeitest Du eher prozeßorientiert?

Ich kombiniere beides. In den Unterricht bringe ich den gesamten Erfahrungsschatz aus meiner 18jährigen Arbeit als Tänzer und Lehrer ein. Von daher habe ich meine eigene Form. Alle Informationen über Gruppen-, Unterrichts- und Lernprozesse entfalten sich in der Arbeit. Was genau entsteht, ist immer ein kleines Geheimnis und macht Spaß. Ich habe weniger eine genaue Vorstellung davon, was in dieser oder jener Übung geschehen wird, als einen allgemeinen Überblick und ein Gespür dafür, was ich der Gruppe anbieten möchte. Wenn dieser intuitive Prozeß der Entfaltung dessen, was in mir steckt, authentisch ist, ist die Arbeit gut.

Benutzt Du eher technische Übungen, oder arbeitest Du hauptsächlich mit Improvisation?

Wie schon gesagt, geht es darum, präsent zu werden. Die Übungen dazu (in unserer Terminologie „Empfindungsschulung“, D.K.) sind präzise, aber nicht Technik im herkömmlichen Sinne. Je mehr man mit dem Verstand sucht, desto weniger wird man präsent! Meine Arbeit ist absolut physischer Art. Die Bewegung kann dann jede Form annehmen, der Prozeß aber, der zu ihr führt, ist sehr, sehr exakt. Insofern stimmt auch das Wort „Improvisation“ nicht. Es löst sich in dem Prozeß der Awareness auf. Ich lasse mich von der Gegenwärtigkeit aller Prozesse des Körpers, der absoluten Lebendigkeit, leiten, und das bedeutet, daß ich in einer Zehntelsekunde nicht weiß, was in der nächsten geschieht.

Geht es also darum, immer natürlicher, immer authentischer zu werden?

Ja genau, es geht darum, immer authentischer zu werden, wie in den östlichen Bewegungsphilosohpien.

Gibt es einen direkten Bezug zum Alltagsleben?

In meiner Arbeit geht es eigentlich – wenn man so will – ausschließlich um das alltägliche Leben. Ich bin davon überzeugt, daß Tanzen Leben und Leben Tanzen ist. Aber nicht in einer historischen, ruhmreichen Art, sondern in einer harten, tagtäglichen Präsenz – wohlgemerkt in einer rein physischen Form.

Wir sind dann authentisch, wenn wir es schaffen, diese versteckten, ehrlichen Momente nach außen (auf die „Bühne“) zu bringen.

Ist für Dich auch im Unterricht der künstlerische Aspekt wichtig?

Wir haben hier die ganze Zeit über Kunst, psychologische Prozesse und „spirituellen“ Ausdruck gesprochen. Ich glaube, es gibt da nicht so gravierende Unterschiede. Es ist eher unsere Gesellschaft, die sagt, das ist Kunst, das ist eine spirituelle Angelegenheit.

Für mich liegt Kunst eher im Wesen, in der Essenz des Körpers oder anders gesagt in dem gegenwärtigen Verstehen, den Moment zu füllen. Von diesem universelleren Blickwinkel aus beinhaltet meine Arbeit eine künstlerische Aussage: den täglichen Ausdruck der eigenen Lebenskunst. Dies ist das

Wesentliche, was ich in meinem Unterricht vermittele: In dem Moment, in dem wir die Tiefe des Vertrauens in unserem Körper suchen, kommen wir zu dem Punkt, der unsere Lebenskunst berührt. „Life is Art and Art is Life“. Wenn ich sehe, die TänzerInnen haben die vielen Informatinen so verinnerlicht, daß sie unbewußt damit umgehen, kann ich sie mit unterschiedlichen Performance-Ideen weiter herausfordern. Der Schlüssel ist allerdings: Man braucht genügend Informationen auf der unbewußten Ebene, so daß das Verständnis von und Vertrauen in den Körper nicht ständig in Frage gestellt wird.

Welche Bedeutung haben für Dich improvisierte Performances?

Zu improvisieren in Performances ist für mich aufregend und lehrt mich einiges (und wenn das heißt, an Dingen zu arbeiten, die unstrukturiert sind, dann ist das eben mein momentaner Standpunkt). Es ist der beste Weg, den ich im Augenblick finde, mich auszudrücken in meinem künstlerischen Prozeß oder Lebensprozeß. Dabei geschieht das gleiche, was ich für meine sonstige Arbeit beschrieben habe. Das heißt aber nicht, daß ich improvisierte Performances für die interessanteste Form halte, Arbeiten zu zeigen; es ist lediglich im Augenblick mein Weg, meinen Ausdruck zu erforschen.

Welchen Stellenwert hat für Dich die Gruppe?

Eine Gruppe besteht zuerst einmal aus Einzelindividuen Ich möchte nicht, daß jedeR über die Gruppe nachdenkt, sondern daß die Gruppe „passiert“. Meine Arbeit richtet sich an das einzelne Individuum – nicht im egoistischen Sinn, eher großzügig gesehen, indem jedeR nach seinem/ihrem eigenen Prozeß sucht. Und aus diesem Prozeß (oder auch Chaos) formiert sich ganz automatisch und natürlich eine Gruppe. Wenn Chaos frei gelassen wird, ist es nicht mehr Chaos. In dem Moment, wenn wir versuchen, Chaos zu organisieren, haben wir wirklich Chaos. Der Prozeß geht also über das Loslassen.

Nicht daran festhalten, was Deiner Meinung nach passieren soll, sondern loslassen. Das ist ein sehr Zen-orientierter Zugang! Zen lehrt dich, auf Dich aufzupassen und zu schauen, wie sich Dein eigener Prozeß ereignet.

Was macht Du mit Gruppenkonflikten?

Zugegebenerweise kommt dies in meinen Klassen nicht oft vor. Aber natürlich sind Menschen in jeder Art von derartiger Arbeit mit ihrem persönlichen Material konfrontiert, das ist ganz normal. Ich versuche, den besten Weg herauszufinden, abzuklären, ob es sich um ein Problem zwischen mir und einem/r einzelnen handelt oder unter den TänzerInnen oder zwischen der Gruppe und mir. Dann sehe ich, was das beste in solchen Momenten ist. Manchmal ist es von Vorteil, nicht direkt einzugreifen und das Problem beim Namen zu nennen, sondern erst einmal geschehen zu lassen, was sich sowieso ereignet hätte. Es kann vorkommen, daß ein größeres Verstehen auf beiden Seiten nach einiger Zeit da ist, als wenn man sofort in das Problem eingreifen würde. Aber ich tendiere dazu, zu versuchen, mit dem, was passiert, direkt zu sein und dabeizubleiben. Ich stelle das zur Verfügung, was ich anzubieten habe in meiner Arbeit, und da jedeR verschieden ist und sich in unterschiedlichen Lebensstadien befindet, wird auch jedeR etwas anderes daraus mitnehmen.

Du versuchst vor allem die TänzerInnen dazu zu bringen, ihren Prozeß, ihre Art zu lernen, zu akzeptieren?

Ich bin verantwortlich für meine Rolle als Lehrer und erwarte von meinen StudentInnen, daß sie für ihre Prozesse eigenverantwortlich sind. Die Rollen sollten jedenfalls klar sein. Im Mittelpunkt meiner Arbeit steht mein Ziel und nicht der Versuch, meine Arbeit jedem/r einzelnen TänzerIn anzupassen. Hat jemand ein physisches Problem, kann ich mit ihm/ihr eine kurze Zeit privat arbeiten, um vielleicht ein neues Verständnis für diesen Körperbereich aufzubauen. Da ich viele unterschiedliche Wege/Zugänge zu den Themen weiß, an denen wir arbeiten, bin ich zienlich flexibel. Dies ist meine Art, die TänzerInnen dort abzuholen, wo sie sich gerade befinden, und indem ich ihnen fünf verchiedene Möglichkeiten aufzeige, bekommen sie andere Aspekte oder Perspektiven zu der gleichen Situation. So können sie sich selbst sehen und spiegeln und brauchen sich nicht mit einer einzigen Denkweise zu konfrontieren. Zeige ich ihnen mehrere Möglichkeite, können sie nicht länger ihre Grenze aufrechterhalten und gegen ihren inneren Konflikt ankämpfen. Das ist genau der Punkt, an dem die wirkliche individuelle, innere Arbeit beginnt.

Wie variabel ist Deine Arbeit? *Die Contact-Szene ist groß, und man kann leicht in ihr bleiben. Obwohl der Anspruch da ist, daß Contact etwas Grundlegendes ist und eine Art Volkstanz für postmoderne Gesellschaften darstellt, bleibt man doch meistens innerhalb der Szene. Kannst Du Dir vorstsellen, mit Menschen aus unterschiedlichen gesellschaftlichen Gruppen zu arbeiten?*

Klar, ich habe mit Behinderten – sowohl körperlich als auch geistig – gearbeitet und auch mit Kindern und SchauspielerInnen. Kinder machen das auf natürliche Weise (Spiel mit der Schwerkraft, Kontakt beim Toben usw.). Ob ich nun mit AnfängerInnen, professionellen TänzerInnen, SchauspielerInnen, Behinderten, Kindern oder anderen arbeite, es geht immer um das gleiche: Ich muß nur unterschiedliche Zugänge finden. Es ist jedenfalls immer eine neue Herausforderung und bringt mich auch weiter.

Howard, vielen Dank für das Gespräch!

12 Unterrichtsphilosophie Patricia Bardi, Vocal Dance

Was ist das Besondere an Deiner Art zu unterrichten, was vermittelst Du, wenn Du zum Beispiel einen Vier-Tage-Workshop gibst?

Bei mir geht es um einen fächerübergreifenden Ansatz mit dem Körper im Mittelpunkt, wobei Tanz als Ausdruck die Stimme als ein physisches Werkzeug miteinbezieht. Einsatz und Arbeit mit der Stimme haben immer den Körper als Grundlage und werden in den Tanz integriert, so daß ich es „Vocal Dance“ nenne.

Als Gründungsmitglied von „Body-Mind-Centering“ ist für meine Arbeit natürlich Körperarbeit, dabei auch Craniosacraltherapie, von fundamentaler Bedeutung. Ich verbinde ein Verständnis der anatomischen und physiologischen Mechanismen des Körpers mit dem expressiven Element.

Das ist genauso wichtig für professionelle Tänzer- und PerformerInnen wie für Selbsterfahrung und das tiefere Verständnis von Heilungsprozessen. Es erlaubt den TeilnehmerInnen, ihre persönlich/professionelle Expertise mit einem inneren Verständnis und handwerklichem Wissen über den Körper auf bewußter und unbewußter Ebene zu verbinden.

Wenn wir einen überschaubaren Rahmen wie 3–5 Tage nehmen, gehst Du nach einer bestimmten inhaltlichen Struktur wie einem Curriculum vor, verhältst Du Dich mehr prozeßorientiert, oder kombinierst Du beides?

Letzteres, sicherlich... nach zwanzig Jahren; die Arbeit ist für mich immer sehr spannend geblieben. Der bewußte Einsatz der Stimme führt zu einer erhöhten Bewußtheit auf allen sinnlichen Ebenen und vor allem auch der Bewegung. Für die Arbeit mit Gefühlen ist die Stimme ein sehr machtvolles Instrument, alles wird ausgesprochen offensichtlich. Vielleicht durch die Erziehung haben die Menschen anfangs viele Hemmungen. Da zeige ich einen bestimmten Weg, eine Vorgehensweise, die zu einer Öffnung im Einklang mit verschiedenen fundamentalen Informationen aus der Arbeit führt. Atem, Wirbelsäule und körperliche Struktur werden miteinbezogen und in ihrem Gebrauch mehr und mehr selbstverständlich. Dabei ist eine Einstellung echter Nichtbewertung sehr wichtig. Körper und Stimme müssen vertrauter miteinander werden. Um die Musik, die man selbst macht, und die Bewegung zu verbinden, lehre ich keine Songs, sondern einen Weg, visuell, stimmlich und physisch präsent zu sein. Um Techniken und Intuition zu entwickeln, müssen Improvisation und Empfindungsschulung kombiniert werden. Über einen Zugang zu den persönlich/körperlichen Resourcen bekommen die Leute mehr Zutrauen und werden kreativer. Dafür ist ein geschützter Raum nötig, der erlaubt, den Bereich der Intimität auszuweiten und offener zu werden.

Also gibt es bestimmte Fundamentals, die Du aber je nach Situation und Gruppe einbringst.

Ja, eigentlich baue ich so einen bestimmten Kontext auf, der nötig ist, um individuell arbeiten zu können. Die TeilnehmerInnen lernen Stimmbildung, wie man einen Rhythmus vokalisiert und damit stimmlich und tänzerisch improvisiert. Dieses technische Lernen ist wichtig, hängt aber von der greifbaren Erfahrung über die Körperstruktur ab.

In so einer Gruppe findet demnach ein sehr individueller Lernprozeß statt?

Die Grundlage ist wirklich ein konkreter handwerklicher Selbsterfahrungsprozeß über Stimme, Körper und Bewegung, aber dafür sind sowohl generelle Unterstützung als auch Interaktion mit der Gruppe nötig. Nur dann kann die innere Integration nach außen gebracht und zu einer kommunikativen Form gemacht werden.

Was machst Du mit Konflikten, *die immer wieder entstehen können bei einer Arbeit, die innen sehr intensiv ist, ohne therapeutisch Probleme zu benennen, und die nach außen in den Ausdruck geht, ohne ein festes Ziel vorzugeben.*

Das ist ein langer Lernprozeß für mich gewesen. Wenn man Empfindung als Quelle benutzt, können die Menschen ihrer eigenen Geschichte, ihrer Gefühlen und unbewußten Bildern, die im wortwörtlichen Sinn im Gewebe gespeichert sind, wie in einem plötzlichen Schock begegnen. Oft wird der Grund für die entsprechenden Gefühle aus der Geschichte ins „Hier und Jetzt" projiziert. Die innere Bewegung wirkt wie ein Katalysator auf die Verbindung Bewußtes-Unbewußtes. Auch wenn ich meine Autorität gewahrt sehen will, möchte ich kein Guru sein. Das heißt, ich arbeite sehr an der Selbstverantwortlichkeit und Selbstregulationsfähigkeit der Leute. Dafür ist der gegenseitige Feedbackprozeß enorm wichtig. Übungen, auch wenn sie noch so gut sind, sind daher nicht sehr nützlich, wenn es keine Zeit gibt, zuzuhören und Erfahrungen rückmelden zu können.

Diese Erkenntnis hat mich Zeit gekostet. Andererseits sind bei Feedbackprozessen Grenzen und ein Focus sehr wichtig, sonst kann man reden, bis der Mond kommt. Auch gegenseitiges Feedback zwischen je zwei StudentInnen ist hilfreich. Wenn man bis zum Ende des Tages wartet, hat sich sonst so viel angestaut, daß es nicht mehr vermittelbar ist.

Entschärft das schon im Vorfeld persönliche Probleme und Gruppenkonflikte?

Nein, die gibt es natürlich trotzdem noch.

Was machst Du dann? Im traditionellen Technikunterricht kommen durch die klare Hierarchie diese Konflikte nicht auf oder werden unterdrückt. In der Tanztherapie werden sie thematisiert und sind das erwünschte Thema. LeserInnen dieses Buches mit eigener Unterrichtspraxis bewegen sich oft dazwischen...

Für mich ist es schon wichtig, dem Raum zu geben. Wenn es ein Konflikt zwischen zwei Leuten in der Gruppe ist, finde ich es gut, wenn die Gruppe die Auseinandersetzung darüber miterlebt. Ich versuche, die Standpunkte zu verdeutlichen. Und wenn es keine Lösung im Rahmen der Gruppe gibt, sage ich das auch. Im Augenblick arbeite ich mit einer Gruppe, deren TeilnehmerInnen sich einfach nicht mögen. Das ist nicht zu ändern, und wenn wir das wirklich thematisieren würden, würde alle unsere Zeit dabei draufgehen. Ich habe sie gebeten, ob sie sich eine Art neutralen Raum geben können, so daß wir versuchen, arbeitsbezogenes Feedback zu geben, ohne daß die tieferen emotionalen Probleme untereinander Thema werden. Auch hier sind Grenzen wichtig. Früher habe ich wahnsinnig viel Projektion auf mich gezogen. Ich habe lange dazu gebraucht, Leute weder zu unterdrücken, aber auch die Situation nicht anzuheizen. Man kann so etwas nicht unter den Tisch kehren, es wird dann nur bissiger, schwieriger. Man muß ihm Raum innerhalb bestimmter Grenzen geben.

Eine andere Frage, die mich interessiert, ist: Welchen Stellenwert hat für Dich Kunst im normalen Unterricht?

Ich würde erstmal von kreativen Prozessen reden. Kreative Prozesse sind der Weg zur Kunst, ein Vehikel. Kunst objektiviert den kreativen Prozeß. In einem Zeitraum von vier Tagen sollen die StudentInnen lernen zu spüren, was sie ausdrücken wollen und wie sie es ausdrücken können, welche Stilmittel sie wählen und wie sie sich dabei erleben. Das ist sehr wertvoll und auch heilsam.
Aussagen von therapeutischer Seite wie „Alles ist Kunst“ stellen für mich kein Problem dar. Wenn ich im Rahmen dieser Arbeit erlebe, wie sich Leute mit sehr unterschiedlichen Stilmitteln und handwerklichen Fähigkeiten authentisch ausdrücken, wissen ich und die anderen, was wir gesehen haben, und können das wertschätzen.

Siehst Du eigentlich einen engen Zusammenhang zwischen Deiner Arbeit und dem alltäglichen Leben?

Ich lebe das, was ich in meiner Arbeit tue, natürlich in aller menschlichen Unvollkommenheit. Ich bin nicht perfekt, kann längst nicht alles, was ich gerne können möchte, und bin persönlich und fachlich in einer permanenten Entwicklung; ich wiederhole mich Niemals lange, bin immer in Veränderung. Meine Arbeit ist untrennbar mit meiner persönlichen Entwicklung verwoben.

Der letzte Punkt, den ich ansprechen möchte, ist: **Wie variabel ist Deine Arbeit?** *Viele TeilnehmerInnen von Weiterbildungen übertragen integrative Tanzansätze in verschiedene soziale Felder. Ist es denkbar, mit unterschiedlichen Zielgruppen wie mit Kindern, Behinderten, in der Schule, mit Älteren oder Delinquenten zu arbeiten?*

Die Methoden sind sicher nicht einfach direkt übertragbar. Man könnte nicht das, was man in einem Workshop gemacht hat, genauso mit unterschiedlichen spezielleren Zielgruppen machen. Man müßte sehen, wo die Bedürfnisse der Leute liegen, womit sie als Ausdrucksmittel vertraut sind, wo ihre Probleme liegen. Dann kann ich sehen, wo ich ansetzen muß, um die Information zu vermitteln und einen Zugang zu finden. Das kann dann einmal sehr bedeutsam sein für die Kommunikation dieser Menschen untereinander, viel helfen für das persönliche Verstehen, aber auch als Heilprozeß wirken. Der Kontext ist also variabel und für die Inhalte gäbe es sehr unterschiedliche Wege. Die Arbeit ist wenig an konkrete Formen gebunden, sondern kann ihre Inhalte sehr flexibel transportieren. Es geht um eine bestimmte Dynamik, um Prinzipien, nach denen die Dinge psychophysisch zusammenarbeiten, und je mehr man da die Erfahrung der Leute miteinbezieht und sieht, wie sie damit arbeiten, können sie die Erfahrung in ihre eigene Sprache, in ihren persönlichen und sozialen Kontext übersetzen. Wenn man zum Beispiel mit Behinderten arbeitet, tauchen bestimmte spezielle Bedürfnisse und Notwendigkeiten auf. Darauf würde ich meine Übungen, Wege und die Art der Interaktion aufbauen. Kinder zum Beispiel benutzen ihre Stimme natürlich. Es ist, als ob Du ihnen eine Tür öffnest und sie gucken erst und fragen: Darf ich wirklich? Und dann geht es richtig los, sie lieben es. Eigentlich ist es immer experimentelles Lernen. Die Konzepte werden erfahrungsorientiert vermittelt, das halte ich auch für die Zukunft der Pädagogik. Da fühle ich mich nicht isoliert, sondern Leute fühlen sich durch Deine oder meine Arbeiten angezogen, weil sie integrativ und erfahrungsorientiert sind, und das bringen sie dann in ihre unterschiedlichen Zusammenhänge zurück. Wenn das Lernen wirklich innere Prinzipien erfahrungsorientiert vermittelt, ist es gewöhnlich leicht, das in die unterschiedlichsten Felder zu übertragen.

Patricia, vielen Dank für das Gespräch.

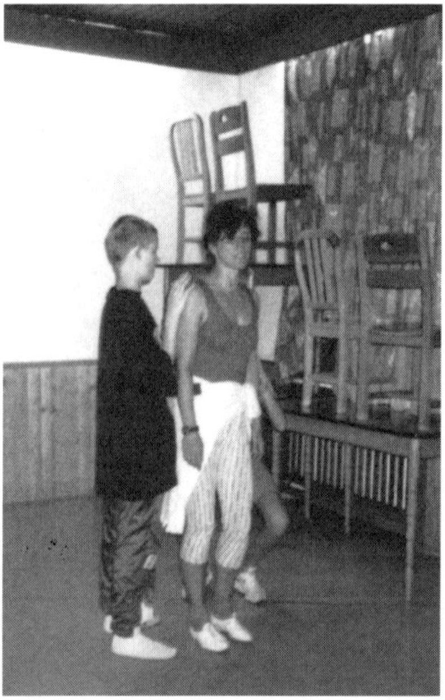

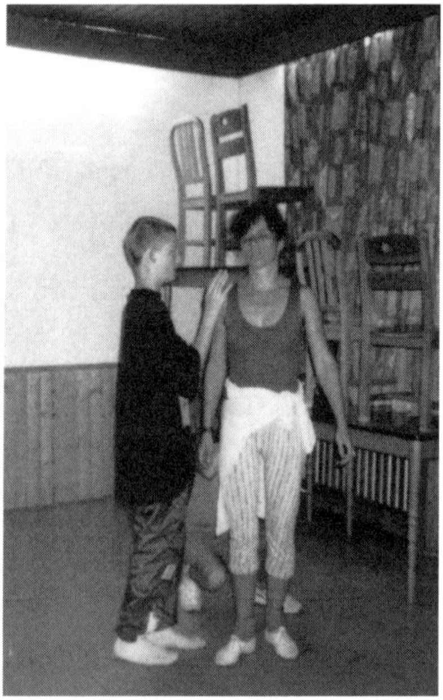

13 Marlene Felten, Tia, Extathe und Kösybe mit verhaltensauffälligen und verwahrlosten Kindern und Jugendlichen in der Heimarbeit

1. BEGRÜNDUNG

Tanz wird bewußt als nonverbales Medium des Ausdrucks benutzt, in dem sich die Kinder und Jugendlichen – unabhängig von Intelligenz, Herkunft und Vorgeschichte der TeilnehmerInnen – bewegen können.

In einem streßarmen, geschützten Rahmen haben die Kinder und Jugendlichen die Möglichkeit, sich selbst und die anderen neu und anders wahrzunehmen.

Auswahl und gezielter Einsatz von Kösybe etc. sollen der Förderung der Selbstwahrnehmung dienen und daraus folgernd zugleich einen positiven Einfluß auf das Miteinander in der Gruppe haben.

Der Einsatz von Tanz als pädagogischem Mittel sollte so geschehen, daß den TeilnehmerInnen intuitiv klar ist, daß die Bewegung wichtiger ist als der Schritt, der Weg wichtiger als das Ziel und daß grundsätzlich das Erleben im Vordergrund steht.

2. ZIELGRUPPE sind vier Mädchen und ein Junge im Alter von 11–15 Jahren, die seit Jahren in einer heilpädagogischen Heimgruppe zusammenleben.

Die Kinder kommen hauptsächlich aus sozial schwachen Familien. Trotz unterschiedlicher Entwicklung der TeilnehmerInnen gibt es mehrere Gemeinsamkeiten:

- Unterversorgung im frühen Kindesalter,
- inkonsequente, nicht nachvollziehbare Erziehung,
- Unzuverlässigkeit der Erwachsenen.

Dazu kommen die negativen Erlebnisse, die individuell unterschiedlich gemacht wurden, wie sexueller Mißbrauch, Mißhandlung, Alkoholismus.

Auf der Grundlage dieser negativen Vorerfahrungen bleiben psychische und soziale Störungen nicht aus.

Häufige Auffälligkeiten sind u.a.:

Distanzlosigkeit, geringer Realitätsbezug, Aggressivität, falsche Selbsteinschätzung, Beziehungslosigkeit und die daraus folgenden Ängste, sich mit sich und dem Leben auseinanderzusetzen.

3. METHODIK/DIDAKTIK UND PRAKTISCHE ERFAHRUNG

Beim einmal wöchentlich stattfindenden „Tanzen“ soll den TeilnehmerInnen die Möglichkeit gegeben werden, bestimmte Rollen abzulegen, Gruppenhierarchien in Frage zu stellen, Bilder von sich und anderen eventuell zu modifizieren und auch die Erfahrung zu machen, sich selbst in seiner/ihrer ganzen persönlichen Eigenart und Vielfältigkeit zu erleben. Um diesen hochgesteckten Zielen in der Praxis näherzukommen, ist es gut, wenn der/die LeiterIn die Gruppe und die individuellen Schwierigkeiten der TeilnehmerInnen kennt und gezielte Übungen der Ausbildung einsetzt.

Eine entsprechende Anpassung des TIA/KÖSYBE-Konzeptes aus der Ausbildung ist prinzipiell möglich. Die meisten Übungen lassen sich aber wegen der oben beschriebenen Problematik der TeilnehmerInnen (Mangel an Toleranz, Durchhaltevermögen, Konzentration etc.) nicht in der nötigen Länge und Dauer durchführen. Aus diesem Grund kommt es zu häufigen Wiederholungen von Themen (z.B. Raum-Zeit). Die Kinder reagieren meist erfreut bei Wiederholungen und dem Wiedererkennen von Übungen. Sie werden dadurch sicherer und motivierter, sich auf Neues einzulassen.

Das Thema „Raum“ zum Beispiel war mittlerweile Inhalt von acht Abenden und ist noch immer nicht langweilig oder erschöpft. Waren bei den ersten „Raum“-Stunden viele Vorgaben und genaue Anweisungen nötig, so hat sich in der Zwischenzeit der Wunsch nach mehr Improvisation und Darstellung von Gefühlen entwickelt.

Eine wichtige Erkenntnis für mich war, den einzelnen wie der Gruppe Zeit für ihre Entwicklung zu lassen und nichts zu erzwingen oder zu beschleunigen.

4. STUNDENAUFBAU

Beim Aufbau der Stunden vesuche ich meist, folgende Punkte zu berücksichtigen, um Verunsicherungen, Langeweile und Überforderungen möglichst gering zu halten:

- Bei neuen Themen sind viele Vorgaben wichtig.
- Alte Übungen werden (eventuell leicht abgewandelt) wiederholt.
- Wir arbeiten mit einfachen Techniken.
- Ich lasse genügend Zeit für die freie Improvisation.
- Ich achte auf einen Wechsel zwischen Aufmerksamkeit für sich selbst und Aufmerksamkeit für die Gruppe.
- Es gibt immer einen Teil mit Fremdentspannung und Massage.
- Es wirkt sich vorteilhaft aus, Einzel-, Gruppen- und Kleingruppenarbeit abzuwechseln. Partnerübungen sind oft weniger günstig. Bei der Wahl des/r PartnerIn können bereits solche Probleme entstehen, daß eine wei-

tere Arbeit unmöglich wird. Für Gruppenübungen andererseits ist bei uns aber leider die Auswahl sehr klein.
- Es sollte einen Wechsel zwischen Spannung und Entspannung geben.

5. ÜBERTRAGUNG DES KONZEPTES:

Um die Umsetzung des Konzeptes und die praktische Arbeit mit den dazugehörigen Grenzen und Schwierigkeiten bei verhaltensauffälligen Jugendlichen zu verdeutlichen, sollen hier die Zielgruppe und ein konkretes Stundenbeispiel genauer beschrieben werden.

A ZUSAMMENSETZUNG UND PROBLEMATIK DER TEILEHMERINNEN UND EIN KURZER ABRIß DER VERHALTENSVERÄNDERUNGEN IM TANZEN

A, 13 Jahre, körperbehindert, Außenseiterin, sehr bemüht, Bewegungen graziös wirken zu lassen, starker Wille, Bewegungen zu erlernen.

A wird abgelehnt wegen ihres distanzlosen, dauerhaft grenzüberschreitenden Verhaltens und ihrer Unsensibilität Situationen, Stimmungen und Personen gegenüber.

Schwierigkeiten in der Gruppe ergeben sich immer wieder bei PartnerInnenübungen, die niemand mit A machen möchte.

Als Verhaltensauffälligkeiten werden bei einfachen „Raum"– Übungen deutlich. Z.B. läuft A bei der Aufgabestellung: „Die TeilnehmerInnen sollen auf geraden Linien durch den Raum gehen" Kurven, baut Sprünge und schwierige Schrittkombinationen ein, die sie immer wieder zum Stolpern und Fallen bringen. Geht ein anderes Kind in ihrer Nähe, vergißt sie sofort ihren Weg und stellt sich in die Quere. Sie möchte ständig beachtet werden; die Reaktion der anderen ist: Sie lehnen A noch mehr ab.

In ihren Bewegungen hat A sich im Laufe der Zeit verändert. Waren ihre Bewegungen zu Beginn des Tanzens kaum nachvollziehbar, bemüht sie sich jetzt um mehr Klarheit bei Ansatz und Fortführung und kann allgemein mehr Teil der Gruppe sein.

H, 15 Jahre, einziger Junge in der Gruppe, lernbehindert, körperlich etwas unterentwickelt (wirkt wie 12 Jahre), wenig Kreativität in der Bewegung, gestörte Koordination.

Die Tatsache, daß H den Mut hat, in einer Mädchengruppe beim Tanzen teilzunehmen, ist wichtiger als das Erfassen und Erlernen der Inhalte. H's Verhalten Mädchen gegenüber war lange Zeit aggressiv. Beim Tanzen nun erlebt er die Mädchen als fair und verständnisvoll ihm gegenüber. Die Vorhänge vor allen Fenstern werden geschlossen, die Tür abgeschlossen, damit H sich unbeobachtet fühlt. In diesem Rahmen hat er mittlerweile weniger

Angst, sich lächerlich zu machen oder bloßzustellen. Er zieht seine Turnschuhe aus, übt Armkreise, auch wenn er sich dabei fast die Schulter ausrenkt, macht Bewegungen vor, die die ganze Gruppe nachmacht, und lernt zunehmend, sich selbst angstfrei zu sehen und zu erfahren.

S, 12 Jahre, körperlich normal entwickelt, große innere Leere, wenig Bewegungsantrieb.

Für S bedeutet Tanzen: Vor- und Nachmachen und Schrittkombinationen zu zweit, obwohl sie schon circa vier Jahre an TIA, KÖSYBE, etc. teilnimmt. Sobald Übungen oder Aufgabenstellungen komplex sind und einen gewissen Grad an Kreativität und Eigenengagement erfordern, blockt sie ab und macht nicht mehr mit. S lebt hauptsächlich durch die anderen und fühlt sich verloren, wenn sie Aufgaben allein lösen soll. So sind Fremdentspannungen für sie auch kaum auszuhalten, während alle anderen im allgemeinen positiv reagieren. S beginnt, durch die anderen einen Sinn der Bewegung auch für sich selbst zu ahnen.

M, 13 Jahre, sexuell mißbraucht, körperlich normal entwickelt, Freude am körperlichen Ausdruck.

M hat oft motivierenden Einfluß auf die anderen. Sie liebt komplizierte Bewegungsfolgen, erinnert sich oft noch nach Monaten an Details und Reihenfolge. Sie findet durch äußere Bewegungen zu sich selbst. Hatte sie vor Jahren einen für ein Kind sexualistischen Tanzstil, entsprechen ihre Bewegungen mehr und mehr einer selbstbewußten, sich selbst suchenden Jugendlichen.

F, 11 Jahre, körperlich normal entwickelt, jüngste Teilnehmerin in der Gruppe, wenig Realitätsbezug, traumatische Kindheitserlebnisse, fahrig, unkonzentriert, ängstlich.

F tanzt seit Beginn vor etwa vier Jahren mit, tanzt gerne alleine, hat Angst vor Nähe, Konfrontation, der Stärke der anderen und gibt immer nach. Sie bewegt sich am liebsten schnell, mit vielen kurzen Sprüngen, rotierendem Kopf.

Bei ruhigen, entspannten oder Konzentration erfordernden Übungen schaltet sie ab und entflieht wieder in ihre Welt.

RÉSUMÉE

Die Möglichkeit, in einer Gruppe den individuellen Niveaus entsprechend arbeiten zu können und gleichzeitig Verhaltensauffälligkeiten klarer zu erkennen und zu definieren, lassen Bereiche wie „Raum“ oder andere körpersymbolische Themen wie „Geben und Nehmen“, „Klarheit-Abgrenzung“ usw. zu geeigneten Mitteln in der heilpädagogischen Arbeit werden.

B STUNDENBEISPIEL:

Alle einzeln:

* frei im Raum tanzen...
  (Stops; Wahrnehmung: Wer ist neben wem; was sagt mein Körper; welche Form nehme ich ein?)
* Die Hälfte nimmt einzeln oder zusammen Formen ein; darüber, darunter (zwischendurch bewußt machen: viel/wenig Raum, innerhalb-außerhalb)

Alle einzeln:

* JedeR tanzt für sich in verschiedenen Ebenen (hoch, tief, mittel, kriechen, krabbeln, gehen, hüpfen). Dabei soll in jeder Ebene längere Zeit verbracht werden.
  (Wechsel ansagen und rückfragen, in welcher Ebene es am angenehmsten ist)

Alle einzeln

* Eine macht eigene Bewegungen vor, andere versuchen, sie möglichst genau nachzumachen
  (freier Wechsel)

Alle einzeln

* Teile eines Exercise welches mit formbetonten Bewegungen

Alle einzeln

* Linien gehen, stoppen, antippen, Richtungswechsel, stoppen, Hand geben, schneller gehen
  (nicht rempeln)

Mit PartnerIn, Gruppe geteilt

* Mit geschlossenen Augen auf andere zugehen und stoppen;
  dann das Ganze schneller.

Alle einzeln

* Platz im Raum suchen, Augen schließen, wer will, geht los, an anderen vorbei und entscheidet selbst, wann er/sie stehenbleibt oder wieder läuft.
  (Verhältnis Innenraum/Außenraum spüren, wird der persönliche Raum respektiert?)
* frei tanzen
* Energiekreis
* Feedback

6 KOMMENTAR UND RÉSUMÉE:

Grundlage der einmal wöchentlich stattfindenden „Tanzstunden“ bildet die Freiwilligkeit der Teilnahme. Auch innerhalb der Stunden haben die Übungen Angebotscharakter und können je nach eigenem Ermessen angenommen oder abgelehnt werden.

Wie aus der kurzen Beschreibung der TeilnehmerInnen hervorgeht, führen Herkunft und persönliche Situation zu sehr unterschiedlichen Tanzvoraussetzungen. Durch den Angebotscharakter des Unterrichts mit seiner Auswahl von wertfreien und nicht-kompetitiv orientierten Übungen, die den TeilnehmerInnen die größtmögliche Freiheit im persönlichen Engagement und auch in der Intensität des Erlebens lassen, finden die TeilnehmerInnen aber selbständig ein ihnen entsprechendes Niveau.

So besteht diese feste Kleingruppe nun seit circa zwei Jahren und zeichnet sich durch Regelmäßigkeit und feste, konstante Teilnahme aus. Für diese Jugendlichen ist so etwas mehr als ungewöhnlich und ein Zeichen dafür, daß bei ihnen ein unmittelbarer Bedarf nach körperlichem Ausdruck besteht und sie trotz aller ihrer Schwierigkeiten in diesem Rahmen ihren Platz finden und sich entwickeln können.

Die Stunden wurden in anschließenden Feedbacks von den TeilnehmerInnen als gut empfunden, wenn sehr viel Wechsel in der Dynamik vorhanden war.

Motivierend ist oft auch, eigene Freude an der Bewegung zu zeigen und stimulierend mitzutanzen, wobei das Beherrschen von einem Mindestmaß an Technik die TeilnehmerInnen dazu ermuntert, das eigene Bewegungsrepertoire zu verändern und zu erweitern.

Erfahrungen mit Kindern der jetztigen Gruppe und Dorfkindern vor vier Jahren zeigten, daß Übungen aus TIA/KÖSYBE nur motivierend waren, wenn sie in Geschichten oder Spiele eingebunden waren.

Bei der Umsetzung des Konzeptes in der Arbeit mit Jüngeren erwies sich als schwierig, daß Aufgabenstellungen, Sprache und Auswahl der Übungen auf ein kindliches Niveau umformuliert werden mußten, was gar nicht immer sinnvoll und möglich ist.

Das Umsetzen konkreter Übungen der Ausbildung ist erst seit circa zwei Jahren in der Kleingruppe möglich, die inzwischen ein Durchschnittsalter von circa 13 Jahren und eine gewisse Fähigkeit zur Abstraktion hat.

Mittlerweile allerdings fühlen sich die Jugendlichen nicht mehr ernstgenommen durch eine Einbettung in Geschichten oder Spiele, sondern fordern konkrete, klare Aufgabenstellungen, wobei viele Vorgaben und behutsames, unterstützendes Vorgehen nötig sind.

Probleme, die im Alltag diffus oder versteckt auftraten, werden in der hier vorgestellten Arbeit offensichtlich und in einer Art deutlich, daß es möglich wird, im Alltag darauf einzugehen. Eine solche Möglichkeit, Probleme in einem nicht-problembestimmten und zum Teil gar lustvollen Feld sichtbar werden zu lassen, ohne sie thematisieren zu müssen, ist für die allgemeine Arbeit im Heim von Nutzen; ohne Artikulationsmöglichkeit ist keine Veränderung möglich. Eine direkte Ansprache jedoch würde bei den Jugendlichen auf Widerstände stoßen.

Die TeilnehmerInnen äußern nun ihrerseits inzwischen verstärkt Interesse an Tanztheater, wo Rollenverhalten, Einstellungen, Probleme und Eigenarten der einzelnen noch viel stärker und direkter zum Ausdruck kommen können. Innerhalb des Kontextes dieser Arbeit deutet sich damit ein „nicht-therapeutisch-orientierter" Ausdruck und Umgang mit bestimmten schwierigen Eigenarten und Problemen der Jugendlichen und ihres Verhältnisses zu anderen an, der Veränderung, Entwicklung, eventuell Integration denkbar macht.

Im dem Ausbildungskonzept gab es Angebote von Gastdozenten in Bewegungstheater und Tanztherapie, die ich in meinen Ansatz der Arbeit mit verhaltensauffälligen Jugendlichen eingebaut habe.

Sie haben ihren Platz aber als Teil dieses Konzeptes, das heißt, sie verändern nicht das Grundkonzept der Verbindung von inhaltlicher Konzentration auf Tanz und Körper mit Raum für die persönlichen Konflikte ohne spezielle Thematisierung.

In diesem Bereich ist es wichtig, daß der Schwerpunkt Tanz ist und Spaß macht. Dieser Aspekt „Spaß und Tanz" bedeutet jedoch nicht, daß das alles oberflächlich wäre. Alle Probleme der TeilnehmerInnen tauchen auf und kommen in den Übungen zum Ausdruck. Für die Jugendlichen ist es aber von großer Bedeutung, daß die Probleme nicht thematisiert und dadurch festgeschrieben werden, sondern **unausgesprochen** dabei sind, wodurch sie in Bewegung kommen, sich entwickeln und verändern.

14 Schlussbetrachtung

Ich möchte die Aussagen der Interviews über Unterrichtsphilosophie sowie den Beitrag von Marlene Felten weitgehend unkommentiert lassen. Sie sind in ihren Aussagen klar und sprechen für sich. Sie als LeserInnen können Unterschiede und Gemeinsamkeiten diskutieren und sich Ihre eigene Position bilden. Zwei Punkte sind mir aufgefallen, die ich noch antippen und zur Diskussion stellen möchte. Dabei hat es mich positiv überrascht, daß es bei aller Unterschiedlichkeit eine gewisse Annäherung zwischen den eher technikorientierten und den eher empfindungsschulungsmäßigen Ansätzen gibt:

1. Ein erfolgreicher, an den Bedürfnissen der TeilnehmerInnen orientierter und kompetenter Unterricht scheint feste mit prozeßorientierten Elemente zu verbinden. Die lange professionelle Erfahrung mit dem Stoff führt dazu, die Grundlagen im Auge zu behalten, während die Übungen am aktuellen Stand einer Gruppe ansetzen und so ein maßgeschneiderter Zugang gefunden wird.

2. Im Umgang mit Konflikten scheinen sich bestimmte Ähnlichkeiten finden zu lassen. Allgemein wird anerkannt, daß es im Unterricht mit ernsthaft interressierten Erwachsenen nicht möglich ist, Konflikte generell zu unterdrücken. Es gibt eine Tendenz, sie indirekt zu lösen, bzw. sie begrenzt zu thematisieren. Das entspricht der Idee einer Ästhetischen Bildung, bei der das künstlerische Ergebnis oder das körperliche Training nicht absolut gesetzt wird. Beim fachlichen Lernen wird vielmehr das persönliche Erleben immer anerkannt, mitreflektiert oder auch bewußt einbezogen, ohne daß es zum Hauptinhalt würde, wie in der Tanztherapie. Dieses Konzept scheint mir auch in der Übertragung auf die Zielgruppe Heimkinder zu funktionieren.

15 Praktische Hinweise

Dieses Buch soll Philosophie und Praxis eines Unterrichts, der Training, Gestaltung und Körperbewußtsein verbindet, erläutern.
Alle Beiträge beziehen sich daher naturgemäß direkt auf praktische Fragen.

Das Körpersymbolikkonzept und die Einordnung dieses und ähnlicher Ansätze sind in „Tanz zwischen Kunst & Therapie“, Brandes & Apsel, Frankfurt 1993, dargestellt.

Wer sich für die Hintergründe, das Warum näher interessiert, dem sei „Tanztraining, Empfindungsschulung und persönliche Entwicklung“, Verlag für Ästhetische Bildung, Göttingen 1990, empfohlen. Dort wird ausführlich diskutiert, warum Wege über den Körper so machtvoll sind, welche Vorgänger in der Geschichte sie haben, wie die Verbindungen zu anderen Kulturen sind und welche philosophischen und psychologischen Überlegungen sich mit Kunst und Körper beschäftigen.

Außerdem werden zeitgenössische Ansätze von Feldenkrais und Eutonie bis zu Martha Graham und Alvin Ailey vorgestellt, und schließlich berichten AbsolventInnen der entsprechenden Ausbildungen von ihren Erfahrungen.

Quellenangaben einiger ausgewählter Titel aus den Curricula:

Interpret/Komponist: Plattentitel: Firma
Asher D & Daddy Freddy: Ragamuffin Hip-Hop: Music of Life Rec.
Bach: Brandenburgische Konzerte 2 und 4: Deutsche Grammophon
Bebob City: Boplicity
Brahms: Violin Concerto Alto Rhapsody Haydn Variations: Rca Victor
Bruch: Violinkonzert G-moll;
Caruso: Arien aus...: Electrola
De La Soul: Three Feet High and Rising: BCM Rec.
Desmond Dekker: Israelites: Teldec/Profile
Don Cherry: Homeboy: Mosquito Rec.
Don Cherry: Vibrations: Black Lion Rec
Edie Brickell&New Bohemians: Ghost of a Dog: Gefen Rec.
Einstürzende Neubauten: Haus der Lüge: Rough Trade Rec.
Feit/Behrend: Oboe&Gitarre: Acanta/Bellaphon
EPMD: Strictly Business: Fresh Rec.
Grandmaster Flash: Magic Carpet Ride: Electra&Asylum Rec.
Haydn: Sreichquartett Nr. 77 C-Dur: Deutsche Grammophon
History of Rhythm and Blues Vocal Groups: Atlantic Records
Ladakh: Songs and Dances from the Highlands of Western Tibet: Elektra Rec.

Ladysmith Black Mambazo: Induku Zethu: Greensleeves Rec.
LQJ in DUB: Ariola
Mozart: Serenata Notturna
Musik der Spielleute: Studio der frühen Musik Thomas Binkley: Orbis
Oboe & Gitarre Feit/Behrend: Bellaphon EA 23.142
Orff: Carmina Burana: Deutsche Grammophon
The Georgia Mass Choir: Yes, He Can: Savoy Rec.
The Undestructible Beat of Soweto: Earthworks
The Wee Papa Girl Rappers: Wee Rule: CNR Records
Zulu Chorals from South Africa 1930–1960: Rounder Rec.
Zulu Jive: Earthworks

PHOTONACHWEIS:

- Alle Photos im ersten Teil mit Detlef Kappert:
  Henrike Gralfs, Moritzstr. 3, 34127 Kassel

Photos

- Anna Borredá:
  Ohne Angabe
- Christine Brunel:
  Photo 1: A. Gelpke, Zürich,
  Photo 2: Wilfried Krüger, Luisenstr. 112, 42103 Wuppertal,
- Sayonara Pereira, Simonne Rorato in
  „Das rechte Auge, Ecos de um Caminho“, Choreographie S. Rorato:
  Gerno Michalke, Buschfeldweg 5, 4300 Essen 1,
- Howard Sonenklar:
  Ohne Angabe
- Patricia Bardi in
  „Tell-Tale-Signs“, Choreographie P. Bardi und einer Performance:
  Ohne Angabe
- Marlene Felten und Kindergruppe bei der Arbeit:
  Marlene Felten mit Selbstauslöser
- Tänzerinnen der Ausbildungsgruppe 2
  bei einer Improvisation in Spanien:
  Frauke Weißkirchen
- Gruppe in Ecuador bei einer Pilotstudie
  zum internationalen Tanzforschungsprojekt:
  Ohne Angabe

Ich bedanke mich bei Heike Albrecht, Hiltrud Busche, Dörthe Köhler, Gabi Krampe Piderit, Bianca Potter, Reinhild Wawzin, Christa Wetzorke und ganz besonders Hannelore Stadermann für ihre Kommentare zur Verständlichkeit und das Korrekturlesen sowie Gabi Eibisch für ihre Mitarbeit bei dem Howard Sonenklar-Interview.

16 Anhang: Internationales Tanzforschungsprojekt

DER KÖRPER ALS TRÄGER PERSÖNLICHER UND KULTURELLER IDENTITÄT. EIN FORSCHUNGSPROJEKT ÜBER DIE CHANCEN VON TANZ ALS MITTEL FÜR VÖLKERVERSTÄNDIGUNG UND TOLERANZ

Einführung

Ich möchte Ihnen hier das zugegebenermaßen spektakuläre und kühne Unternehmen vorstellen, ein praktikables Konzept der Erziehung zu Toleranz und Völkerverständigung auf non-verbaler Basis durch Tanz und Körperarbeit zu entwickeln.

Es schließt an Pilotprojekte wie die Studie von Peter Brooks (Londoner Regisseur, der mit einer multinationalen Compagnie Afrika und Asien bereiste und z.B. auf Dorfplätzen auftrat) an und gibt ihnen eine praktisch-wissenschaftliche Dimension.

Dieses Projekt hat nicht direkt mit dem „Handbuch für den Unterricht" zu tun, doch liegt es mir persönlich sehr am Herzen und hat indirekt viel mit dem Thema zu tun. Es zeigt eine Perspektive der Forschung und eine denkbare Anwendungsmöglichkeit.

Wenn wir von den furchtbaren Problemen des Rassismus und der ethnischen Konflikte reden, haben wir uns daran gewöhnt, zu spekulieren, zu verdrängen, zu polemisieren, zu hoffen und zu fürchten, ohne einen so notwendigen Schritt wie die praktische Erforschung der Probleme aber auch der Chancen mit den dafür angemessenen unkonventionellen Methoden zu wagen.

- Das liegt zum Teil einfach daran, daß wir bisher kein Mittel gefunden haben, die offensichtlichen Unterschiede zwischen ethnischen Gruppen weder zu leugnen noch zu bewerten, sondern sie zu akzeptieren. Wir haben noch nicht riskiert, auch das Schwierige mit positiver Neugierde zu untersuchen. Dadurch haben wir uns der Möglichkeit und der Hoffnung beraubt, Gegensätze und Unterschiede auf allen Menschen gemeinsame Grundlagen zurückführen zu können. Damit würden die Unterschiede innerhalb der Menschheit nicht nur ihre Bedrohlichkeit verlieren. Vielmehr wäre es im Gegenteil möglich, sie als Quelle von Reichhaltigkeit und Erfahrung zugänglich zu machen.
- Zum anderen haben wir noch immer nicht in vollem Ausmaß erfaßt, daß Armut und Unterentwicklung nicht nur einen ökonomischen Mangel be-

schreiben, sondern genauso für ein entscheidendes kulturelles und zivilisatorisches Defizit stehen. Ärmere Länder leiden daran, von den großen kulturellen und emanzipatorischen Strömungen der Weltkultur abgeschnitten zu sein. Es gibt kaum Konzepte, die Bevölkerung mit modernen Kulturtechniken, mit Sichtweisen anderer Zivilisationen und kreativen Ansätzen bekannt zu machen. Solche Vorschläge werden oft vorschnell als Luxus abgetan. Dabei wären sie vergleichsweise sehr kostengünstig, und für die Bewohner ärmerer Länder sind praktische Ansätze soziokultureller Hilfe bei der Bewältigung ihrer Lebensanforderungen mindestens so wichtig wie für Menschen postmoderner Gesellschaften. Ohne ein Verständnis von Selbstverantwortlichkeit, für die Pluralität von Lebensstilen und ohne ein Gegengewicht zur im Augenblick dominierenden Modernitätsvermittlung durch einseitig konsumorientierte Medien sind wirtschaftliche Gesundung und die Entwicklung von mehr Demokratie nicht möglich. Voraussetzung für eine sinnvolle ökonomische Hilfe wäre demnach eine Veränderung der Einstellungen der Menschen, eine Erziehung zu Demokratie und Toleranz in den armen Ländern genauso wie integrative Fächer in den Schulen der Einwanderungsländer, die bislang wenig Material für einen realistischen und kreativen Umgang mit einer ethnisch heterogenen Schülerschaft haben.

Zunehmend notwendig wird ein Konzept integrativer Pädagogik, das die Unterschiede nicht leugnet oder bewertet, aber die grundlegenden Gemeinsamkeiten erfahrbar macht.

Ein solches Konzept möchte ich Ihnen hier vorstellen.

Dabei wird eine Methode benutzt, in der Tanzstile und Bewegungstechniken aus verschiedenen Kulturen integriert und auf allen Menschen gemeinsame Archetypen zurückgeführt werden. Der Unterrichtsstil ist nicht-bewertend. Dieser Unterricht soll in verschiedenen Ländern der Erde durchgeführt werden. Aus der Bewertung durch die Studenten und der Auswertung der Videoaufzeichnungen soll ein allgemein gültiges Konzept sozialer Bildung durch den Körper entwickelt werden.

Erste Versuche mit dieser Art von Unterricht an den Universitäten von Guayaquil (Ekuador) und Las Palmas de Gran Canaria (Spanien) haben gezeigt, daß die Durchführung überraschend einfach sein kann.

Das Interesse und die Begeisterung am Kurs waren groß, und die Studenten haben die Fragebögen zur „Bewertung ihrer persönlichen Erfahrung vor dem Hintergrund des kulturellen Kontextes ihres Landes“ nach den Stunden gerne und mit Sorgfalt ausgefüllt.

Was zu der hier vorgeschlagenen größer angelegten Studie fehlt, sind organisatorische und finanzielle Unterstützung.

1. Situation, Ausgangslage

Es existiert eine Spannung zwischen dem Universellen der „Conditio Humana“ (die alle Menschen der Erde verbindet) und dem Spezifischen der ethno-kulturellen Prägung (das Gruppen und Völker voneinander unterscheidet):

A Die „Natur im Menschen“ ist auf eine Art gleich bei allen Menschen der Erde.

Eine Empfindungsschulung und Körperarbeit kann sich in Zaire, Grönland oder Hongkong gleichermaßen mit der Wahrnehmung des Atems, der Körperinnenräume, der knöchernen Struktur, von Spannung-Entspannung, der Wirkung der Schwerkraft und Ähnlichem beschäftigen, obwohl sich die Menschen in der Ästhetik wie Haut-, Haar-, oder Augenfarbe, Größe, Gesichtsform, Muskularität und anderem mehr sehr voneinander unterscheiden.

B Auch die grundlegende Gestik und Mimik sowie Tanztheater oder Popmusik werden überall auf der Welt verstanden.

Pina Bausch oder Michael Jackson machen die gleiche Performance in Tokio, Kalkutta, Kairo, Brüssel, Toronto und Sao Paulo.

Obwohl die ethnischen Musiken und Tanzformen sehr unterschiedlich sind, die für den lokalen Kontext typische Bewegungssprache von Fremden oft falsch interpretiert wird und überhaupt das Maß der sozial erwünschten oder tolerierten Expressivität grundverschieden ist, können sie sich überall eines ähnlichen Erfolges sicher sein.

C Alle Menschen setzen sich in ihrem Leben mit bestimmten existentiellen Gegebenheiten auseinander, denen man archetypische Qualität zuschreiben kann.

Es ist möglich, solche Archetypen wie Geben und Nehmen, Vereinigung-Trennung, Führen-Sich Führen Lassen, kontinuierliche Verläßlichkeit-ungebundene Freiheit, Helfen-Sich Helfen Lassen und ähnliche mehr körperlich erlebbar zu machen. Diese Grundgestalten nun existieren für den Manager in New York, die Dorfälteste in Uganda, den Bauern auf den Philippinen, die Angestellte in Moskau, den Jäger und Sammler in Papua-Neuguinea und die Musikerin in Los Angeles gleichermaßen. Der Stellenwert der einzelnen Themen und ihre übertragene Bedeutung variieren. Auch der Konformitätsdruck, die Möglichkeiten für eine individuellen Lösung von Lebensfragen jenseits der traditionellen Vorgabe und deren soziale Folgen sind je nach Kultur enorm verschieden. Überall auf der Welt aber sind die Menschen zu einer Auseinandersetzung mit diesen Grundthemen gezwungen.

2. Problemstellung:

Während also wichtige Grundlagen des „In der Welt Seins“ allen Menschen gemeinsam sind und sie verbinden, trennt sie vielfach das konkrete „Wie“. Traditionell lebten die ethnischen Gruppen ja auch voneinander abgegrenzt. Obwohl das moderne Leben die Menschen verschiedener Kulturen meist unfreiwillig konfrontiert und alles mischt, was getrennt war, gibt es bisher wenig ernsthafte Versuche, integrative Konzepte zu entwickeln.

Dafür müßte man herausfinden, was existentiell grundlegende Gemeinsamkeiten sind und was konkret die Menschen trennt im Verhalten und Erleben.

KONKRETE FRAGESTELLUNG:

In einer Welt, die zusammenwächst und in der schon jetzt alle mit allen in kultureller und wirtschaftlicher Beziehung stehen, muß sich Forschung (jenseits des Schwarz-Weiß-Denkens hier pauschaler Ablehnung und Ausgrenzung gegenüber dort Good-Will und Ignoranz gegenüber den realen Gegensätze) damit beschäftigen,

A wie weitgehend Gemeinsamkeiten im grundlegenden Erleben und Verhalten sind,
B worin wichtige Unterschiede bestehen,
C ob es neben wirtschaftlich-politischen Überlegungen ein

kulturpädagogisches Konzept geben kann, in dem sich die Unterschiedlichkeit der Menschen verschiedener ethnischer Gruppen und Zivilisationen vor dem nicht-bewertenden Hintergrund eines Grundkanons von Gemeinsamkeit entfalten kann und so in seiner Reichhaltigkeit erlebbar wird.

3. Untersuchungsplan:

ALLGEMEIN

Ich möchte daher ein kulturell neutrales, grundlegendes Curriculum: „Körpererfahrung, Tanz- und Ausdruckstraining“ an Sportinstituten von Ländern mit unterschiedlichem ethnischen Hintergrund und verschiedenen Zivilisationsformen unterrichten. Wenn man die Reaktion der Studenten sorgfältig dokumentiert, kann man herausfinden, was allen gemeinsam ist, wo Unterschiede sind und wo und wie man Verständigungsmöglichkeiten suchen und trainieren könnte.

KONKRET

- Ein Unterrichtskonzept mit neun Einheiten, von denen jede ein anderes Thema hat, wo aber in jeder Einheit Tanztraining, Empfindungsschulung und Gestaltung organisch integriert sind, wird in verschiedenen Ländern jeweils identisch durchgeführt.
- Die Teilnehmer/innen der Kurse bewerten nach jeder Unterrichtseinheit auf einfachen Fragebögen, was für sie das Thema der Stunde war, ob ihnen die Stunde Spaß gemacht hat, was das Thema war, ob eine solche Einheit Sinn in ihrem Land in Schulen oder Ähnlichem machen würde (Quantitatives Instrument). Am Ende des Kurses schreiben sie kurze thematisch vorstrukturierte Aufsätze über die Wirkung der Übungen, ihre persönliche Einschätzung, ihre Empfindungen etc. (Qualitative Bewertung).
- Die zentralen Übungen und Performances werden auf Video dokumentiert, so daß eine externe Bewertungsgruppe außer qualitativen Unterschieden auch mittels einer Rating-Skala die unterschiedliche Realisierung bestimmter körperlicher Aufgaben quantifizieren könnte.

UNTERRICHTSMETHODE:

Unterrichtsinhalt und damit Mittel der Untersuchung ist der Ansatz:

Tanzimprovisation als Alltagskunst,	TIA,
Körpersymbolik, innere Bilder und Bewußtsein,	KÖSYBE
experimentelles Tanztheater	EXTATHE.

Dieser Ansatz stellt ein zeitgenössisches Konzepte dar, in dem Körperwahrnehmung, Tanztraining, kreativer Ausdruck und persönliche Bedeutung verbunden wird.

Besonders günstig ist für transkulturelle Studien ist, daß von VOODOO bis YOGA, von KLASSIK bis NEW DANCE Tanzstile und Körpertechniken aus verschiedenen ethnischen und stilistischen Kontexten – in das jeweilige Thema integriert – verwandt werden.

Diese Techniken werden zu Themen wie

Verwurzelung/Bodenkontakt – Unanbhängigkeit/Freiheit,
Bewegungsfluß – Impuls,
Raum/Form/Gestaltung – rhythmische Wiederholung
Geben – Nehmen
Vereinigung – Trennung
und anderen mehr zusammengestellt.

UNTERSUCHUNGSGRUPPE:

Die identischen neun Unterrichtseinheiten sollen an Sportinstituten in Ländern mit unterschiedlicher gesellschaftlicher Entwicklung und verschiedenem ethnischem Hintergrund durchgeführt werden.

Die Studenten verkörpern einerseits ihr Land, seine Traditionen und ihren ethnischen Hintergrund, sind aber als Sportstudenten mit anderen Sportstudenten vergleichbar. Außerdem sind sie als potentielle Multiplikatoren schon eine der Zielgruppen, auf deren Beurteilung es ankommt, will man ein allgemein gültiges kultur- und sozialpädagogisches Programm entwickeln.

UNTERSUCHUNGSZIEL:

Ziel ist,

A bestimmte Vorurteile wie („Schwarze haben mehr Rhythmusgefühl" oder „in postmodernen Gesellschaften ist das Interesse an experimentellen Ausdrucksformen größer als in traditionellen") zu untersuchen und eventuelle Unterschiede in den Performances mit den Einschätzungen und Bewertungen der Übungen durch die Teilnehmer in Beziehung zu setzen. Dabei sind sowohl die Videos als auch die Fragebögen von Bedeutung.

B herauszufinden, ob die Wertschätzung der Musiken, Stile, Themen, Techniken und Konzepte unterschiedlich ist und so einschätzen zu können, welche Themen allgemein relevant sind, welche wo bedeutsam sind und wo nicht, wo stilistische Präferenzen liegen (werden Übungen besonders interessant gefunden, die dem eigenen Stil ähneln, oder reizt gerade das Gegenteil), wo suchen die Teilnehmer eher Bestätigung, wo eher Erweiterung oder gar ein In-Frage-Stellen?

C Durch eine erste Einschätzung der Universalität, beziehungsweise der Spezifität von Übungen, Stilen, Themen und Konzepten kann man Hinweise auf Konturen eines allgemein für alle Menschen gültigen integrativen Kulturkonzeptes: „Ästhetische Bildung durch den Körper als Erfahrung der Natur im Menschen" bekommen.

D Die Untersuchungsergebnisse werden auf einer Konferenz Vertreter/innen der Teilnehmer/innengruppen präsentiert. Wir diskutieren die Folgerungen aus dieser Untersuchung und erarbeiten die Grundlinien eines gemeinsamen Curriculums.

E In einem zweiten Arbeitsgang werden konkrete Unterrichtsprojekte mit den Partnern aus dieser Untersuchung in verschiedenen Ländern entworfen um dieses Konzept praktisch in Schulen u.ä. umzusetzen.

Mit lokalen nicht-professionellen Gruppen werden Performances durchgeführt.

4 ZUSAMMENFASSUNG:

- Wir gehen davon aus, daß Menschen sich wohl in ihren Sitten und Äußerlichkeiten sehr unterscheiden und oft in Konflikte geraten, daß es aber möglich ist, dahinter Gemeinsamkeiten zu finden, die stärker verbinden, als die unterschiedlichen Gebräuche zu trennen vermöchten.
- Es ist demnach möglich, ein integratives Konzept zu entwickeln, in der Unterschiedlichkeit als Vielfalt vor dem Hintergrund grundlegender Gemeinsamkeit erlebbar wird.
- Ein solches Konzept könnte das hier vorgestellte sein. Es ist stilistisch nicht festgelegt, verwendet Techniken aus verschiedenen ethnischen Kontexten, läßt vor dem Hintergrund einer festen Struktur universeller Themen Spielraum für die individuelle Gestaltung und regt auf spielerische Art zur Zusammenarbeit an.
- Vorversuche zeigten, daß Studenten in Europa und Südamerika verblüffend ähnlich mit den Übungen umgingen und sie übereinstimmend als besonders wichtig und interessant für die Anwendung in ihrem jeweiligen Land in Schulen, Abendschulen etc. einschätzten.
- In der vorgestellten Untersuchung soll nun herausgefunden werden,
  - A) was konkret aus diesem Konzept in vielen Ländern der Welt als Gemeinsamkeit gelten kann und
  - B) wie man dieses Konzept praktisch abwandeln und weiterentwickeln müßte, um eine in vielen Ländern anwendbare Methode „Integrativer Erziehung durch Tanz“ zu erhalten.